税务合规优化方法

与实操案例

亿企赢财税研究院◎组编

中国铁道出版社有限公司
CHINA RAILWAY PUBLISHING HOUSE CO., LTD.

北　京

图书在版编目（CIP）数据

税务合规优化方法与实操案例／亿企赢财税研究院
组编. -- 北京：中国铁道出版社有限公司，2024. 12.
ISBN 978-7-113-31649-5

Ⅰ. F812.423
中国国家版本馆 CIP 数据核字第 202475VF22 号

书　　名：**税务合规优化方法与实操案例**
SHUIWU HEGUI YOUHUA FANGFA YU SHICAO ANLI
作　　者：亿企赢财税研究院

责任编辑：王　宏　　　编辑部电话：(010)51873038　　　电子邮箱：17037112@ qq. com
封面设计：仙　镜
责任校对：刘　畅
责任印制：赵星辰

出版发行：中国铁道出版社有限公司（100054,北京市西城区右安门西街 8 号）
网　　址：https://www.tdpress.com
印　　刷：河北宝昌佳彩印刷有限公司
版　　次：2024 年 12 月第 1 版　2024 年 12 月第 1 次印刷
开　　本：710 mm×1 000 mm　1/16　印张：16. 25　字数：275 千
书　　号：ISBN 978-7-113-31649-5
定　　价：88. 00 元

序　言

　　近年来,税务筹划在实际操作中被滥用的现象客观存在,导致很多人将其等同于逃税漏税,从而对其产生了负面印象。然而,真正的税务筹划是基于企业真实的业务发展计划,从未来的视角出发,系统、合理地运用税收政策。它旨在评估企业的发展战略、规范业务经营、确保正确及时纳税,并实现合规降本增效。这种专业管理技能与预算管理同等重要,与粗暴编造业务、削足适履硬套税收政策的做法截然不同。

　　在教学和考证中,税务知识通常按税种和税收要素来设计。然而,在实际操作中,需要将这些知识融会贯通,应用于具体的业务场景中,以取得实际成效。对于实务操作者来说,首先需要系统地梳理每项业务涉及的税收政策要点,然后正确运用这些政策,完整计算整体税收成本,并设计好业务模式、管控好业务实质,才能为企业合规地降本增效。

　　确定业务适用的具体税收政策时,不能只看表象,更要抓住业务实质。这包括合同主体的性质、条款内容、税收相关的比率及证据链等。其中任何一个要点的差异都可能导致税收政策的适用不同。此外,一项业务往往涉及多个税种,因此不能单一地看某个税种或某个期间的成本,而应在业务的全生命周期里计量整体税收成本。最后,操作者还需具备宽广的视野,协同做好业务模式设计,从根本上优化企业税收成本,这对从业者来说是非常大的挑战。

　　本书以税务实务操作为基础,将税收知识融入业务中,进行了实务化的提炼。在总结出税收优化的通用方法、基本原则和风控防范与优化思路后,以税收优化思路为纲,进行了非常务实具体的论述。书中不仅让读者掌握到"合、分、转、选、调"这样的通用思路,还给出了大量常见的、丰富的实务案例。每个案例都从业务设计、思路解析、风险提示和政策支持等方面进行了详细的讲解。这样既提供了系统的知识与方法供学习,也直接给出了务实的解决方案供借鉴。

　　一口气读下来,觉得更难能可贵的是非常通俗易懂,让初学者一看即懂、一学即会;让成长者开阔视野、沉淀知识。这本书很适合在财税职场上奋斗的朋友学习,也适合创业者了解基本的税收优化知识。当然,税收政策、业务模式因时因势在不断发展,希望读者与作者在此基础方法论上,与时俱进,不断思考与学习,持续为企业合规降本增效而努力,为中国经济的高质量发展作贡献。谢谢!

税友副总裁　杨培丽
2024 年 10 月 2 日

税务合规优化是被认可的合法业务活动,也是许多企业负责人和财税专业人士追求的目标,其本质是纳税人在合法的前提下,以减少纳税金额或推迟纳税行为为目的的活动。

对于税务合规优化,税务局是鼓励与支持的,但通过非法手段"筹划"少缴或不缴税的行为属于偷逃税款,是国家法律法规严厉打击的对象。

税法既严厉又精确,不容任何挑战。一旦触犯了税法的底线,补税、罚款、滞纳金接踵而至,甚至可能被移送司法机关接受审判。自金税系统实施以来,税务机关利用大数据等高科技手段,对纳税人的纳税行为监管更加趋于严格,比如对影视明星、网红主播等违法行为的查处。

由此可见,在税收征管趋严的大背景下,企业唯有深入研究税法,在合法、合规、合理的范围内,进行税务优化设计,实现企业税务优化目标。为此,亿企赢财税研究院组织专家团队经过深入研究与缜密分析,精心编写了税务优化的基础方法、原则、风险及实务案例,总结提炼出了税务优化的五字方法或准则(合、分、转、选、调)。首先精准定位企业的痛点难题;其次,依据法律法规,对其进行严谨的诊断与深度分析;进而为企业提供合法且行之有效的税负策略;最后引入部分税务稽查案例作为反面教材,旨在提醒企业警惕潜在的税务风险,确保税务优化的合规性与安全性。

读者通过五字方法的内涵与外延,不仅能够深刻理解该税务合规优化手段的应用场景、政策依据及操作注意事项,更能触类旁通,实现税务优化的举一反三。它如同一把钥匙,为繁杂的税务优化问题找到了简化之道,指引着企业在税务优化的道路上稳步前行,进一步提升读者与企业的财税管理水平。

　　本书使用的相关政策截止时间为 2024 年 6 月 30 日。虽然我们已经研究了大量税收法规、相关论著和实务案例,但是书中难免存在疏漏与不足之处。我们诚挚邀请读者提出宝贵意见与批评指正,携手共促内容的完善与精准,感谢您的支持与理解。联系邮箱是:yqycsyjy@ servyou.com.cn

亿企赢财税研究院

2024 年 6 月

目 录

第1章　税务优化基础知识 …………………………………………… 1

1.1　税务优化的基本方法 …………………………………………… 1

1.2　税务优化应遵循的原则 ………………………………………… 5

1.3　如何控制税务优化风险 ………………………………………… 8

1.4　税务优化的"五字之道" ……………………………………… 11

第2章　"合"之道应用案例 ……………………………………… 15

2.1　合二为一:农牧集团盈亏相抵税务优化策略与风险把控……… 15

2.2　高低配合:粮食贸易企业留抵税额变利润税务优化策略……… 18

2.3　留抵整合:汽车租赁行业多门店税务优化与资产处置策略…… 22

2.4　合璧之策:吸收合并下的资产整合与税务优化策略精析…… 26

2.5　合算精明:股权转让印花税优化策略,合法节税
与风险防范并行 ……………………………………………… 34

2.6　合规明路:校园餐饮服务税务合规与优化策略………………… 37

2.7　合脉相承:延长租赁期内的简易计税策略与风险控制………… 41

2.8　合法多变:软件企业优惠期精准摊销降税负策略……………… 45

2.9　合规优选:高新技术与小微企业的写字楼购置税益最大化…… 50

2.10　合法混同:企业生产线扩张的进项税优化与抵扣规范 ……… 54

2.11　税转合赢:税务规划视角下的债务重组与合资企业新策略 …… 58

第3章 "分"之道应用案例 ················· 63

3.1 一分为三:纸业公司业务重组与环保产业税收优惠策略·········· 63

3.2 分立启惠:西部大开发政策下的酒业重组与税务优化策略········· 67

3.3 资产分置:建材公司的股权调整与利润分配策略··············· 71

3.4 合同细分:医疗器械企业的税务精控与优化策略··············· 76

3.5 服务分类:重型机械企业代理商模式的税务精控与合规策略····· 80

3.6 细分调控:陶瓷企业价外费用税务精算与风险防控策略········· 83

3.7 先分后转:建装公司以股权转售物业的税务优化与风险防控······ 88

3.8 分大为小:商贸公司税费负担减轻策略与风险防控············· 95

3.9 细致分类:商贸企业赊销与租赁的纳税优化策略··············· 98

3.10 分策而治:太阳能板销售与安装业务的增值税优化策略········ 102

3.11 分担有方:白酒厂广告费用调整与税务优化策略············· 106

第4章 "转"之道应用案例 ················· 110

4.1 转变采购:美味火锅公司的进项税额解决方案 ··············· 110

4.2 形态转化:陶瓷企业形态选择与税务优化策略 ··············· 115

4.3 促销转换:日化企业赠品促销的税务优化与合规管理 ········· 118

4.4 转型重构:合作项目投资回报分配策略的高效优化············· 122

4.5 转策优化:商业折扣策略下的税务效益与风险控制············· 126

4.6 模式转向:熟食品牌连锁扩张中的增值税优化与风险防控····· 129

4.7 转轨分销:清风公司分销体系转轨与税务优化实战 ··········· 132

4.8 股权辗转:税负优化策略下的增资行动与风险预警··········· 137

4.9 转动决策:子公司退出策略的税务影响与最优路径选择 ······· 141

4.10 资产轮转:运用续存分立优化税务成本,实现夫妻财富
平稳过渡 ·· 146

4.11 服务转化:有形动产租赁税负优化方案与稽查风险防控········· 150

第5章 "选"之道应用案例 ················· 155

5.1 鉴选经营:农产品市场配套项目税务优化与风险防控········· 155

5.2 精策严选:建筑企业异地施工的增值税策略与风险防控········· 159

5.3 优选收购:房地产项目中的土地获取与税负优化策略 ········· 163

5.4 资本甄选:公司转增资本税务规划与股东效益最大化 ………… 167

5.5 税益拣选:厂房扩建中租赁翻新与自建购地的房产税
比较策略 ……………………………………………………… 171

5.6 融资挑选:环保科技企业外部融资策略的税务成本
透析和权衡 …………………………………………………… 176

5.7 退场精选:公司股权退出策略的税务优化与效益平衡法 ……… 180

5.8 零售汇选:购物中心合作模式的税务策略与风险管理 ……… 185

5.9 益己之选:亏损并购中的税务策略抉择与效益平衡 ………… 188

5.10 优中选优:软企税务优化升级,深挖即征即退与所得税
节税潜力 …………………………………………………… 192

5.11 税务智选:地产公司自持项目抵债操作中的税务优化
与风险提示 ………………………………………………… 196

第6章 "调"之道应用案例 ……………………………………… 200

6.1 利润调拨:集团内亏损弥补的税务优化与风险防控 ………… 200

6.2 临界微调:小型微利企业临界点的工资薪金优化策略 ……… 202

6.3 结构调优:半导体"两免三减半"时效错配与财政补贴的
税务优化策略 ……………………………………………… 205

6.4 福利调控:员工旅游支出的税务优化与合规策略 ………… 210

6.5 困境调解:注销企业退货的发票处理与合规路径 ………… 214

6.6 展会调策:会展费用的税务优化与风险控制策略 ………… 218

6.7 产业调构:酒品结构优化与西部大开发税收优惠对接策略 ……… 225

6.8 中介调雇:茶叶收购中消除中间商的税务优化与风险
防控策略 …………………………………………………… 229

6.9 借贷调理:集团内部资金调配的税务风险防控与优化策略 ……… 234

6.10 迷局调通:在建工程并购的税务策略突破与合作路径 ……… 238

6.11 积分调制:探索从无偿赠送至折扣优化的积分兑换
策略转型 …………………………………………………… 242

第1章

税务优化基础知识

税务优化,需要在充分掌握税法规定的前提下,合法使用相关规则,通过一定的方法,让纳税人减轻税负或延期纳税。

因此,纳税人开展税务优化活动需要掌握一些基本方法和遵循一定的原则,避免因方法不适当,或者未遵循相关原则,导致适得其反,带来税务风险。

1.1 税务优化的基本方法

做任何工作前,都必须掌握一定的方法与技巧;任何高超的技艺,都是由很多基础方法构成的。税务优化工作也不例外。因此,在从事或学习税务优化工作前,一定要先了解并掌握一些税务优化的基本方法。

要素优化法

税制要素包括纳税主体、课税对象、税基、税率、税额、纳税环节、纳税期限等,每个要素都与纳税密切相关。对各个税种来说,税款的计算离不开税基、税率和税额三个基本要素。我们可以通过降低税基、降低适用税率、直接减少应纳税额的方法来达到优化本期应缴纳税款的目的。

1. 降低税基

税基即计税的基数,是计算纳税人应纳税额的依据。根据我国目前税法的规定,税基大致分为三类。

(1)课税金额。适用从价定率征收消费税的消费品(如高档化妆品、成品油、小汽车等)及资源税的应税产品(如原油等),以销售额作为税基。

(2)课税数量。采用从量定额征收资源税的应税产品(如盐等),以销量作为税基;城镇土地使用税是以纳税人实际占用土地面积作为税基。

(3)应纳税所得额。企业所得税和个人所得税均是以纳税人应税收入减去后的应纳税所得额作为计税依据。

在适用税率一定的条件下,应纳税额的大小与税基的大小成正比。税基越小,纳税人的应纳税额越低。纳税人可以通过降低税基的方法来降低纳税额,从而达到税务优化的目的。例如,在进行企业所得税的税务优化时,我们可以通过增加税前扣除的成本费用的方法降低应纳税所得额,从而达到降低应纳税额的目的。

2. 降低适用税率

税率分为比例税率、定额税率和累进税率三种。

(1)比例税率是指对同一征税对象,不分数额大小,规定相同的征收比例。例如,对于增值税一般纳税人,税法规定采用13%、9%、6%、0的增值税税率;无优惠的企业所得税税率为25%,高新技术企业、西部大开发等优惠税率为15%。

(2)定额税率是指按照征税对象确定的计算单位,直接规定一个固定的税额。例如,对于酒类产品中的黄酒、啤酒,税法规定按照销售数量征收消费税。

(3)累进税率主要包括超额累进税率和超率累进税率。

①超额累进税率是指把征税对象按照数额的大小分为若干等级,每级规定一个税率,税率逐步提高,应纳税额根据征税对象所属等级和税率分别计算后相加求得。目前我国个人所得税采用超额累进税率。

②超率累进税率是指按照征税对象数额的相对率划分为若干级距,分别规定相应的税率,相对率每超过一个级距的,对超过的部分按照高一级的税率计算征税。目前我国土地增值税采用的是超率累进税率。

各个税种大多存在不同的税率,虽然纳税人无法改变法定税率,但税率的高低往往因为纳税人的身份或者课税对象的不同而有所区别。这就为纳税人进行税务优化提供了选择的空间。税务优化的思路是尽量适用低税率或者防止税率爬升。例如,针对增值税的几档税率(13%、9%、6%等),纳税人可以适当地通过纳税身份的转换来实现税率的调整。

3. 直接减少应纳税额

目前我国大部分税种都规定有减免税、退税、税款抵免等税收优惠政策。利用这些优惠政策,企业可以达到直接减少应纳税额的目的。例如,《中华人民共和国企业所得税法》规定:

> **第三十四条**　企业购置用于环境保护、节能节水、安全生产等专用设备的投资额,可以按一定比例实行税额抵免。

《中华人民共和国企业所得税法实施条例》规定:

> **第一百条**　……企业购置并实际使用《环境保护专用设备企业所得税优惠目录》《节能节水专用设备企业所得税优惠目录》和《安全生产专用设备企业所得税优惠目录》规定的环境保护、节能节水、安全生产等专用设备的,该专用设备的投资额的10%可以从企业当年的应纳税额中抵免;当年不足抵免的,可以在以后5个纳税年度结转抵免。……

身份优化法

按照我国设立企业的相关法律规定,企业的组织形式有股份有限公司、有限责任公司、合伙企业、个人独资企业等。个人作为纳税人,分为居民个人和非居民。增值税纳税人分为一般纳税人和小规模纳税人。不同身份或组织形式的纳税人,适用的税收政策相应也不同。

例如,个体工商户、合伙企业和个人独资企业不属于法人单位,无须缴纳企业所得税。个体工商户、个人合伙人和个人投资者仅就经营所得缴纳个人所得税。投资者在创业时,可以充分考虑前期的经营和获利情况,采用适当的组织形式,减轻税负,以达到收益最大化。另外,企业在对外扩张时,采用设立子公司还是分公司的形式,对企业纳税也会产生影响。对此,企业在做出相关决策时应考虑税收因素。

临界点优化法

我国现行税种存在很多临界点,当税基突破临界点,则该税种适用的税率和优惠政策就会发生改变。纳税人在进行税务优化时,要学会寻找临界点,将税基控制在临界点之内,以此来控制税负。

比如:①小规模纳税人销售额连续 12 个月超过 500 万元的,就要转为一般纳税人,增值税征收率可能就要从 1% 变为 13%。②当企业的年度应纳税所得额超过 300 万元后,即使其他所有条件都满足,也不能再享受小型微利企业所得税优惠政策,实际税负率 5% 就可能会直接变成了 25%。③西部大开发优惠政策、高新技术企业优惠政策等,对于政策鼓励的销售业务收入占总收入要求在 60% 以上,否则就不能享受优惠政策。

转换经营方式优化法

纳税人在遵守税法的前提下,可以通过完善经营方式来进行税务优化。例如,将单纯的仓库出租服务,根据业务需求,转变为提供包含仓储管理在内的综合服务。

转移定价优化法

转移定价是指两个或两个以上有经济利益联系的经济实体,为获取更多的整体利润,以内部价格进行的销售活动。转移定价优化法一般在关联企业如母子公司之间使用,很多跨国公司会通过转移定价来达到在不同国家或地区之间转移利润的目的。为了维护本国或本地区的经济利益,转移定价已受到越来越严格的税务和外汇监管。

利用税收优惠法

为了扶持特定地区、行业和产品的发展,或者照顾某些有实际困难的纳税人,减轻纳税人的负担,税法中规定了一些特殊条款,这些特殊条款就相当于税收优惠政策。利用好税收优惠政策,是企业进行税务优化最基本的内容。

在我国税制中,对经济特区、沿海经济开放区、经济技术开发区、高新技术产业园区、中西部地区、上海浦东新区、海南自贸区、海南自贸试验区等特殊区域实行优惠政策,纳税人在投资和经营过程中可以合理利用地区优势,争取享受优惠政策。

政府基于宏观经济调控的需要,在不同时期对一些特定产业实施扶持政策。例如,为了支持关系国计民生的基础产业、医药产业、高新技术产业、节能环保产业等产业的发展,对相关行业在税收上给予一定优惠。纳税人可以选择适当的时机通过多元化投资、战略转型等方式进入这些行业。

此外,税法针对各个税种均规定有优惠条款,企业可以利用这些税收优惠政策达到税务优化的目的。

1.2　税务优化应遵循的原则

上一小节讲述了税务优化的基本方法,属于具体措施。企业在实施税务优化时,可能面临着多重选择,如何从中选出合适的方案,以及如何防范可能存在的税务风险,就需要一些指导性原则,即税务优化应遵循的原则。这些原则虽然不能直接提供税务优化的方法,但是可以给税务优化指明方向。

合法性原则

合法性原则是指纳税人在进行税务优化时不能违反税法规定,是税务优化最基本的原则。这意味着纳税人通过对企业经营、投资和筹资活动进行调整,以达到减轻企业税负,获取最大经济利益的一种企业管理行为。这种行为是有别于偷漏税行为的,因为它是在遵守了国家相关税收法规的前提下的合法行为。

因此,无论是叫税务优化,还是叫税收策划、税收规划等,都必须要正大光明,始终将合法性原则放在首位,确保所有的优化方案都能站得住脚,并经得起法律法规的检验和审视。

合法性原则是税务优化的前提条件。只有在遵守税法的基础上,税务优化才能被视为合法的行为,并受到国家法律的保护。如果违背税收法律法规,筹划必然会受到相应的惩罚,并承担应有的法律责任。此外,合法性原则也是保障纳税人权益的基础,它确保了税务优化是在法律允许的范围内进行的,不会侵犯纳税人的合法权益。

如果企业违反了合法性原则,例如通过"阴阳合同"、隐瞒收入等方式,那么这些行为将被认定为偷税漏税,不仅会面临税务机关的追缴税款和罚款,严重的情况下,还会依法追究刑事责任。因此,企业必须谨慎行事,确保所有的税务优化活动都符合国家的法律法规。

为了遵守合法性原则,企业需要熟知国家各项税收法律法规,并在懂法、守法的基础上进行税务优化。这要求税务优化的专业人员具备丰富的税收知识和法律素养,以便在制定优化方案时能够准确把握法律界限,避免违法风险。同时,企业还需要建立健全的内部管理制度,确保所有的税务操作都有据可查,符合税法要求。

综上所述,税务优化的合法性原则是企业必须严格遵守的基本原则。只有在合法的基础上,税务优化才能真正发挥其优化企业税务结构、提高经济效益的作用。

前瞻性原则

前瞻性原则是指在涉税事项成为既定事实之前,对纳税义务进行事先的规划和安排。这一原则强调,税务优化应在既定事实之前进行,否则可能失去其作用。因此,前瞻性的税务优化需要在具体的业务发生之前进行,这就要求纳税人必须具备超前意识,以便有效地进行税收规划。

前瞻性原则要求企业在进行税务优化时,要着眼于未来,预测和评估可能发生的经济活动对税收的影响。这意味着税务优化不仅仅是对现有情况的应对,更是对未来的规划和布局。

在应用前瞻性原则时,企业需要对可能影响税收的因素进行深入分析和预测,包括对税率变动、政策调整、税法更新等信息的关注和解读。

前瞻性原则的重要性在于它不但可以帮助企业合法地减轻税负,而且还避免了因未能及时筹划而导致的税收增加。通过提前规划,企业可以在法律框架内最大限度地利用税法提供的优惠和减免,从而实现经济效益的最大化。

整体性原则

整体性原则是指在进行税务优化时,不应仅仅关注单一的税种或某项特定的经济活动,而是应将企业的所有税收负担作为一个整体来考虑。这涉及对企业整体财务结构、经营策略及税务合规等方面的综合分析和规划。整体性原则要求税务筹划人员站在全局的角度,统筹考虑各种因素,以制定出既能充分利用税收优惠政策,又能确保税务合规的筹划方案。

税务优化的整体性原则对于确保税务筹划的有效性和合法性至关重要。它有助于:①通过综合考虑所有税收影响,可以找到最优的财务和经营策略组合,最大化税后利润;②确保税务优化方案的各个部分相互协调,符合税法规定,减少因片面追求某项税收优惠而导致的合规问题;③为管理层提供基于完整信息的税务建议,帮助他们做出更明智的商业决策;④通过整体视角,有效管理和配置企业资源,以达到税务成本最小化的目标。

在实际操作中,整体性原则的应用可能包括但不限于以下四个方面:

(1)跨税种优化:结合企业涉及的不同税种(如增值税、企业所得税等),寻找最佳的税务处理方法。

(2)长期规划:考虑到企业的长期发展战略和潜在的税务风险,制定可持续发展的税务规划策略。

(3)业务流程优化:评估企业的业务流程和运营模式,以识别潜在的税务优化点,并据此调整业务操作。

(4)风险管理:建立税务风险管理体系,确保税务规划方案的执行和监控能够在风险可控的环境中进行。

税务优化的整体性原则强调了对企业税务事务的全面和深入理解。它要求企业在策划税务事宜时要有前瞻性和全局观念,以实现税务成本最小化和企业价值最大化。随着税收法规的日益复杂和国际税收环境的变化,整体性原则在税收规划中的重要性日益凸显。因此,企业有必要在税务筹划中积极采纳这一原则,以应对不断变化的税收挑战。

时效性原则

时效性原则的重要性在于充分利用资金的时间价值,以及税法适用中的"程序从新、实体从旧"原则。例如,纳税义务发生时间、优惠政策起止时间等,都有时效性问题。程序性税法与实体性税法如有变动,就需要遵循"程序从新、实体从旧"原则,这也是时效性问题。

税务优化的时效性原则还意味着税务优化存在一定的时间性限制。因为税法和税收优惠政策在不断地完善和发生变化,此一时彼一时,某些税务优化方案仅在某一特定时间段有效,当外部环境已经发生变化,此时还继续实施可能就面临着税务风险。没有任何一个税务优化方案可以"一劳永逸"。

成本效益原则

成本效益原则是指在进行税务优化时,必须全面考虑筹划方案的实施成本、管理成本、风险成本及其他可能的隐性成本。同时,还需要评估筹划方案带来的税收收益及其他收益,以确定该方案是否能够为企业带来绝对的收益。

成本效益原则是税务优化中最基本的原则之一。它要求企业在选择税务优化方案时,不仅要考虑税收支出的降低,还要考虑到因筹划方案实施而产生的其他费用增加或收益减少等因素。因为任何一项筹划方案都有其两面性,随着某一项方案的实施,纳税人在取得部分税收利益的同时,必然会为该筹划方案的实施付出额外的支出,以及因选择该筹划方案而放弃其他方案所损失的相应机会收益。当新发生的费用或损失小于取得的利益时,该项筹划方案才是合理的;反之,应当放弃税务优化,以避免出现成本大于收益、得不偿失的情况。

在应用成本效益原则时,企业需要对各种可能的筹划方案进行详细的成本效益分析,同时评估筹划方案带来的税收收益及其他收益。只有当筹划方案的所得大于支出时,该项税务优化才是成功的。例如,在选择投资地点时,企业不仅要考虑当地的税收优惠政策,还要考虑到原材料采购、运输等其他成本因素。

税务优化的成本效益原则要求企业在选择税务优化方案时,必须进行全面的成本效益分析,以确保筹划方案能够为企业带来真正的经济效益。这一原则不仅是税务优化成功的关键,也是企业实现财务目标的重要保障。

1.3 如何控制税务优化风险

做任何事情都可能面临着不确定的风险,税收优化涉及税法、会计准则、民法典等法律法规,若理解或操作不当,便可能触犯法律,导致罚款甚至更严重的法律后果。因此,企业和个人在进行税收优化时,应谨慎行事,确保每一步都合法合规。

了解税务优化风险

在现代经济活动中,风险无处不在。人们在进行经济活动时,总是希望风险最低、收益最大。然而,风险和收益经常是结伴而生的,高收益常伴随着高风险,低风险往往意味着低收益。按照财务管理的观念,风险是由事件不确定性导致的实际结果与预期结果之间的偏离程度。税务优化是企业财务管理中的重要组成部分,旨在法律允许的范围内最大限度地降低税收成本。然而,税务风险是税务优化过程中不可避免的一个方面。了解税务风险对于确保筹划方案的合规性、有效性和安全性至关重要。

企业在进行税务优化时,因为各种不确定因素的存在,会导致企业可能无法实现税务优化的目标,由此带来的风险称之为"税务优化风险"。

税务优化风险的来源

不确定性是税务优化过程中风险的主要来源,存在一些具体的风险因素。

1. 税务优化方案设计不当

税务优化方案的设计涉及企业采购、生产、销售、收款等各个环节,如果前期设计不合理,就起不到应有的效果,甚至会适得其反。因此,科学、合理地设计税务优化方案是税务优化成功实施的前提和基础。

税务优化方案,必须考虑多方面的因素,做到业财融合。同时,要确保方案具有可落地操作性,必要时应邀请各方的专家进行审核,确保税务以外的因素也无法律风险。

2. 税务优化方案操作不当

税务优化方案如果操作不当,也会导致税务优化失败。发生操作不当可能是以下三种原因造成的:

(1)税务优化相关人员对方案理解不到位;

(2)相关人员之间的配合和协调出现问题;

(3)执行不到位或执行方式不恰当。

3. 税收政策调整

我国的税收政策变化较快,部分税种虽然立法了,但是具体执行口径或优惠政策变化依然很快;部分税种没有立法,在立法后也面临着较大的变化。企业的财务会计人员必须关注税收政策的变化,与时俱进地了解和掌握最新的税收法规和政策,不断更新自身的知识储备。

4. 企业经营活动发生变化

企业经营的主要产品、业务模式、营销手段、结算方式等发生变化,往往会给企业的会计和税务工作带来新的挑战。企业必须根据业务活动的改变,适时调整会计和税务工作,以更好地适应和服务于业务开展的需要。税务优化也必须与时俱进,否则就很可能会产生纳税风险。

5. 管理人员纳税风险意识淡薄

实务中,不少企业的管理者对财务工作不够重视,认为财务部不为企业创造直接的经济利益,属于后勤服务部门。这样的思想观念导致企业对涉税风险缺乏充分地估计,最终造成税务优化无效或者失败。

如何防范税务优化风险

对于税收优化过程中可能存在的风险,企业应建立健全风险防范机制,事前预防、事中控制、事后评估与总结。

1. 树立风险意识,加强员工培训

企业应当对税收风险有充分的估计与认识,切忌盲目大意。由于我国财税的法律制度更新较快,企业要及时对员工进行法律、财务、税务、风险管理等方面的培训与考核,同时要加强对员工职业道德方面的考察,避免由于个别员工的不道德行为给企业带来重大损失。

2. 加强不同部门之间的配合

如前所述,税务优化是一项需要多部门配合共同完成的工作,部门之间的合作关系到税务优化方案的执行效果。企业可以建立和补充相应的管理制度和部门职责,把税务优化纳入部门工作内容中,作为部门绩效考核的指标之一。

3. 适时调整税务优化方案

企业在具体实施税务优化时,应关注国内外重大的经济环境、金融政策、税收法规的最新变化,及时调整方案。要具体问题具体分析,不能照搬其他企业的方案或者模式。

4. 注重与税务机关的沟通

税务机关与企业在法律地位上是平等的,但在实际权利和义务的行使上并不完全对等。税务机关作为政府行政管理部门,对纳税人的行为依法享有一定的自由裁量权和认定权限。企业应注重与税务机关的沟通,日常经营中避免因违反税法受到处罚,以维护自身良好的纳税形象。在税务优化工作中,应争取有利于企业的具体征收管理方式,尽量取得税务管理人员对税务优化方案的认可。

5. 聘请专业机构服务

"术业有专攻",对于税务优化也是一样。

企业及企业财务会计人员,可以通过聘请专业机构或参加专业机构的培训等,获取税务优化的专业服务。不过在专业机构的选择上,应选择大品牌或美誉度高的机构,比如上市公司之类的,不要相信一些主要是为了推销

代开发票或在税收洼地注册"空壳企业"的税务优化。

为了让读者充分了解税务优化可能面临着的税务风险,在本书后续分享的实务案例中,我们专门撰写有"税务优化的风险提示"内容,虽然这些提示内容可能涉及不全面,但是编写的目的就在于提醒读者在进行税务优化时,一定要紧绷风险这根弦,时时刻刻都记住一切操作都应在法律法规许可的范围内进行。

1.4 税务优化的"五字之道"

对于税务优化、税收规划,财税领域内流传着大量不同的策略、方案和创意。这些建议往往在初次了解时会让人觉得富有启发性,但随后可能会感到难以具体实施,不清楚应如何结合本企业的实际情况来进行筹划。市场上流通的相关书籍和视频,多数是按照税种或企业的经营环节进行分类,往往缺乏一个整体视角;同时,它们通常只描述具体的方法,却很少进行归纳和总结。亿企赢财税研究院专家团队经过深入研究与缜密分析,精心总结出了独具特色的"五字之道"——合、分、转、选、调。

这"五字之道"不仅是我们对于合法合规进行税务优化的殷切劝导,也精准地概括了各种税务优化手段的精髓。它将复杂的策略化简为易于记忆的要诀,指引企业在税务优化的征途上稳健前进。

"合"之道

"合"之道是融合与综合的方法与准则。在税务规划的领域里,它强调的是全面的视角、深度的整合与协同的力量。其核心在于,在合法合规的基础上,通过精心设计的综合方案,达成税务优化与风险防控的统一,追求企业整体效益的最大化。

"合"之道在实务应用中,表现为:①农牧集团内部资源整合的盈亏相抵,粮食贸易企业留抵税额的转化,汽车租赁行业多门店税务优化与资产处置,展现出资源整合与税务策略的协同效应;②在吸收合并、股权转让、校园餐饮服务等领域,"合"之道指导企业合法节税,规避风险,提升效益;③对于软件企业、高新技术与小微企业,"合"之道提倡充分利用税收优惠,实现税收利益最大化;④在企业生产线扩张、债务重组与合资企业策略中,"合"之道确保投资效益与税务合规,为企业开辟新机遇提供支持。

总之,"合"之道构成税务规划的根基核心,它倡导全面考虑与综合施策,使企业在复杂商业环境中,通过合法合规的税务优化,实现稳健增长与可持续发展。

"分"之道

"分"之道是分解与分化的方法或准则。在税务规划的复杂棋局中,它融合了精准的分析、细致的分类和策略性的拆解。其核心在于,在合法合规的前提下,通过巧妙的业务拆分与结构调整,实现税务负担的合理分散与企业效益的全面提升。

"分"之道在实务应用中,表现为:①太阳能板销售与安装的增值税优化,通过业务细分降低税负;②纸业公司业务重组结合税收优惠,优化资源配置;③酒业重组在西部大开发背景下寻求税收优惠,激发活力;④建材公司通过资产分置,股权调整与利润分配策略,实现税务负担均衡;⑤医疗器械企业合同细分,提升税务合规性;⑥重型机械企业服务分类,确保业务拓展与合规并重;⑦陶瓷企业价外费用的税务精算,规避风险,增强盈利;⑧建装公司股权转售物业优化,实现税负与资本运作双赢;⑨商贸公司税费分散,增强市场竞争力;⑩商贸企业赊销与租赁业务的纳税优化,通过分类实现税负合理化;⑪白酒厂广告费用分担,降低成本,提高市场占有率。

总之,"分"之道体现税务规划中的策略洞察,倡导精准分类与细致拆解,使企业在复杂商业环境中,合法合规优化税务,实现持续稳健发展。

"转"之道

"转"之道是转变或转换的方法或原则。在税务规划的领域里,它不仅是专业技能的施展,更是一种策略与艺术的融合。其核心在于,在合法合规的框架下,通过转换策略,实现税负结构的优化与企业价值的重塑。

"转"之道在实务应用中,表现为:①美味火锅公司通过转变采购,优化供应链,降低税负;②陶瓷企业形态转化,实现税务优化与风险控制;③日化企业将赠品促销转化为税务优势,确保合规;④合作项目转型重构,优化投资回报分配,促进资金流动与税务效益;⑤商业折扣策略的转策优化,探讨税务效益与风险控制;⑥熟食品牌连锁扩张的模式转向,探索增值税优化,规避税务风险;⑦通过分销体系的转轨,优化税务成本,增强竞争力;⑧税负优化策略下的股权辗转,增资预警风险;⑨子公司退出策略的转动决策,分析税务影响,寻找最优路径;⑩资产轮转通过续存分立,优化税务成本,平稳过渡家庭财富;⑪有形动产租赁领域的服务转化,提出税负优化方案,防范稽查风险。

总之,"转"之道承载税务规划中的变革精髓,倡导创新与策略优化,使企业在快速变化的商业环境中,合法合规转换税务策略,实现稳定发展与价值提升。

"选"之道

"选"之道是甄别与选择的方法或原则。在税务规划的广阔舞台上,它不仅是专业知识的运用,更是一门融合判断力、策略性和预见性的艺术。其核心在于,在合法合规的框架下,通过明智的税务策略选择,实现税负的精确定位与企业价值的精准提升。

"选"之道在实务应用中,表现为:①农产品市场配套项目的税务优化与风险控制,确保经济效益与稳定性;②建筑企业异地施工的增值税策略,规避税务风险;③房地产项目土地获取方式的优选,实现税负优化;④企业转增资本的资本甄选,追求股东效益最大化;⑤厂房扩建中的税益拣选,对比租赁与自建成本,做出最优决策;⑥软件企业深挖税务优化潜力,提升优化水平;⑦环保科技企业融资策略的税务成本分析,平衡资金与税务负担;⑧企业股权退出策略的退场精选,优化税务规划;⑨购物中心合作模式的零售汇选,强化税务风险管理;⑩亏损并购中的益己之选,实现效益与税务优化;⑪地产企业自持项目抵债操作的税务智选,优化流程与揭示风险。

总之,"选"之道凸显税务规划中的抉择要义,要求精准识别与抉择,使企业在复杂商业环境中,合法合规优化税务策略,实现稳健增长与价值最大化。

"调"之道

"调"之道是调整与调控的方法或原则。在税收规划的广阔天地,它不仅是一门技术,更是一门艺术,它体现了灵活的策略、精细的技巧和温和的方式。其核心在于,在合法合规的框架内,通过精巧的策略调整,实现税负最小化与企业价值最大化的双重目标。

"调"之道在实务应用中,表现为:①利润调拨的巧妙转移,集团内亏损弥补的优化,既减轻税负又改善经营;②临界微调,小型微利企业通过工资薪金策略在税法框架内灵活调整,最大化税收优惠;③结构调优,半导体行业"两免三减半"政策与财政补贴的有效结合;④福利调控,员工旅游支出的税务优化与合规策略并举。

　　"调"之道亦是税务风险的敏锐感知与防范,会展费用、积分兑换的税务优化兼顾成本节约与风险规避,避免未来税务稽查风险。在产业调构、中介调雇、借贷调理中,调整意味着在税务优化与企业发展间寻找最佳平衡,确保每一步调整都为企业带来价值。

　　"调"之道更是一种机智应对,要求企业在复杂僵局的环境,调整思路,随机应变,在建工程并购的税务策略突破,注销企业退货的发票处理,都是其在复杂税务迷局中的实践。

　　总之,"调"之道不仅是税收优化的方法,更是企业战略智慧的体现。它贯穿于企业经营的各个环节,引领企业在商业环境中稳健前行。

第2章

"合"之道应用案例

以下案例是"合"之道在企业税务优化中的实战应用,以供参考与借鉴。

2.1 合二为一:农牧集团盈亏相抵税务优化策略与风险把控

当集团内不同子公司有盈利、亏损时,长期亏损的子公司可能因为超过税法规定最长税前弥补亏损的年限,导致亏损无法税前弥补,进而造成集团的损失。如何利用"合"之道税收优化来降低企业集团的损失呢?请看下面的案例。

业务背景及痛点分析

1. 实务案例

四川某农牧集团,旗下有多家饲料公司,饲料生产过程中需要用到万寿菊提取物作为饲料的染色剂。该集团为响应政府扶贫的号召,在大凉山地区投资设立了一家公司A,主要经营范围为万寿菊的种植、加工等,生产的万寿菊提取物主要供应集团内部的成员企业。该集团税务管理规范,内部交易价格按照市场价执行。经过几年发展,该集团注意到,由于A公司兼有扶贫责任,导致相关成本较高,其销售产品虽按市场价供应集团内部,但A公司将因此长期亏损,且亏损无法在税法规定的五年内税前弥补。

2. 痛点分析

若维持现状,集团内各独立子公司的盈亏无法相互抵消,导致整个集团多交企业所得税;如果 A 公司生产的万寿菊提取物以高于市场价供应集团的内部成员企业,又面临着税务局核定关联交易价格的税务风险。

优化思路与解析

由集团内盈利较好的 B 公司,通过吸收合并将 A 公司变更为 B 公司的分公司,然后 B 公司申请办理总、分公司的汇总缴纳企业所得税。

优化前如图 2-1 所示。

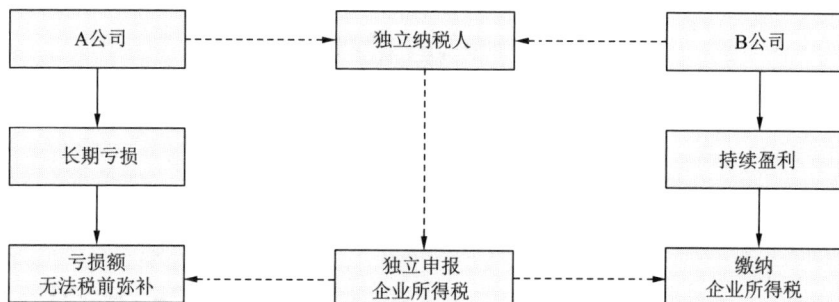

图 2-1　优化前税务处理示意图

优化后如图 2-2 所示。

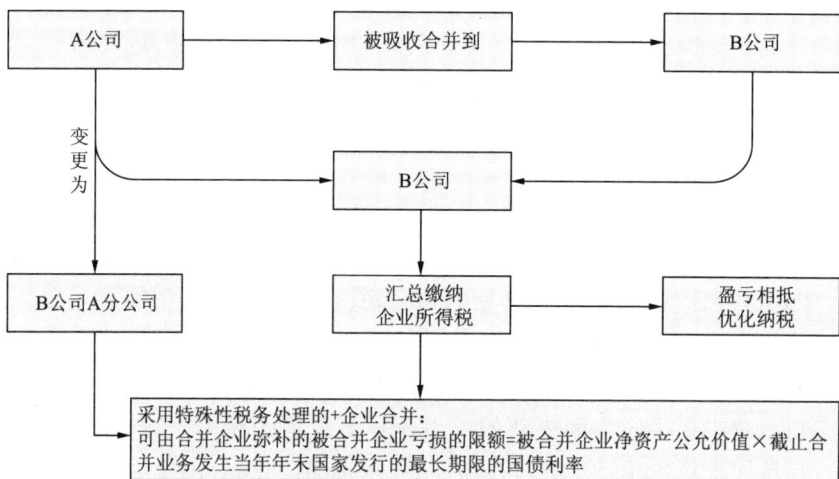

图 2-2　优化后税务处理示意图

在各自为独立公司时,集团内各公司之间的盈亏不能相互抵消,需要各自申报缴纳企业所得税。通过吸收合并优化后,把亏损的独立公司变成非独立的分公司,然后依据《中华人民共和国企业所得税法》汇总计算并缴纳企业所得税的规定,实现相互抵消。

税务优化的风险提示

企业在做类似税务优化时,需要关注并避免相关的税务风险。

(1)依据《财政部 国家税务总局关于企业重组业务企业所得税处理若干问题的通知》(财税〔2009〕59号)规定,企业重组采用特殊性税务处理需要提交书面备案,在"放管服"改革后,依然保留,并没有改为"留存备查"。

(2)吸收合并后,应及时按规定办理总分机构的汇总缴纳手续。

政策依据

(1)《中华人民共和国企业所得税法》规定:

> **第十八条** 企业纳税年度发生的亏损,准予向以后年度结转,用以后年度的所得弥补,但结转年限最长不得超过五年。
>
> **第五十条** ……居民企业在中国境内设立不具有法人资格的营业机构的,应当汇总计算并缴纳企业所得税。
>
> **第五十二条** 除国务院另有规定外,企业之间不得合并缴纳企业所得税。

(2)《中华人民共和国企业所得税法实施条例》规定:

> **第十条** 企业所得税法第五条所称亏损,是指企业依照企业所得税法和本条例的规定将每一纳税年度的收入总额减除不征税收入、免税收入和各项扣除后小于零的数额。
>
> **第一百二十五条** 企业汇总计算并缴纳企业所得税时,应当统一核算应纳税所得额,具体办法由国务院财政、税务主管部门另行制定。

(3)《国家税务总局关于企业所得税若干问题的公告》(国家税务总局公告2011年第34号)规定:

五、投资企业撤回或减少投资的税务处理

……被投资企业发生的经营亏损,由被投资企业按规定结转弥补;投资企业不得调整减低其投资成本,也不得将其确认为投资损失。

(4)《财政部　国家税务总局关于企业重组业务企业所得税处理若干问题的通知》(财税〔2009〕59号)规定:

四、企业重组,除符合本通知规定适用特殊性税务处理规定的外,按以下规定进行税务处理:……(四)企业合并,当事各方应按下列规定处理:……

3. 被合并企业的亏损不得在合并企业结转弥补。……

六、企业重组符合本通知第五条规定条件的,交易各方对其交易中的股权支付部分,可以按以下规定进行特殊性税务处理:……(四)企业合并,企业股东在该企业合并发生时取得的股权支付金额不低于其交易支付总额的85%,以及同一控制下且不需要支付对价的企业合并,可以选择按以下规定处理:……3. 可由合并企业弥补的被合并企业亏损的限额=被合并企业净资产公允价值×截至合并业务发生当年年末国家发行的最长期限的国债利率。……

十一、企业发生符合本通知规定的特殊性重组条件并选择特殊性税务处理的,当事各方应在该重组业务完成当年企业所得税年度申报时,向主管税务机关提交书面备案资料,证明其符合各类特殊性重组规定的条件。企业未按规定书面备案的,一律不得按特殊重组业务进行税务处理。

(5)依据《国家税务总局关于印发〈跨地区经营汇总纳税企业所得税征收管理办法〉的公告》(国家税务总局公告2012年第57号)规定,全文共涉及三十三条管理办法,由于篇幅有限,感兴趣的读者请到国家税务总局官网查阅具体细则。

2.2 高低配合:粮食贸易企业留抵税额变利润税务优化策略

当企业因为特殊情况造成进项税额大于销项税额,而且是长期存在的,但是企业又不满足留抵退税的条件。在合法的前提下，如何通过税收优化策略，将账面的留抵税额转化可用的资金乃至于利润，请看下面的案例。

业务背景及痛点分析

1. 实务案例

我们在 2024 年接到会员客户一个咨询问题："我公司是粮食贸易公司、一般纳税人，从农户、农民专业合作社等购进粮食，可以按照农产品收购发票或销售发票票面金额乘以 9% 计算抵扣进项税额，对外销售粮食的税率也是 9%，由于毛利率较低，进项税额长期大于销项税额，现在账面上留存有较大的进项税额。请问，我公司可以申请留抵退税吗？由于我们长期没有实际缴纳增值税，经常被税务局纳入税务稽查和纳税评估的范围，原因就是我们的增值税税负异常。"

2. 痛点分析

经亿企赢专家老师进一步深入了解，咨询企业由于不符合增值税留抵退税的条件，无法申请留抵退税。

从农户、农民专业合作社等购进粮食，可以按照农产品收购发票或销售发票票面金额乘以 9% 计算抵扣进项税额，假如购进粮食支付 10 000 元，计算如下：

$$进项税额 = 10\ 000 \times 9\% = 900(元)$$

如果该批粮食按照 10 500 元（含税价、市场价）对外销售，计算如下：

$$销项税额 = 10\ 500 \times 9\% \div (1+9\%) \approx 866.97(元)$$
$$留存的进项税额 = 900 - 866.97 = 33.03(元)$$

因此，就会出现销项税额大于进项税额的情形。粮食贸易企业通常交易规模较大，长此以往，积少成多，就会留存有较大的进项税额得不到抵扣。

当企业长期不缴纳增值税时，增值税的税负率就为 0，金税系统中就会显示异常，在税务稽查和纳税评估中被随机抽中的概率就会大增，从而加大企业的税务风险。

优化思路与解析

由于该粮食贸易公司进项税额计算的特殊性，加上毛利率较低，就出现了咨询者所述的情况。因此，要想解决现存问题，就需要考虑增加高税率的销项税额的业务。

优化思路如图 2-3 所示。

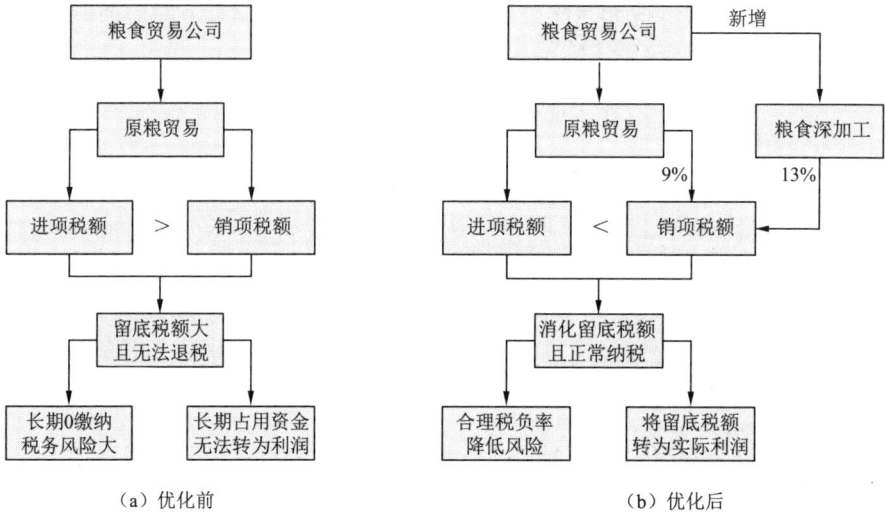

（a）优化前　　　　　　　　　　　　　（b）优化后

图 2-3　优化前与优化后税务处理流程示意图

根据《财政部　国家税务总局关于印发〈农业产品征税范围注释〉的通知》（财税字〔1995〕52 号）规定，以粮食为原料加工的速冻食品、方便面、副食品和各种熟食品，属于农产品深加工产品，销售时应适用高税率 13%。因此，企业可以新增粮食深加工的生产线，或者通过委托加工的形式，销售部分 13% 税率的粮食深加工产品。

当然，除《中华人民共和国增值税暂行条例》明确的低税率外，其他货物贸易也是高税率 13%。企业可以在现有经营范围的基础上，利用现有的销售渠道或新拓展销售渠道，新增高税率 13% 的货物贸易。

税务优化的风险提示

针对上述业务，提示风险如下：

（1）农产品收购的开具有严格限制，开票对象仅限于自产自销的农民，不能对流通领域的商贩开具。企业应保留过磅记录、过磅单、收购台账等，并尽可能采取非现金的支付方式等，以证明收购业务的真实性。

（2）农产品收购发票、免税销售发票很容易出现虚开的情形，涉农发票一直是税务局监管重点。企业应从内部控制程序设计到实际操作，做好相互监督，并做好真实性证据的留档备查。

政策依据

(1)《财政部 国家税务总局关于印发〈农业产品征税范围注释〉的通知》(财税字〔1995〕52 号)规定：

> 一、植物类
> ……………
> (一)粮食
> ……………
> 以粮食为原料加工的速冻食品、方便面、副食品和各种熟食品,不属于本货物的征税范围。……

(2)《中华人民共和国增值税暂行条例》规定：

> **第二条** 增值税税率：
> (一)纳税人销售货物、劳务、有形动产租赁服务或者进口货物,除本条第二项、第四项、第五项另有规定外,税率为 17%。
> (二)纳税人销售交通运输、邮政、基础电信、建筑、不动产租赁服务,销售不动产,转让土地使用权,销售或者进口下列货物,税率为 11%：
> 1. 粮食等农产品、食用植物油、食用盐；……
> 税率的调整,由国务院决定。

(3)《关于深化增值税改革有关政策的公告》(财政部 税务总局 海关总署公告 2019 年第 39 号)规定：

> 一、增值税一般纳税人(以下称纳税人)发生增值税应税销售行为或者进口货物,原适用 16% 税率的,税率调整为 13%；原适用 10% 税率的,税率调整为 9%。
> 二、纳税人购进农产品,原适用 10% 扣除率的,扣除率调整为 9%。纳税人购进用于生产或者委托加工 13% 税率货物的农产品,按照 10% 的扣除率计算进项税额。

2.3　留抵整合:汽车租赁行业多门店税务优化与资产处置策略

对于复杂的集团性企业,在面临业务重组时,如何合法利用税法规定保留与转移进项税额权益,请看下面的案例。

业务背景及痛点分析

1. 实务案例

某汽车租赁公司在全国拥有数百家门店,包含经营性租赁和融资性租赁两种业务。经营性租赁是指公司将购置的自有车辆出租给承租人使用,由承租人按期支付租金,租约到期后承租人返还车辆,汽车租赁公司继续将车辆出租于其他承租人。融资性租赁是指公司将购置车辆长租给客户使用,客户按月支付租金,待租期届满,汽车租赁公司将车辆所有权过户给客户,是汽车租赁与金融相结合的创新业态。

出于风控管理需要,汽车必须在各门店所属公司名下上牌,因此该租赁公司每家门店都是需要独立核算的分子公司,名下均有动产汽车和留抵税额。随着业务持续的发展,公司从 2021 年开始不断面临开店闭店的经营问题,而部分闭店的公司名下仍存在持续的租赁资产和大量的留抵税额,导致公司存在大量冗余的税务资产,不同门店之间税负严重不均衡,怎么管理众多的闭店主体及如何消化这些沉淀资产成了摆在财务总监面前的难题。

融资租赁公司受到国家金融监督管理总局的监管,其经营牌照需要经过当地监管局的特别审批。与此相反,经营租赁公司则无须这样的审批。对于该汽车租赁公司,其融资租赁总公司设立在天津,并且为了开展融资租赁业务,公司在其他地区设立了独立核算的融资租赁分公司。另外,公司在各地设立了子公司进行经营租赁业务,以便更加灵活和高效地运营。

2. 痛点分析

如果任由闭店公司持续到客户租期结束,少则一两年,多则三四年,众多的闭店公司不仅需要承担每年的固定房租成本,还需要安排人手继续核算管理,导致成本居高不下,且闭店公司的经营亏损和留抵税额都无法有效利用。

优化思路与解析

为充分利用国家税收优惠政策,帮助企业解决经营难题,可采取分层策略来解决公司的留抵税额问题。

优化思路如图 2-4 所示。

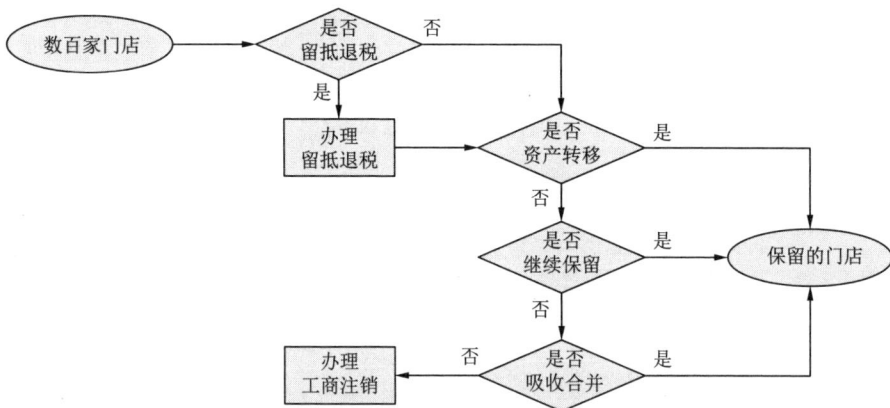

图 2-4 问题解决流程示意图

(1) 留抵退税:对于符合条件的门店公司,优先申请留抵税额退税,盘活期末留抵税额,增强资金流动性。

(2) 资产转移:对于比较难申请留抵退税的子公司门店,通过资产处置,将留抵税额转移至进项税额不足的公司,并在转移完成后注销闭店公司,并由母公司确认投资损失。

(3) 吸收合并:对于既有大量存量客户又无法通过上述两种方式解决留抵税额问题的子公司门店,通过吸收合并,将闭店公司的进项税额转移到合并后的公司,实现税务优化。

不同处理情形,具体内容见表 2-1。

表 2-1 不同处理情形下税务处理的优劣对比表

对 比	留抵退税	资产转移	吸收合并
适用情形	小型、微型公司,资产存续期不长 租赁和商务服务业:从业人数 100 人以下,且资产总额 8 000 万元以下 除贷款公司、小额贷款公司、典当行以外的其他金融机构:资产总额 200 亿元以下	超小微标准,留抵税额退税难度大,资产存续期长,客户人数少	超小微标准,留抵税额金额大且退税难度大,资产存续期较长,客户人数多

23

续上表

对比	留抵退税	资产转移	吸收合并
操作步骤	1. 2021年可以申请增量留抵退税,2022年5月起申存量留抵退税 2. 客户租约到期过户完车辆 3. 注销闭店公司 4. 母公司确认投资损失	1. 告知全体客户合并门店意向 2. 签订车辆销售合同开具发票 3. 车辆过户 4. 换签客户合同和车辆过户 5. 注销闭店公司 6. 母公司确认投资损失	1. 拟定吸收合并方案,制定吸收合并相关的人员、资产负债处置方案并执行 2. 被合并方履行告知义务 3. 被合并方办理工商手续 4. 办理资产转移手续 5. 办理被合并公司汇算清缴 6. 办理被合并公司税务注销清算手续 7. 被合并公司税务机关出具"增值税一般纳税人资产重组进项留抵税额转移单" 8. 合并公司税务办理接收留抵税额手续 9. 被合并公司工商注销 10. 合并公司办理工商变更手续
优势分析	程序简单,留抵税额可盘活,投资损失可及时合理利用	程序相对留抵退税略复杂,可达到相同效果	可盘活大额留抵税额资金,降低闭店公司的运营成本,但投资损失需待合并后公司清算方可确认
劣势分析	可弥补亏损无法继承		程序最为复杂,耗时长,约3~6个月;一般性税务处理下,可弥补亏损无法继承,特殊性税务处理下,可弥补亏损有限继承

税务优化的风险提示

针对上述业务,提示风险如下:

(1)在提交留抵退税申请之前,务必对当地的退税流程复杂度进行充分了解,避免因操作不当而触发不必要的税务检查。

(2)资产转移时,价格设定应严格参照市场公允价值,确保交易的公平性和合理性。

(3)此类重组涉及较高的税务要求,对被合并方的亏损弥补有限制。因此,在决策前应详细分析财务影响,选取最适宜的重组策略,以最大化经济效益。

政策依据

(1)《财政部 税务总局关于进一步加大增值税期末留抵退税政策实施力度的公告》(财政部 税务总局公告 2022 年第 14 号)规定:

> 一、加大小微企业增值税期末留抵退税政策力度,将先进制造业按月全额退还增值税增量留抵税额政策范围扩大至符合条件的小微企业(含个体工商户,下同),并一次性退还小微企业存量留抵税额。
> ……
> (二)符合条件的微型企业,可以自 2022 年 4 月纳税申报期起向主管税务机关申请一次性退还存量留抵税额;符合条件的小型企业,可以自 2022 年 5 月纳税申报期起向主管税务机关申请一次性退还存量留抵税额。
> ……
> 六、本公告所称中型企业、小型企业和微型企业,按照《中小企业划型标准规定》(工信部联企业〔2011〕300 号)和《金融业企业划型标准规定》(银发〔2015〕309 号)中的营业收入指标、资产总额指标确定。其中,资产总额指标按照纳税人上一会计年度年末值确定。营业收入指标按照纳税人上一会计年度增值税销售额确定;不满一个会计年度的,按照以下公式计算:
> 增值税销售额(年)=上一会计年度企业实际存续期间增值税销售额/企业实际存续月数×12
> 本公告所称增值税销售额,包括纳税申报销售额、稽查查补销售额、纳税评估调整销售额。适用增值税差额征税政策的,以差额后的销售额确定。
> ……

(2)《国家税务总局关于纳税人资产重组增值税留抵税额处理有关问题的公告》(国家税务总局公告 2012 年第 55 号)规定:

> 一、增值税一般纳税人(以下称"原纳税人")在资产重组过程中,将全部资产、负债和劳动力一并转让给其他增值税一般纳税人(以下称"新纳税人"),并按程序办理注销税务登记的,其在办理注销登记前尚未抵扣的进项税额可结转至新纳税人处继续抵扣。
> ……

（3）依照《财政部　国家税务总局关于企业重组业务企业所得税处理若干问题的通知》（财税〔2009〕59号）第四、六条规定，具体内容详见第2.1节政策依据。

2.4　合璧之策：吸收合并下的资产整合与税务优化策略精析

直接转让不动产会面临着巨额的土地增值税等税负，但通过吸收合并的企业重组方式，可以依法享受增值税、企业所得税、土地增值税和契税的免征或减免优惠政策。请看下面的案例。

业务背景及痛点分析

1. 实务案例

河北××消防设备有限公司（以下简称A公司）和河北××消防设施检测有限公司（以下简称B公司），由林家两兄弟共同经营，两家公司股东结构完全一致。均为林一持股50%，林二持股50%。现计划将B公司名下的房产转给A公司，然后注销B公司。公司情况如下：

（1）A公司未分配利润为439万元，B公司未分配利润为13.5万元。

（2）B公司需要注销，名下有2009年购入房产一套，原值214.66万元，截至202×年12月31日账面价值166.73万元，市场价值大概400万元。

2. 痛点分析

房产的高增值率直接导致了土地增值税和契税的高额负担，成为企业进行资产整合与企业注销计划中的税务痛点。解决这一痛点，企业需探索有效的税务优化策略，以合法合规的方式减轻税负。

优化思路与解析

调整A、B公司的股权结构，使其符合同一自然人控制的两家公司。然后通过同一控制下公司吸收合并的方式，A公司吸收合并B公司。A公司取得B公司的资产、负债，按B公司资产、负债的账面价值入账。税务处理方面，采取特殊性税务处理方式，确保A公司在吸纳B公司资产与负债的过程中，能够直接沿用B公司的原有计税基础，双方可享受企业所得税递延纳税的优惠，从而简化税务处理流程。针对增值税、土地增值税及契税等税种，充分利用重组相关的税收优惠政策，实现免税或不征税的最优税收安排。

优化思路如图 2-5 所示。

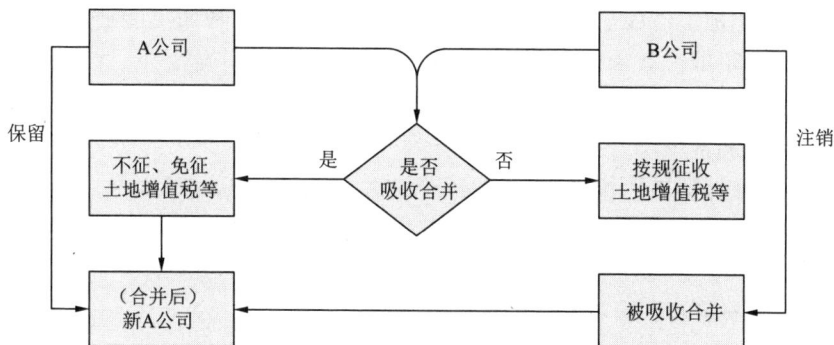

图 2-5 土地增值税税收优化示意图

1. 税额测算

特殊合并下的不动产转移税费与 B 公司直接销售不动产给 A 公司的税费比较数据,见表 2-2。

表 2-2 不同方式下房产转移税额测算

单位:元

税　种	税额(转让)	税额(同一控制下吸收合并)
增值税	190 476. 19	不征税
企业所得税	116 635. 00	免征
土地增值税	634 030. 00	免征
契税	160 000. 00	免征
印花税	2 000. 00	1 073. 30
合计	1 103 141. 19	1 073. 30

2. 房产直接转让的优缺点

(1)优点:

①首次转让后,房产按市场价值重新入账,若将来再次销售,基于较低的增值额,相应的税负将减轻。

②直接转让房产手续相对简单,所需时间较短,可快速实现资产流动性。

(2)缺点:

①尽管 A 公司取得增值税进项税额可以抵扣,短期内缓解部分税负,但并不直接减轻企业即时的资金负担。企业所得税虽可通过固定资产折旧在

未来年度递延缴纳,但这种递延效应并未立即释放现金流,仍需企业先行垫付税款。土地增值税虽因房产再次转让时的增值额下降而可能适用较低税率,形成一定抵税效果,但这依赖于未来房产市场的不确定性,且需时间累积才能显现。一次性支付的 16 万元契税不可以抵减,直接削减企业可用资金,加剧短期资金压力。

②企业长期房产税负担加重,按小微企业的房产税减半政策计算,基于房产市场价值与原购入价差额,未来每年房产税预计增加约 0.78 万元 [（400−214.66）×0.7×1.2%×0.5]，持续影响企业税务成本。

3. 同一控制下吸收合并的优缺点

（1）优点：

在同一控制下的企业进行吸收合并,其优势主要体现在两个方面:一是节税效应,二是优化资金流。

首先,通过吸收合并,企业可以实现资源整合,降低整体税负。其次,吸收合并有助于优化资金流。合并后,企业可以统一管理和调配资源,减少重复投资,提高资金使用效率。因此,同一控制下的吸收合并,对于企业来说,是一种实现资源优化配置、降低成本、提高竞争力的有效手段。

①增值税。纳税人在资产重组过程中,通过合并、分立、出售、置换等方式,将全部或者部分实物资产,以及与其相关联的债权、负债和劳动力一并转让给其他单位和个人,不属于增值税的征税范围,其中涉及的货物转让,不征收增值税。

参考政策:《财政部　国家税务总局关于全面推开营业税改征增值税试点的通知》（财税〔2016〕36 号）附件 2《营业税改征增值税试点有关事项的规定》。

②企业所得税。在企业合并过程中,如果被合并企业满足特殊性税务处理的条件,被合并企业及被合并企业股东可以暂不确认有关资产的转让所得或损失,从而实现企业所得税的递延缴纳。

参考政策:《财政部　国家税务总局关于企业重组业务企业所得税处理若干问题的通知》（财税〔2009〕59 号）。

③土地增值税。按照法律规定或者合同约定,两个或两个以上企业合并为一个企业,且原企业投资主体存续的,对原企业将房地产转移、变更到合并后的企业,暂不征收土地增值税。

参考政策:《财政部　税务总局关于继续实施企业改制重组有关土地增值税政策的公告》（财政部　税务总局公告 2023 年第 51 号）。

④契税。两个或两个以上的公司,依照法律规定、合同约定,合并为一

个公司,且原投资主体存续的,对合并后公司承受原合并各方土地、房屋权属,免征契税。

参考政策:《财政部　税务总局关于继续实施企业、事业单位改制重组有关契税政策的公告》(财政部　税务总局公告 2023 年第 49 号)。

(2)缺点:

①需要时间比较长。A、B 两家公司均为自然人 50% 持股的结构。控制权不明显,如果通过同一控制下企业合并,需要提前 1 年时间对控制权做调整。(股权调整过程不涉及个税,股权按直系亲属之间以出资额平价转让,不产生收益。)

②需要提前和税务机关沟通是否符合条件。

③需要准备的资料较多,手续也比较复杂。

4. 操作步骤

(1)变更 A 和 B 公司的股权结构。两家公司均变成林一持股 80%,林二持股 20%(或者林一持股 20%,林二持股 80% 也是可以的),两家公司保持控制人一致,控制权明确。

(2)两家公司做合并。A 公司吸收合并 B 公司,合并后 B 公司账面资产负债所有者权益全部以账面价值转到 A 公司,B 公司注销。

(3)公司合并流程。特殊性税务处理的公司合并流程如下:

①确认合并类型:吸收合并。吸收合并是指一家或多家公司将其全部资产和负债转让给另一家现存公司,被合并公司股东换取合并公司的股权或非股权支付。

②确定合并条件:同一控制下且不需要支付对价的公司合并,可以选择特殊性税务处理。

③准备相关资料:公司需要准备相关资料,包括合并协议、合并各方的财务报表、资产评估报告等。

④进行税务申报:公司需要在规定的时间内进行税务申报,填写相关表格并提交税务机关。

⑤税务机关审核:税务机关会对公司提交的资料进行审核,如有需要,可能会进行现场核查。

⑥完成税务处理:税务机关审核通过后,公司即可完成特殊性税务处理。合并公司接受被合并公司资产和负债的计税基础,以被合并公司的原有计税基础确定;被合并公司合并前的相关所得税事项由合并公司承继;被合并公司股东取得合并公司股权的计税基础,以其原持有的被合并公司股

权的计税基础确定。

(4)公司合并的工商资料准备：

①合并协议。

②合并各方关于通过合并协议的决议或决定：有限责任公司提交由代表三分之二以上表决权的股东签署的股东会决议。

③债务清偿或者债务担保情况的说明。

(5)公司合并的税务资料准备。公司合并进行特殊性税务处理，应在该重组业务完成当年，办理企业所得税年度申报时，分别向各自主管税务机关报送以下资料：

①企业重组所得税特殊性税务处理报告表及附表。

②公司合并的总体情况说明，包括合并方案、基本情况、商业目的等。

③公司合并协议或决议。

④12个月内不改变资产原来的实质性经营活动、原主要股东不转让所取得股权的承诺书。

⑤重组当事各方一致选择特殊性税务处理并加盖当事各方公章的证明资料。

⑥工商管理机关登记的股权变更事项的证明材料。

⑦公司合并当事各方的股权关系说明，若属同一控制下且不需支付对价的合并，还需提供证明材料，证明参与合并各方在合并前已受最终控制方的控制达12个月以上。

⑧被合并公司净资产、各单项资产和负债的账面价值和计税基础等相关资料，涉及非货币性资产支付的，应提供非货币性资产评估报告或其他公允价值证明。

⑨合并公司承继被合并公司相关所得税事项情况说明，包括尚未确认的资产损失、分期确认收入和尚未享受期满的税收优惠政策等。

⑩重组前连续12个月内有无与该重组相关的其他股权、资产交易，与该重组是否构成分步交易、是否作为一项公司重组业务进行处理情况的说明。

以上是常规需要申报的资料。建议在进行公司合并前，详细了解当地税务机关是否有特殊要求。

(6)股权结构进一步调整。

合并完成12个月以后，A公司可根据需要再调整两位股东的持股比例。原则上不建议50%和50%的结构，A公司可在股权结构上有明确的控制主导权利，例如67%和33%，在分红上可以约定五五分红。

税务优化的风险提示

针对上述业务,提示风险如下:

(1)在自然人持股背景下进行的吸收合并,虽然《国家税务总局关于企业重组业务企业所得税征收管理若干问题的公告》(国家税务总局公告 2015 年第 48 号)文件有所提及,但部分地方税务机关可能存在不同解读,认为其与《财政部 国家税务总局关于企业重组业务企业所得税处理若干问题的通知》(财税〔2009〕59 号)的规定不完全一致。

鉴于此,企业务必在合并前主动与税务机关沟通协调,明确是否满足企业所得税免税的资格条件。若经确认不符合免税标准,则须预估并准备承担约 11.66 万元[(400-166.73)×5%]的企业所得税缴纳义务。

(2)企业须与所在地税务机关深入交流,核实是否满足免税合并的各项条件。若确认不符合免税资格,不仅可能触发企业层面的纳税义务,还可能触发潜在的个人所得税义务。特别是在自然人持股情形下,同一控制吸收合并可能导致个人所得税的产生,初步计算可达 39.77 万元[(400-214.66+13.5)×20%]。不过,依据《财政部 国家税务总局关于个人非货币性资产投资有关个人所得税政策的通知》(财税〔2015〕41 号)文件精神,该笔个税负担可在最长五年期限内分期履行,为企业及个人提供了更为灵活的税务安排选项,有助于缓解一次性资金压力。

政策依据

(1)《国家税务总局关于企业重组业务企业所得税征收管理若干问题的公告》(国家税务总局公告 2015 年第 48 号)规定:

> 根据《中华人民共和国企业所得税法》及其实施条例、《中华人民共和国税收征收管理法》及其实施细则、《国务院关于取消非行政许可审批事项的决定》(国发〔2015〕27 号)、《财政部 国家税务总局关于企业重组业务企业所得税处理若干问题的通知》(财税〔2009〕59 号)和《财政部 国家税务总局关于促进企业重组有关企业所得税处理问题的通知》(财税〔2014〕109 号)等有关规定,现对企业重组业务企业所得税征收管理若干问题公告如下:
>
> 一、按照重组类型,企业重组的当事各方是指:
>
> (一)债务重组中当事各方,指债务人、债权人。

（二）股权收购中当事各方,指收购方、转让方及被收购企业。

（三）资产收购中当事各方,指收购方、转让方。

（四）合并中当事各方,指合并企业、被合并企业及被合并企业股东。

（五）分立中当事各方,指分立企业、被分立企业及被分立企业股东。

上述重组交易中,股权收购中转让方、合并中被合并企业股东和分立中被分立企业股东,可以是自然人。

当事各方中的自然人应按个人所得税的相关规定进行税务处理。

（2）《国家税务总局关于纳税人资产重组有关增值税问题的公告》（国家税务总局公告 2011 年第 13 号）规定:

纳税人在资产重组过程中,通过合并、分立、出售、置换等方式,将全部或者部分实物资产以及与其相关联的债权、负债和劳动力一并转让给其他单位和个人,不属于增值税的征税范围,其中涉及的货物转让,不征收增值税。

（3）《财政部　国家税务总局关于全面推开营业税改征增值税试点的通知》（财税〔2016〕36 号）附件 2《营业税改征增值税试点有关事项的规定》:

一、营改增试点期间,试点纳税人……

（二）不征收增值税项目。……

5. 在资产重组过程中,通过合并、分立、出售、置换等方式,将全部或者部分实物资产以及与其相关联的债权、负债和劳动力一并转让给其他单位和个人,其中涉及的不动产、土地使用权转让行为。……

（4）《财政部　国家税务总局关于企业重组业务企业所得税处理若干问题的通知》（财税〔2009〕59 号）规定:

六、企业重组符合本通知第五条规定条件的,交易各方对其交易中的股权支付部分,可以按以下规定进行特殊性税务处理:……

（四）企业合并,企业股东在该企业合并发生时取得的股权支付金额不低于其交易支付总额的85%,以及同一控制下且不需要支付对价的企业合并,可以选择按以下规定处理：

1. 合并企业接受被合并企业资产和负债的计税基础,以被合并企业的原有计税基础确定。

2. 被合并企业合并前的相关所得税事项由合并企业承继。

3. 可由合并企业弥补的被合并企业亏损的限额=被合并企业净资产公允价值×截至合并业务发生当年年末国家发行的最长期限的国债利率。

4. 被合并企业股东取得合并企业股权的计税基础,以其原持有的被合并企业股权的计税基础确定。……

（5）《财政部　税务总局关于继续实施企业改制重组有关土地增值税政策的公告》（财政部　税务总局公告2023年第51号）规定：

二、按照法律规定或者合同约定,两个或两个以上企业合并为一个企业,且原企业投资主体存续的,对原企业将房地产转移、变更到合并后的企业,暂不征收土地增值税。

（6）《财政部　税务总局关于继续实施企业、事业单位改制重组有关契税政策的公告》（财政部　税务总局公告2023年第49号）规定：

三、公司合并
两个或两个以上的公司,依照法律规定、合同约定,合并为一个公司,且原投资主体存续的,对合并后公司承受原合并各方土地、房屋权属,免征契税。

（7）《财政部　国家税务总局关于个人非货币性资产投资有关个人所得税政策的通知》（财税〔2015〕41号）规定：

一、个人以非货币性资产投资,属于个人转让非货币性资产和投资同时发生。对个人转让非货币性资产的所得,应按照"财产转让所得"项目,依法计算缴纳个人所得税。

二、个人以非货币性资产投资,应按评估后的公允价值确认非货币性资产转让收入。非货币性资产转让收入减除该资产原值及合理税费后的余额为应纳税所得额。

个人以非货币性资产投资,应于非货币性资产转让、取得被投资企业股权时,确认非货币性资产转让收入的实现。

三、个人应在发生上述应税行为的次月 15 日内向主管税务机关申报纳税。纳税人一次性缴税有困难的,可合理确定分期缴纳计划并报主管税务机关备案后,自发生上述应税行为之日起不超过 5 个公历年度内(含)分期缴纳个人所得税。

2.5 合算精明:股权转让印花税优化策略,合法节税与风险防范并行

按照《中华人民共和国印花税法》规定,"产权转移书据"需要按规定缴纳印花税。在股权转让中如何合法节约印花税,如何利用税法特殊规定节税,请看下面的案例。

业务背景及痛点分析

1. 实务案例

张先生持春风公司 50% 的股权,公司注册资本为 2 000 万元,张先生认缴 1 000 万元,已实际缴纳资本 500 万元。2024 年 6 月份,张先生同其他股东协商后决定将自己持有的全部股权转让给另一位投资者李先生,股权转让价款为 600 万元,双方准备签订股权转让协议。考虑正式签订股权转让协议时涉及缴纳印花税,如何在合法合规的前提下,通过税务优化来减少股权转让过程中需要缴纳的印花税?

2. 痛点分析

假如签订股权转让协议中确定转让价格 600 万元,则需按照"股权转让书据"0.05% 的税率缴纳印花税,即张先生和投资者李先生分别应缴纳印花税为 3 000 元。虽然金额不高,但对于希望最大化个人资产价值转移的张先生和李先生而言,任何合规的税费省都是值得关注的点。张先生和投资者李先生寻求通过税务优化来减少印花税的计税依据,这要求所采用的优

化方法必须在法律允许的范围内,在确保所有操作合法合规的前提下,实现印花税的合理优化,需要深入挖掘现行的印花税税收政策可能的节税点。

优化思路与解析

在认缴制背景下,对于未实际缴纳的股权转让是否需缴纳印花税问题,根据《财政部　税务总局关于印花税若干事项政策执行口径的公告》(财政部　税务总局公告 2022 年第 22 号)规定,印花税的计税基础应为扣除列明的未实缴资本对应价款后的转让价格。

优化思路如图 2-6 所示。

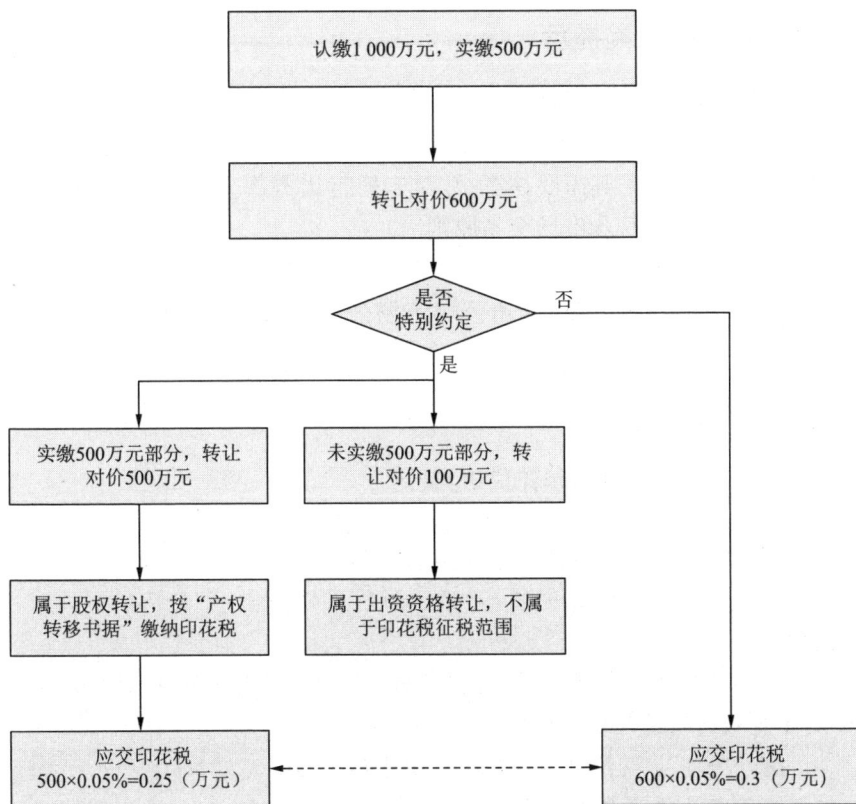

图 2-6　印花税税收优化示意图

因此,为明确张先生与投资者李先生在股权转让中的权利和义务,双方可在协议中特别约定:已实缴资本部分对应的股权转让金额,以及尚未实缴资本部分对应的转让金额。举例而言,股权转让的总价将由受让人支付给转让人,并在此股权转让全部完成后,转让人将无须再对目标公司承担任何后续出资责任。同时,受让人将承担继续履行认缴资本中未完成的 500 万元部分的出资义务,而针对这未缴纳的 500 万元资本部分,其相应的转让价格约定为 100 万元。

未实缴出资 500 万元部分对应的转让价款为 100 万元,属于出资资格的转让获取的对价,不属于印花税法界定的股权交易,无须按"产权转移书据"缴纳印花税,因此,本次股权转让的印花税计税依据为 500 万元(600-100),张先生和李先生因股权转让分别缴纳印花税 2 500 元。较优化前,每人少交 500 元印花税。

税务优化的风险提示

针对上述业务,提示风险如下:

(1)在股权转让协议中清晰界定已实缴和未实缴资本的转让价格,明确双方的权利与义务,尤其需要注意,针对未履行出资部分的转让价格设定应当公允合理,确保其符合市场交易原则。

(2)确保股权转让价格的公允合理,与公司的净资产、盈利能力等财务指标相匹配。如果转让价格偏离公司市场公允价值,需准备完整的资产评估报告或商业理由说明,以备税务机关检查,防止被质疑为不合理节税。

政策依据

(1)《中华人民共和国印花税法》规定:

> **第五条** 印花税的计税依据如下:
>
> (一)应税合同的计税依据,为合同所列的金额,不包括列明的增值税税款;
>
> (二)应税产权转移书据的计税依据,为产权转移书据所列的金额,不包括列明的增值税税款;……
>
> **第六条** 应税合同、产权转移书据未列明金额的,印花税的计税依据按照实际结算的金额确定。
>
> 计税依据按照前款规定仍不能确定的,按照书立合同、产权转移书据时的市场价格确定;依法应当执行政府定价或者政府指导价的,按照国家有关规定确定。

> **第九条** 同一应税凭证载有两个以上税目事项并分别列明金额的,按照各自适用的税目税率分别计算应纳税额;未分别列明金额的,从高适用税率。

(2)《财政部 税务总局关于印花税若干事项政策执行口径的公告》(财政部 税务总局公告 2022 年第 22 号)规定:

> 三、关于计税依据、补税和退税的具体情形……
> (四)纳税人转让股权的印花税计税依据,按照产权转移书据所列的金额(不包括列明的认缴后尚未实际出资权益部分)确定。……

2.6 合规明路:校园餐饮服务税务合规与优化策略

通过合理使用国家提供的税收优惠政策、选择合适的经营策略及企业形式、进行专业的税务优化,并严格遵守税法,企业可以在不违反法律的前提下,有效降低自身的税收负担。对于不合规的税务处理,如何通过税收优化达到合法合规,请看下面的案例。

业务背景及痛点分析

1. 实务案例

彩虹公司为李某个人全资的有限责任公司,专为中小学提供一体化餐饮管理服务,包括食材供应链、餐食制作、食品安全等。公司实行学生餐和教师餐分开运营,学生餐实行自主采购原材料、加工烹饪,通过预付卡充值完成学生消费;教师餐则专注加工制作,彩虹公司以学校的名义通过采购平台把关筛选后下单,采购平台直接向学校开具发票。经营收入占比,学生餐占收入 80%,教师餐占收入 20%。

据彩虹公司 2023 年财报,公司营业收入 320 万元,缴纳增值税、企业所得税分别为 3.2 万元、0.67 万元。但实际上,彩虹公司结算系统(微信小程序)上显示学生餐收入高达 1 000 万元,而大部分资金流入李某私人账户,并以此进行采购和工资发放,采购过程缺乏合规发票和相关凭证。公司内部将大量未报收入计为预收款,累计达 760 万元。

基于上述公司中存在的诸多潜在税务风险,李某亟须提高税务合规水平,但因公司利润微薄,难以承受过高的税负。为此,彩虹公司希望在保持投标资格前提下,探索税务合规优化方法,合理降低税负、防范涉税风险。

2. 痛点分析

彩虹公司面临餐饮业普遍存在的痛点:隐匿收入未申报纳税、大量缺失成本费用票据无法税前扣除等问题。建议全面盘查并纳入所有未记账收入(包括账外收入),关注成本费用票据的取得,以及进项税抵扣管理。

优化思路与解析

针对上述业务,该问题的优化思路如下:

1. 增值税优化思路

基于彩虹公司作为学校食堂这一现实情况,依据《财政部 国家税务总局关于全面推开营业税改征增值税试点的通知》(财税〔2016〕36 号)附件 3《营业税改征增值税试点过渡政策的规定》关于提供教育服务免征增值税规定,将学生餐对应的收入确认为免税收入,同时需独立核算教师餐的收入及相应的进项税额。

彩虹公司在未申报所有不开票收入时,增值税纳税人类型为小规模纳税人。按照学生实际消费的时点确认收入后,年应征增值税销售额会超过 500 万元,将由小规模纳税人转变为一般纳税人。彩虹公司若全部按照餐饮服务的6% 缴纳增值税,在进项发票无法获取的情况下,企业增值税的税负是非常高的。因此,向学生提供餐饮服务取得的伙食费收入,可按照免征增值税的教育服务收入,按月申报免税销售额;向教师提供餐饮服务取得的收入,按照 6% 缴纳增值税;同时免税收入所对应的进项税额也应做转出处理,见表 2-3。

表 2-3 优化前与优化后税务处理对比表

单位:万元

税　　额	优化前		优化后
	收入合规前	收入合规后	
销项税额	学生餐: 60×1%＝0.6 教师餐: 260×1%＝2.6	学生餐: (60＋1 000)×6%＝63.6 教师餐: 260×6%＝15.6	学生餐: 免税 教师餐: 260×6%＝15.6
进项税额	—	18	18－12(进项税额转出)＝6
增值税	3.2	61.2	9.6

注:进项税额转出(不得抵扣的进项税额)＝当月无法划分的全部进项税额×当月免税项目销售额、非增值税应税劳务营业额合计÷当月全部销售额、营业额合计。

税务优化思路如图 2-7 所示。

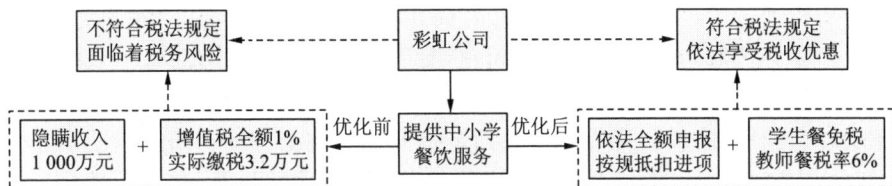

图 2-7 校园餐饮服务税收优化示意图

2. 企业所得税规划策略

为有效减轻企业所得税负担并确保合规性,可以通过以下措施:

(1)建立集中采购机制,成立采购中心。

将采购业务分离出来,成立小规模公司作为农产品采购中心,向农户及外部集采中心收购农产品,配送给各校区,并和彩虹公司进行结算,开具发票。

(2)通过农贸市场管理处代开或向正规批发商索取发票。

彩虹公司所在地区的部分农贸市场的管理处具有代开资质,可以在该农贸市场采购农产品后,向管理处申请,取得代开发票。为在商务谈判上更容易争取到较低的采购价格,彩虹公司与可开具发票的批发商或者愿意代开发票的农户、农村合作社等,签订长期合作的框架协议。采购农产品后,定期根据采购清单向供应商索取发票。在实操中,向可开具发票的供应商进行采购时,可能会被要求支付税点。但是鉴于蔬菜及鲜活肉蛋在流通环节免征增值税,农贸市场的供应商大多为个体工商户或者自然人个人,所涉及的个人所得税较低(在部分税务局核定征收的操作中,月营业收入 2 万元以下免征个税),综合税负实际上非常低。彩虹公司可以通过商务谈判,利用长期采购等合作条款,争取减少税点或者免除税点。

(3)确保员工薪资通过公司账户发放。

通过对公账户据实发放员工工资,该部分金额可以作为成本费用,在企业所得税汇算清缴时进行扣除。

(4)获取水电费的税前扣除凭证。

学校在向彩虹公司提供场地的同时会收取水电费,彩虹公司可向学校索取水电费发票、分割单作为税前扣除凭证,在企业所得税汇算清缴时进行列支。

(5)私车公用安排。

在彩虹公司的日常经营中,股东李某某会将名下的货车、商务车及小轿车用于原材料采购、商务接待等,可针对私车公用所产生的成本费用进行列支。可以通过两种形式:其一是彩虹公司与股东李某某签订"车辆租赁协议",约定双方权利义务、租赁时间、合理租金,据实报销燃油费、过路过桥费,并通过对公账户向李某某支付车辆租赁费、报销费用等;其二是李某某车辆转让给彩虹公司,计入公司的固定资产。彩虹公司每月可以计提折旧,同时列支产生的车船税、保险费、维修保养费、过桥过路费、油费等费用,可以在企业所得税税前列支、增值税进项税额抵扣。

税务优化的风险提示

针对上述业务,提示风险如下:

部分地区税务局(河北等)认为外部公司承包食堂的模式不能适用"提供教育服务免征增值税"这一规定,因此企业可以提前咨询主管税务机关是否可以享受该税收优惠政策。

政策依据

(1)《财政部 国家税务总局关于全面推开营业税改征增值税试点的通知》(财税〔2016〕36号)附件3《营业税改征增值税试点过渡政策的规定》:

> 一、下列项目免征增值税……
>
> (八)从事学历教育的学校提供的教育服务。……
>
> 3. 提供教育服务免征增值税的收入,是指对列入规定招生计划的在籍学生提供学历教育服务取得的收入,具体包括:经有关部门审核批准并按规定标准收取的学费、住宿费、课本费、作业本费、考试报名费收入,以及学校食堂提供餐饮服务取得的伙食费收入。除此之外的收入,包括学校以各种名义收取的赞助费、择校费等,不属于免征增值税的范围。
>
> 学校食堂是指依照《学校食堂与学生集体用餐卫生管理规定》(教育部令第14号)管理的学校食堂。……

(2)《学校食堂与学生集体用餐卫生管理规定》(教育部令第14号)规定:

> **第二条** 本规定适用于各级各类全日制学校以及幼儿园。

（3）《中华人民共和国增值税暂行条例实施细则》(中华人民共和国财政部 国家税务总局令第 50 号)规定：

> 　**第二十六条**　一般纳税人兼营免税项目或者非增值税应税劳务而无法划分不得抵扣的进项税额的,按下列公式计算不得抵扣的进项税额：
>
> 　不得抵扣的进项税额＝当月无法划分的全部进项税额×当月免税项目销售额、非增值税应税劳务营业额合计÷当月全部销售额、营业额合计

（4）《国家税务总局关于发布〈企业所得税税前扣除凭证管理办法〉的公告》(国家税务总局公告 2018 年第 28 号)规定：

> 　**第五条**　企业发生支出,应取得税前扣除凭证,作为计算企业所得税应纳税所得额时扣除相关支出的依据。
>
> 　**第六条**　企业应在当年度企业所得税法规定的汇算清缴期结束前取得税前扣除凭证。

2.7　合脉相承：延长租赁期内的简易计税策略与风险控制

依照税法规定,对于营改增之后(2016 年 5 月 1 日)一般纳税人取得的非住房的房屋,一般纳税人就无法享受简易计税方式。对于"二房东"是一般纳税人的房屋租赁适用简易计税方式,如何合法延长营改增前的租赁期限,以便享受简易计税方式,请看下面的案例。

业务背景及痛点分析

1. 实务案例

某地方企业,主要经营通信产品批发业,为一般纳税人。其控股母公司(也是一般纳税人)名下有多处经营用房产,以整体打包方式租赁给该企业。该企业除部分用于自用外,其余全部对外转租赁经营。母公司持有的这些房产均为老建筑,建成年份均超过 20 年。母公司和该企业合同签订于 2016 年全面"营改增"之前,租期期限将于近期到期。根据双方租赁协议规定,这

些房产的日常维护和修缮均由该企业负责,以保证承租物业的完好无损和正常使用。根据税收政策规定,一般纳税人转出租 2016 年以前租入的房产,可以选择简易计税方法,按 5% 征收率计算征收增值税。该企业与母公司签订的合同即将到期,准备续签新的租赁合同。

根据增值税的相关规定,一般纳税人 2016 年 4 月 30 日以后租入的房产再行出租的,按一般计税办法,即按 9% 税率计算征收增值税。为此,企业可能将承担较高的税费负担。根据增值税计算规则,纳税人采用一般计税办法的,其取得的增值税专用发票的进项税额可以抵扣。企业采用一般计税办法是否会导致税负加重? 如果按一般计税方法税负加重,企业是否有办法减轻增值税税收负担?

2. 痛点分析

根据《国家税务总局关于发布〈纳税人提供不动产经营租赁服务增值税征收管理暂行办法〉的公告》(国家税务总局公告 2016 年第 16 号)规定,一般纳税人出租其 2016 年 5 月 1 日后取得的不动产,适用一般计税方法计税。同时,一般纳税人将 2016 年 4 月 30 日之前租入的不动产对外转租的,可选择简易办法征税;将 5 月 1 日之后租入的不动产对外转租的,不能选择简易办法征税。该企业由于和母公司的租赁合同即将到期并重新签订合同。如果按照上述规定,将采用一般计税办法,适用 9% 增值税税率,一般计税是否会加重企业税收负担? 企业该如何对业务进行合理规划?

优化思路与解析

通过税负平衡测试分析应采取的增值税计税方式。

1. 平价转租情况下,两种计税方法的税负差异

方案一:适用简易计税方法的情况下,对于出租方母公司来说,其打包出租的房产均为营改增之前所取得的房产,可以选择适用简易计税方法,按照 5% 的征收率计算应纳税额。该企业作为承租方,如果选择按简易计税方法也会按租金的 5% 计算增值税,且不得抵扣增值税进项税额。双方的税收负担率均为 5%。如果将母子公司视为一个整体,该企业按实际承租价格出租房产的情况下,双方实际增值税税负之和为 10%(5% +5%)。

方案二:该企业适用一般计税方法的情况下,出租方母公司仍可选择适用简易计税方法。该企业作为承租方,采用一般计税方法,按 9% 计算增值税销项税额。要求母公司开具 5% 增值税专用发票,母公司的税收负担率为

5%,该企业按销项减去可抵扣的进项税计算缴纳增值税。如果将母子公司视为一个整体,并且该企业按实际承租价格出租房产的情况下,双方实际税负之和为 9%(5% +9% −5%)。

2. 加价转租情况下,租金加成率的临界点分析

该案例中,如果该企业以高于实际承租价格对外转出租。这种情况下,需要分析哪种方式的税负率更低,更有利于企业做出增值税计税方式的选择(以下分析未考虑房屋维护等特殊因素):

设:不含税租金为 R,转租赁租金的倍数为 X,即转租租金为 $R×X$。

方案一:简易计税增值税应纳税额 $Y1$。

$$Y1 = R×X×5\%$$

方案二:一般计税增值税应纳税额 $Y2$。

$$Y2 = R×X×9\% −R×5\%$$

令 $Y1 = Y2$,求得 $X = 1.25$。

即当该企业转出租价格在承租价格的 1.25 倍时,两种方案的增值税合计税负相等;当转出租价格低于承租价格的 1.25 倍,选择方案二,即一般计税方式。当转出租价格高于承租价格的 1.25 倍,选择方案一,即简易计税方式。

该企业以打包方式承租母公司房产,还要承担房屋的维护费用,租金相对较低。对外则以分散经营的方式转租,转租价格高于原始租金 50% 以上。根据前面的测算结果,按照一般计税方法,该企业每年需要支付更多的增值税和附加税费,对企业的资金流和盈利能力都将产生负面影响。另外,由于下游承租方多是增值税小规模纳税人,很难通过增值税抵扣和提高租金实现税负转嫁。故企业维持简易计税方式更为有利。

但考虑重签合同对增值税税负的显著影响,故该企业决定采用另一种规划思路:以补充协议方式替代重新签订合同。

该企业与母公司协商,在租赁合同到期前签订一份补充协议,将租赁期限延长至未来若干年。补充协议将明确双方的权利和义务,确保合同的合法性和有效性。同时,补充协议中将注明本次续约是对原合同的修改或补充,而非新的租赁合同。出租方如果有租赁价格调整的要求,也可以通过补充条款的方式进行合同的补充。

通过签订补充协议的方式,该企业与母公司之间的租赁关系将不被视为新的租赁合同,而是对原合同的延续。这将使得该企业在续租房产时仍能够按照简易计税办法计征增值税,从而保持较低的税收负担。同时,通过延长租赁期限,该企业可以确保在未来一段时间内拥有稳定的经营预期,为企业的持续发展提供保障。

优化思路如图 2-8 所示。

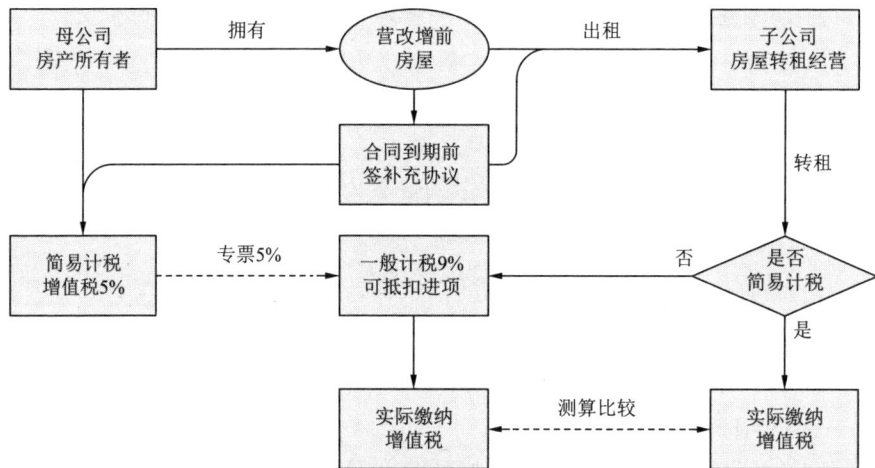

图 2-8　房屋租赁税收优化示意图

税务优化的风险提示

针对上述业务,提示风险如下:

双方应当关注租赁合同的有效性。《中华人民共和国民法典》(以下简称民法典)对租赁合同有着明确的规定,特别是关于租赁期限的条款,这是一个不可忽视的法律要点。根据民法典第七百零五条规定,任何租赁合同的期限都不得超过二十年。如果合同中约定的租赁期限超过这一法定期限,超出的部分将被视为无效。双方在签订补充协议过程中,需要注意民法典租赁期限的要求,详细审查协议内容,确保租赁期限的约定在合法范围内。

增补合同条款通常是指在原有合同基础上,对某些条款进行修改、补充或完善。补充合同条款本身并不是一份全新的合同,而是对原合同的补充或修改。此外需要注意,税务部门在对企业进行税务审查时,会综合考虑企业的税务规划及其背后的商业逻辑。如果税务部门认为企业的税务规划缺乏合理的商业目的,或者这种规划仅仅是为了避税而设,不符合税法的相关规定,那么他们可能会质疑此类规划。一旦税务部门认定企业的税务规划不具有合理的商业目的,并且违反了税法规定,他们将有权要求企业进行税务调整并补缴税款。

需要关注母公司因转租存在的税务风险。母公司以低于市场价值的价格将房产打包租赁给子公司,母公司的房产税等相关税收会相应减少,并导致企业所得税的减少。如果税务部门认定这种低价租赁不具有合理的商业目的,他们可能会对企业的应税收入进行调整,要求企业按照市场价格计算租金收入并补缴房产税。

政策依据

(1)《国家税务总局关于发布〈纳税人提供不动产经营租赁服务增值税征收管理暂行办法〉的公告》(国家税务总局公告 2016 年第 16 号)规定:

> **第三条** 一般纳税人出租不动产,按照以下规定缴纳增值税:
> (一)一般纳税人出租其 2016 年 4 月 30 日前取得的不动产,可以选择适用简易计税方法,按照 5% 的征收率计算应纳税额。……

(2)《全面推开营改增试点 12366 热点问题解答(一)》规定:

> 关于转租不动产如何纳税的问题,总局明确按照纳税人出租不动产来确定。
> 一般纳税人将 2016 年 4 月 30 日之前租入的不动产对外转租的,可选择简易办法征税;将 5 月 1 日之后租入的不动产对外转租的,不能选择简易办法征税。

(3)《中华人民共和国民法典》规定:

> **第七百零五条** 租赁期限不得超过二十年。超过二十年的,超过部分无效。
> 租赁期限届满,当事人可以续订租赁合同;但是,约定的租赁期限自续订之日起不得超过二十年。

2.8 合法多变:软件企业优惠期精准摊销降税负策略

对于软件企业等,税法规定有"两免三减半"或其他类似优惠政策,可合理使用税法规定的扣除规则,降低企业税负,请看下面的案例。

业务背景及痛点分析

1. 实务案例

A 有限责任公司是一家 20×3 年 12 月份成立的软件企业,主要从事技术开发、技术咨询、技术交流、技术转让、技术推广及数据处理服务。成立初期,12 月份采购并投入使用办公设备等固定资产共 500 万元(属于非房屋建筑物且税法最低折旧年限为 5 年);筹建期间,人员开支及企业登记、工证的费用共 30 万元,其他支出 70 万元;虽然属于初创期企业,但是于 20×4 年即满足享受国家鼓励的软件企业"两免三减半"企业所得税优惠条件,截至 20×4 年 12 月份全部收入为 90 万元。

假设 20×5 至 20×9 年不含上述业务情况下,预测收入均为 600 万元,人员工资及办公费用等均为 100 万元(无税会差异,不含初始固定资产折旧费和开办费摊销)。

面对以上业务结构背景,A 有限责任公司财务经理应如何处理可以使得企业所得税税负降低。

2. 痛点分析

公司财务经理可能会因为对"两免三减半"优惠政策的开始时间把握不当,导致少享受税收减免,增加税收负担。除此之外,即使开办费和固定资产折旧方式享受了一次性所得税税前扣除的优惠,也不意味着一定能提升企业资金的使用价值。对于在不同场景下的开办费和固定资产,若折旧摊销方法选择不当,也可能会增加企业的税收负担。那么,A 有限责任公司财务经理应如何筹划以降低企业所得税税负?

优化思路与解析

企业成立初期获利不稳定,对于可以享受定期减免优惠的企业,为避免优惠减免期限出现浪费,可将企业获利年度推迟到可稳定获利年度,通过对企业进入优惠减免期在合理情况下的筹划,最大限度利用税收优惠期限,有效地多享受优惠,节约税款。在所得税处于税率波动的情况下,对于新购置固定资产折旧方式的选择,在低税率期间尽量减少摊销,推迟到高税率期间进行所得税税前扣除,减少企业所得税应纳税所得额,降低税金。

针对固定资产和开办费可以一次性税前扣除,可能对企业的"两免三减半"优惠政策产生影响,预先对两种情形分别进行测算,见表 2-4。

表 2-4 不同税务处理的企业所得税对比表

单位:万元

序号	年度	收入与成本		分期扣除				一次性扣除		
		收入	成本	折旧费	开办费	应纳税所得额	税额	扣除	应纳税所得额	税额
1	20×4 年	90	100	100	10	−120	0	530	−540	0
2	20×5 年	600	100	100	10	270	0		−40	0
3	20×6 年	600	100	100	10	390	0		500	0
4	20×7 年	600	100	100		400	50		500	0
5	20×8 年	600	100	100		400	50		500	62.5
6	20×9 年	600	100	0		500	62.5		500	62.5
合　计							162.5			125

备注:本表的"成本"未包括折旧费和开办费摊销。

综上所述,按照一次性税前扣除处理,企业合计缴纳的企业所得税明显降低。由此可见,当存在可根据取得收入特点,在合同签订约定收款时间、销售方式上对收入确认时间进行规划选择时,或存在发生的费用支出等一次性扣除或可分摊扣除方式可选择时,应结合当年的应纳税所得额情况,进行适当规划,达到充分享受企业所得税减免红利。除此之外,不是所有的提前扣除折旧费用就一定可以给企业带来资金的使用价值,当企业税率存在波动或以前年度亏损弥补年限即将超期、无法结转的情况下,对于资产折旧方式可适当进行规划。例如,尽量在所得税处于低税率期间及大量亏损弥补即将超过法定年限无法结转时少摊销,尽可能多地延后摊销,避免扣除费用的浪费,为以后期间减少税费缴纳做准备;在所得税处于高税率期间多摊销,最大限度地进行所得税扣除,降低税收负担。

税收优化过程如图 2-9 所示。

税收优化的风险提示

针对上述业务,提示风险如下:

(1)国家鼓励的软件企业从企业的获利年度起开始计算定期减免优惠期。首先,获利年度是指软件企业开始生产经营后,第一个应纳税所得额大于零的纳税年度。其次,不会因为中间年度发生亏损或其他原因而中断。最后,如果首次获利年度不符合优惠条件的,应自首次符合软件企业条件的年度起,在其优惠期的剩余年限内享受相应的减免税优惠。例如,某软件企

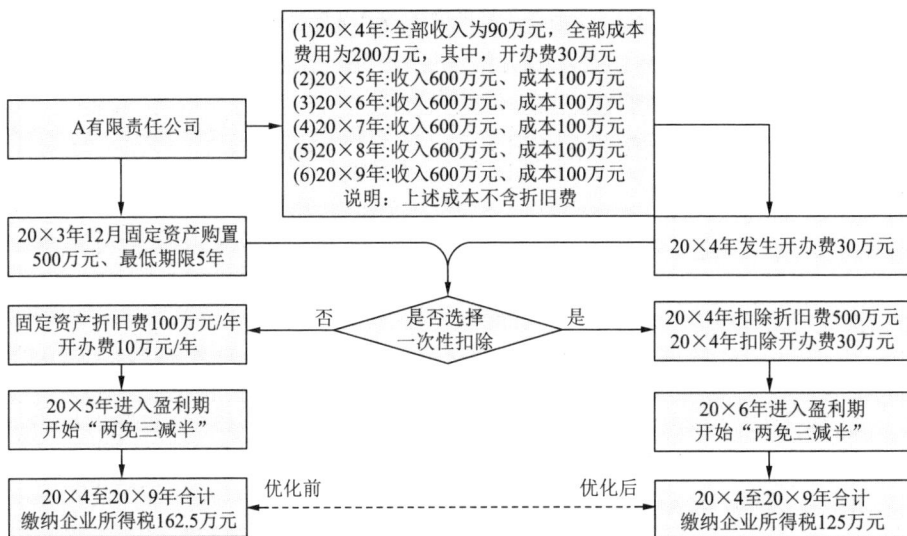

图 2-9　软件企业不同税务处理对比示意图

业 20×4 年开始获利,20×5 年符合优惠条件,则 20×5 年可以免税,20×6 至 20×8 年这三年都减半征收所得税,就会浪费一年的免税时间。

(2)企业在提前或推迟确定收入的纳税义务时间时,以及对采购固定资产或长期待摊费用等的折旧摊销方式进行选择时,应在政策规定的范围内筹划,关注税会差异,以免产生未及时确认收入或费用提前扣除、错误扣除等带来的风险。同时,应留存好相关资料以备检查,如有关收入合同、固定资产购进时点的资料、固定资产记账凭证、固定资产管理台账等。

(3)企业根据自身生产经营核算需要,可自行选择是否享受一次性税前扣除政策,未选择享受一次性税前扣除政策的,以后年度不得再变更。

政策依据

(1)《财政部　税务总局　发展改革委　工业和信息化部关于促进集成电路产业和软件产业高质量发展企业所得税政策的公告》(财政部　税务总局　发展改革委　工业和信息化部公告 2020 年第 45 号)规定:

> 三、国家鼓励的集成电路设计、装备、材料、封装、测试企业和软件企业,自获利年度起,第一年至第二年免征企业所得税,第三年至第五年按照 25% 的法定税率减半征收企业所得税。……

(2)《财政部 国家税务总局关于进一步鼓励软件产业和集成电路产业发展企业所得税政策的通知》(财税〔2012〕27 号)规定:

> 十四、本通知所称获利年度,是指该企业当年应纳税所得额大于零的纳税年度。

(3)《国家税务总局关于企业所得税若干税务事项衔接问题的通知》(国税函〔2009〕98 号)规定:

> 九、关于开(筹)办费的处理
> 新税法中开(筹)办费未明确列作长期待摊费用,企业可以在开始经营之日的当年一次性扣除,也可以按照新税法有关长期待摊费用的处理规定处理,但一经选定,不得改变。

(4)《中华人民共和国企业所得税法实施条例》规定:

> **第七十条** 企业所得税法第十三条第(四)项所称其他应当作为长期待摊费用的支出,自支出发生月份的次月起,分期摊销,摊销年限不得低于 3 年。

(5)《财政部 税务总局关于设备、器具扣除有关企业所得税政策的公告》(财政部 税务总局公告 2023 年第 37 号)规定:

> 一、企业在 2024 年 1 月 1 日至 2027 年 12 月 31 日期间新购进的设备、器具,单位价值不超过 500 万元的,允许一次性计入当期成本费用在计算应纳税所得额时扣除,不再分年度计算折旧;单位价值超过 500 万元的,仍按企业所得税法实施条例、《财政部 国家税务总局关于完善固定资产加速折旧企业所得税政策的通知》(财税〔2014〕75 号)、《财政部 国家税务总局关于进一步完善固定资产加速折旧企业所得税政策的通知》(财税〔2015〕106 号)等相关规定执行。
> 二、本公告所称设备、器具,是指除房屋、建筑物以外的固定资产。

2.9 合规优选：高新技术与小微企业的写字楼购置税益最大化

高新技术企业优惠政策与小微企业优惠政策不能重叠适用。当集团内企业可以达到各自条件时，就可以从整体上让税负降低。请看下面的案例。

业务背景及痛点分析

1. 实务案例

力力公司从事新能源电力技术咨询、设计及人员派遣等业务，2023年营收1.5亿元，利润总额1 500万元。公司因持续加大研发投入，各方面均符合高新技术条件，同年成功申请为高新技术企业，享有研发费用加计抵减和15%税率企业所得税优惠。其关联企业大能公司主营EPC（工程总承包）工程，同年营收1亿元，利润总额230万元，符合小微企业条件，预计2024年利润总额将超300万元。两家公司共享员工和办公室，未进行明确的划分。目前，力力公司和大能公司账面货币资金分别为4 000万元、1 200万元。

两家公司均隶属于自然人张某与李某通过天赋公司所控制的集团之下，其中张某主持整体战略规划与商务拓展，而李某则负责日常运营与技术管理。鉴于业务扩张，现有的办公条件难以满足业务需求，故两位股东计划2024年购置新写字楼。两人商议后，目标锁定在市中心中央商务区一栋位置优越的写字楼，计划购入一层并租赁一层，每层约1 000平方米，市场价格约1 400万元。

基于上述情况，两位股东正慎重考虑以哪家公司作为购买写字楼的主体，旨在通过合理的税务规划，最大限度地减少税费负担，优化成本结构。

2. 痛点分析

从股东的视角出发，均衡考虑力力公司与大能公司的盈利状况至关重要，充分利用两者各自的税收优惠条件，实现税负最优化。同时，关于新购写字楼的用途规划——自用抑或出租，是一个需要权衡的决策点。房产税有从租或从价两种计税方式，这一选择关乎税负轻重。因此，购入房产后的用途规划，也是优化总体税收负担的重要一环。

优化思路与解析

针对上述业务，该问题的优化思路如下：

1. 比较与优选购房主体方案

根据公司财务初步评估，该写字楼在购入首年（2024年）预期将产生约

70 万元的折旧费用,以及约 15 万元的房产税与城镇土地使用税。针对购房主体的选取,提出了两项方案:

方案一:由力力公司作为购房主体;方案二:由大能公司作为购房主体。具体的税负测算,见表 2-5。

表 2-5　不同方案下企业所得税税负测算表

单位:万元

方案	2024 年企业所得税税负测算		合计
	力力公司	大能公司	
方案一 力力公司 购入	利润总额(预计):1 600 应纳税所得额(预计):1 100 企业所得税:(1 100－70－15)×15% = 152.25	利润总额(预计):350 应纳税所得额(预计):350 企业所得税:350×25% = 87.5	239.75
方案二 大能公司 购入	利润总额(预计):1 600 应纳税所得额(预计):1 100 企业所得税:1 100×15% = 165	利润总额(预计):350 应纳税所得额(预计):350 企业所得税:(350－70－15)×5% = 13.25	178.25

经上述比较,方案二相较于方案一展现出更为明显的企业所得税节省优势,预计可减轻税负达 61.5 万元(239.75－178.25),税务优化效果明显。因此选择方案二是最优选择。鉴于大能公司账面货币资金不足以全额支付大楼购置款,建议与力力公司协商签订无偿借款合同以筹集资金。根据《财政部　税务总局关于延续实施医疗服务免征增值税等政策的公告》(财政部　税务总局公告 2023 年第 68 号)规定,此类集团内部无偿借贷行为免征增值税。同时,大能公司需与房产公司签订购房协议并完成不动产登记。自房产交付使用的次月起,大能公司应依法缴纳房产税和城镇土地使用税。

优化思路如图 2-10 所示。

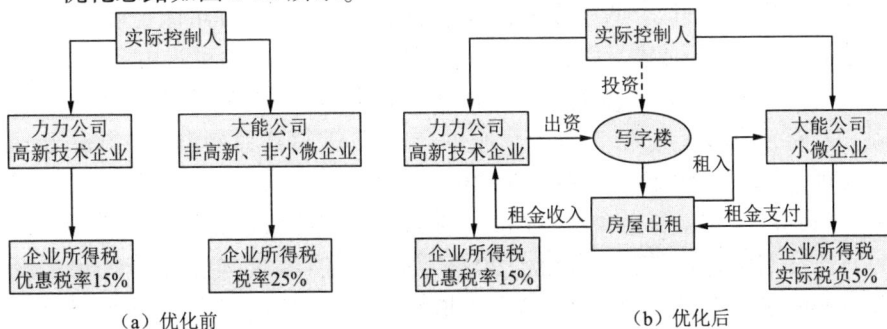

图 2-10　不动产购置税收优化前与优化后对比示意图

2. 房产使用主体选择

如上述背景交代,股东张某和李某除购入一层写字楼外,计划再租入一层写字楼用于力力公司和大能公司的员工办公。基于当地租金市场状况,该写字楼每层年租金预估为 70 万元。若大能公司选择将购入的一层写字楼出租给力力公司,同时从第三方租赁一层写字楼自用,转变计税方式为从租计征房产税,则能节省 3.36 万元房产税,这将有效优化房产税负担。尽管出租将带来租金收入,但同时也需支付第三方等额租金,而节省的 3.36 万元房产税支出,相当于增加应纳税所得额 3.36 万元,但对企业应纳所得税的总体影响仍处于可控范围。具体测算见表 2-6。

表 2-6　不同用途下房产税计算对比表

单位:万元

房产用途	房产税
大能公司自用写字楼	从价计征:1 400×(1−30%)×1.2% = 11.76
大能公司出租写字楼	从租计征:70×12% = 8.4

税务优化的风险提示

针对上述业务,提示风险如下:

(1)根据《中华人民共和国房产税暂行条例》,房产出租情况下,房产税依据租金收入计算。然而需要注意的是,在某些特定城市(如深圳),税务实际征管中——即便房产实际用于出租,企业仍可能需按房产原值来计算并缴纳房产税。因此,在这些地区,上述提议的方案(即出租自有办公楼)可能无法有效达到减轻房产税负担的目的。

(2)力力公司和大能公司在原办公场所时就存在人员、场地混同的情况,搬迁后若没有明确区分两家公司的办公区域,不仅从租计征可能会被质疑,而且还可能会被认为成本及费用分摊混淆,影响企业所得税的税前扣除等。

(3)对小微企业的优惠政策中不仅要注意应纳税额,还要关注资产总额。大能公司购入房地产,资产总额也会上升,若资产总额濒临 5 000 万元上限时,企业便无法享受小微企业的优惠政策。

(4)关于《财政部　税务总局关于延续实施医疗服务免征增值税等政策的公告》(财政部　税务总局公告 2023 年第 68 号)中的"企业集团",税法没有明确规定,《市场监管总局关于做好取消企业集团核准登记等 4 项行政许可等事项衔接工作的通知》(国市监企注〔2018〕139 号)取消企业集团登记证核发,强化企业信息公示。企业通过国家企业信用信息公示系统查询是否已经公示,确保享受税收优惠政策,防范税务风险。

政策依据

(1)《财政部 税务总局关于进一步实施小微企业所得税优惠政策的公告》(财政部 税务总局公告 2022 年第 13 号)规定:

> 为进一步支持小微企业发展,现将有关税收政策公告如下:
> 一、对小型微利企业年应纳税所得额超过 100 万元但不超过 300 万元的部分,减按 25% 计入应纳税所得额,按 20% 的税率缴纳企业所得税。
> 二、本公告所称小型微利企业,是指从事国家非限制和禁止行业,且同时符合年度应纳税所得额不超过 300 万元、从业人数不超过 300 人、资产总额不超过 5 000 万元等三个条件的企业。……
> 三、本公告执行期限为 2022 年 1 月 1 日至 2024 年 12 月 31 日。
> 特此公告。

(2)《财政部 税务总局关于延续实施医疗服务免征增值税等政策的公告》(财政部 税务总局公告 2023 年第 68 号)规定:

> 二、对企业集团内单位(含企业集团)之间的资金无偿借贷行为,免征增值税。
> 三、本公告执行至 2027 年 12 月 31 日。

(3)《国家税务总局关于房产税城镇土地使用税有关政策规定的通知》(国税发〔2003〕89 号)规定:

> 二、关于确定房产税、城镇土地使用税纳税义务发生时间问题
> (一)购置新建商品房,自房屋交付使用之次月起计征房产税和城镇土地使用税。……

(4)《中华人民共和国房产税暂行条例》规定:

> **第三条** 房产税依照房产原值一次减除 10% 至 30% 后的余值计算缴纳。具体减除幅度,由省、自治区、直辖市人民政府规定。

没有房产原值作为依据的,由房产所在地税务机关参考同类房产核定。

房产出租的,以房产租金收入为房产税的计税依据。

(5)《市场监管总局关于做好取消企业集团核准登记等 4 项行政许可等事项衔接工作的通知》(国市监企注〔2018〕139 号)规定:

一、取消《企业集团登记证》核发,强化企业信息公示

各地工商和市场监管部门要按照《决定》要求,不再单独登记企业集团,不再核发《企业集团登记证》,并认真做好以下衔接工作。一是放宽名称使用条件。企业法人可以在名称中组织形式之前使用"集团"或者"(集团)"字样,该企业为企业集团的母公司。企业集团名称应与母公司名称的行政区划、字号、行业或者经营特点保持一致。需要使用企业集团名称和简称的,母公司应当在申请企业名称登记时一并提出,并在章程中记载。母公司全资或者控股的子公司、经母公司授权的参股公司可以在名称中冠以企业集团名称或者简称。各级工商和市场监管部门对企业集团成员企业的注册资本和数量不做审查。二是强化企业集团信息公示。取消企业集团核准登记后,集团母公司应当将企业集团名称及集团成员信息通过国家企业信用信息公示系统向社会公示。本通知下发前已经取得《企业集团登记证》的,可以不再公示。三是依法加强对企业集团的监督管理。综合运用各种监管手段,依法对辖区内企业集团及其成员企业进行动态监测和核查,形成长效监管机制。发现有违反市场监督管理法律法规行为的,依据相关规定进行处理。

2.10 合法混同:企业生产线扩张的进项税优化与抵扣规范

依照规定,对于单独用于免征增值税项目、简易计税项目、集体福利等,购进固定资产等取得的进项税额不得抵扣。但是,如果不是单独使用的,依法则可以抵扣。因此,通过"合法混同",实现进项税额的抵扣或优化,请看下面的案例。

业务背景及痛点分析

1. 实务案例

A 有限责任公司属于一般纳税人企业,主要从事生产面包及小零食等食品制造。近年来,因市场需求不断扩大,为满足市场供应增加销售额,计划于 20×4 年在生产经营当地扩增一条生产线。建设此生产线涉及租赁厂房、仓库等生产场所,并购置必要的生产设备。与此同时,公司将招募一批新员工,并秉承"以人为本,关爱员工"的理念,无偿提供食堂服务与住宿安排。

此项业务扩展不仅涉及租入不动产,还涉及采购固定资产等业务,如何筹划并签订合同可以最大限度地优化税负结构,实现节约纳税成本的目的?

2. 痛点分析

A 有限责任公司从事食品制造及销售,属于轻资产公司,增加生产线前期准备工作涉及大量资金支出,考虑资金链较紧张,如何充分利用增值税进项抵扣政策,合理规划资产后续用途,确保企业最大程度享受进项税抵扣,从而有效控制并缩减纳税成本,是当前亟须解决的税务策略问题。

优化思路与解析

固定资产、无形资产、不动产的进项税额抵扣原则与其他允许抵扣的支出项目相比有一定的特殊性。购入或租入固定资产、不动产,若合理规划其用途,可以全额抵扣进项。企业应关注不同资产类型对应进项税抵扣规定及哪些资产"同时混用"可以全额抵扣,哪些支出"同时混用"需按销售额比例进项转出,在合理合规的基础上尽可能多抵扣进项税。

抵扣情况如图 2-11 所示。

A 有限责任公司(一般纳税人)扩增一条生产线过程中涉及以上支出类型,可按照以下三类分别处理,最大限度多抵扣进项税额:

①购入或租入固定资产/不动产时,如租入房屋等不动产,尽量避免专用于员工宿舍等不能抵扣事项,可以经过合理规划一部分作为仓库或者某些部门的办公室,一部分作为员工宿舍,此时租金可以进项税额全额抵扣。

②租入其他权益性无形资产,如特许经营权及经销权等,无论是专用于简易计税方法计税项目、免征增值税项目、集体福利或者个人消费等不得抵扣项目,还是兼用于上述项目,均可以抵扣进项税额,而不需要按照比例分摊抵扣。

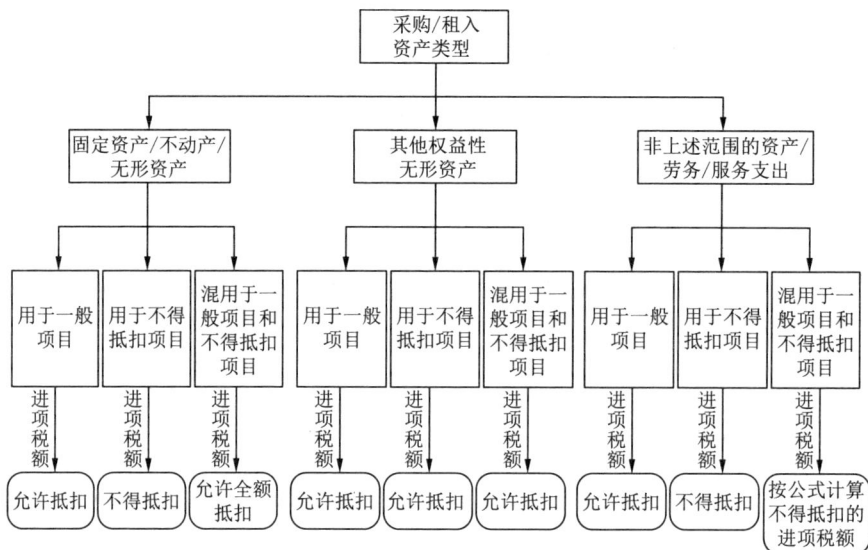

图 2-11　进项税额不同情形下抵扣情况图

③非上述范围的资产及劳务和服务支出,如水电费支出、物业费支出、办公用品及材料费等,若存在兼用于简易计税方法计税项目、免征增值税项目而无法划分不得抵扣的进项税额,按照下列公式计算不得抵扣的进项税额:

不得抵扣的进项税额=当期无法划分的全部进项税额×(当期简易计税方法计税项目销售额+免征增值税项目销售额)÷当期全部销售额

税务优化的风险提示

针对上述业务,提示风险如下:

(1)关于购入固定资产、无形资产(不包括其他权益性无形资产)及不动产,以及租用同类资产后产生的装修费等相关支出的进项税抵扣执行口径如下:根据国家税务总局纳税服务平台于 2024 年 3 月 20 日提供的指导意见,结合《财政部　国家税务总局关于全面推开营业税改征增值税试点的通知》(财税〔2016〕36 号)附件 1《营业税改征增值税试点实施办法》与《财政部　国家税务总局关于租入固定资产进项税额抵扣等增值税政策的通知》(财税〔2017〕90 号)规定,纳税人对同时服务于一般计税与简易计税项目、免税项目、集体福利或个人消费的固定资产、无形资产及不动产的购置或租赁所含进项税,允许全额从销项税额中扣除。然而,须明确的是,此全额抵扣政策不涵盖后续因上述资产发生的装修、取暖、物业管理、维修保养等费用所产生的进项税。

（2）企业在进行资产进项税抵扣时，需留意因资产用途差异而导致的抵扣规则变化，尤其是要重视固定资产抵扣政策中"同时混用"条件的理解。"同时混用"是指资产既服务于不可抵扣进项税的项目，也应用于可抵扣项目，并非指原先专门用于不可抵扣项目，之后转向可抵扣进项税项目。这种从专用不可抵扣项目向可抵扣项目的转变，作为资产用途的改变，应在改变的次月，企业依据"可以抵扣的进项税额＝固定资产、无形资产、不动产净值÷（1+适用税率）×适用税率"公式计算允许抵扣的进项税额，实现合理抵扣。

政策依据

（1）《财政部　国家税务总局关于全面推开营业税改征增值税试点的通知》（财税〔2016〕36号）附件1《营业税改征增值税试点实施办法》规定：

> **第二十七条**　下列项目的进项税额不得从销项税额中抵扣：
>
> （一）用于简易计税方法计税项目、免征增值税项目、集体福利或者个人消费的购进货物、加工修理修配劳务、服务、无形资产和不动产。其中涉及的固定资产、无形资产、不动产，仅指专用于上述项目的固定资产、无形资产（不包括其他权益性无形资产）、不动产。
>
> 纳税人的交际应酬消费属于个人消费。……

（2）《财政部　国家税务总局关于租入固定资产进项税额抵扣等增值税政策的通知》（财税〔2017〕90号）规定：

> 一、自2018年1月1日起，纳税人租入固定资产、不动产，既用于一般计税方法计税项目，又用于简易计税方法计税项目、免征增值税项目、集体福利或者个人消费的，其进项税额准予从销项税额中全额抵扣。

（3）《财政部　国家税务总局关于全面推开营业税改征增值税试点的通知》（财税〔2016〕36号）附件1《营业税改征增值税试点实施办法》规定：

> **第二十八条**　不动产、无形资产的具体范围，按照本办法所附的《销售服务、无形资产或者不动产注释》执行。

> 固定资产,是指使用期限超过 12 个月的机器、机械、运输工具以及其他与生产经营有关的设备、工具、器具等有形动产。……

(4)《财政部　国家税务总局关于全面推开营业税改征增值税试点的通知》(财税〔2016〕36 号)附件 1《营业税改征增值税试点实施办法》附《销售服务、无形资产、不动产注释》规定:

> 二、销售无形资产
>
> 销售无形资产,是指转让无形资产所有权或者使用权的业务活动。无形资产,是指不具实物形态,但能带来经济利益的资产,包括技术、商标、著作权、商誉、自然资源使用权和其他权益性无形资产。
>
> 技术,包括专利技术和非专利技术。
>
> 自然资源使用权,包括土地使用权、海域使用权、探矿权、采矿权、取水权和其他自然资源使用权。
>
> 其他权益性无形资产,包括基础设施资产经营权、公共事业特许权、配额、经营权(包括特许经营权、连锁经营权、其他经营权)、经销权、分销权、代理权、会员权、席位权、网络游戏虚拟道具、域名、名称权、肖像权、冠名权、转会费等。
>
> 三、销售不动产
>
> 销售不动产,是指转让不动产所有权的业务活动。不动产,是指不能移动或者移动后会引起性质、形状改变的财产,包括建筑物、构筑物等。
>
> 建筑物,包括住宅、商业营业用房、办公楼等可供居住、工作或者进行其他活动的建造物。
>
> 构筑物,包括道路、桥梁、隧道、水坝等建造物。
>
> 转让建筑物有限产权或者永久使用权的,转让在建的建筑物或者构筑物所有权的,以及在转让建筑物或者构筑物时一并转让其所占土地的使用权的,按照销售不动产缴纳增值税。

2.11　税转合赢:税务规划视角下的债务重组与合资企业新策略

直接以不动产抵偿债务,将会涉及增值税、企业所得税和土地增值税等税种。如何合理利用税法规定,合法降低抵偿债务过程中的税负,请看下面的案例。

业务背景及痛点分析

1. 实务案例

春风公司与百花公司之间的业务合作遇到障碍,由于百花公司出现经营困境,导致拖欠春风公司高达 2 000 万元的货款,短期内难以按货币形式清偿。为解决这一难题,双方经多轮协商,最终达成一致,百花公司同意将其市场估值等同于债务金额的厂房用于抵偿所欠春风公司的债务,与此同时,春风公司打算获得该厂房后,为最大化发挥资产效能并利用其商业潜力,提出了与行业内的伙伴芳草公司共同设立新公司。新公司的注册资本中,春风公司计划以其将获得的厂房作价 2 000 万元投入,占据 57.14% 的股权份额;而芳草公司则承诺以 1 500 万元现金注资,持有剩余的 42.86% 股权。然而,春风公司在推进此计划时,公司财务人员测试税负时,发现资产多次转让会引发的高额税费问题,即不动产厂房两次过户涉及增值税、所得税、土地增值税、契税等重大税务负担。鉴于此,春风公司积极寻求专业的税务优化建议,探索一条既能合法合规,又能有效减轻税负的路径。

2. 痛点分析

春风公司面临的税务痛点集中在如何在资产转让的多次流转中合理控制增值税、所得税、土地增值税和契税等重大税务成本,同时确保整个操作合法合规,这需要对税收政策有深入了解,才能找到经济性和可行性兼备的解决方案。

优化思路与解析

面对春风公司与百花公司之间的债务问题,以及与芳草公司合作成立新公司的复杂税务挑战,考虑通过三方协商的方案来保障各方利益,即通过股权抵债的方式来优化原计划。

鉴于传统资产抵债方式可能引发的多重税收负担,特别是不动产转移涉及的增值税、土地增值税、企业所得税、契税等,春风公司、百花公司与芳草公司需采用一种更为节税的合作模式。通过资金贷款并结合股权转移,制定一个既满足债务清偿需求,又优化税务成本的共赢方案。

具体操作如下:

(1)三方协议与资金安排:首先,由芳草公司向百花公司提供 1 500 万元的现金贷款,该交易需通过正式的借款合同确立,明确借贷双方的权利义务。春风公司作为第三方,为这笔贷款提供担保,增加交易的安全性。资金通过设立共管账户进行监管,确保专款专用,既保障了资金安全,也为后续操作提供保障。

(2)新公司的设立:在资金到位后,由百花公司利用这笔1 500万元现金及自有厂房2 000万元(抵债资产)作为初始出资,全资设立一家新公司。厂房过户到新公司的名下,新公司注册资本3 500万元,净资产3 500万元。

(3)股权结构调整:新公司设立后,股权结构随即调整。原本全部由百花公司持有的股权,其中57.14%的份额转让给春风公司,以抵消其对春风公司的2 000万元债务。剩余的42.86%股权则用于抵消对芳草公司的1 500万元贷款,这样既解决了春风公司的债务问题,也确保了芳草公司的资金回笼,实现了双赢。

此方案的核心在于,通过直接以厂房出资设立新公司再通过股权转让方式有序退出,避免了厂房在多次流转中的多重税负。由于股权的转让并非实物资产转让,可作为债务清偿的一种方式,免增值税。后续根据《财政部 国家税务总局关于促进企业重组有关企业所得税处理问题的通知》(财税〔2014〕109号)和《财政部 国家税务总局关于企业重组业务企业所得税处理若干问题的通知》(财税〔2009〕59号)规定可以进一步挖掘是否适用特殊税务处理,免于或递延企业所得税的缴纳。至于土地增值税、契税,由于股权变动而非不动产直接转让,也避免或减少这部分税收负担。

税务优化思路如图2-12所示。

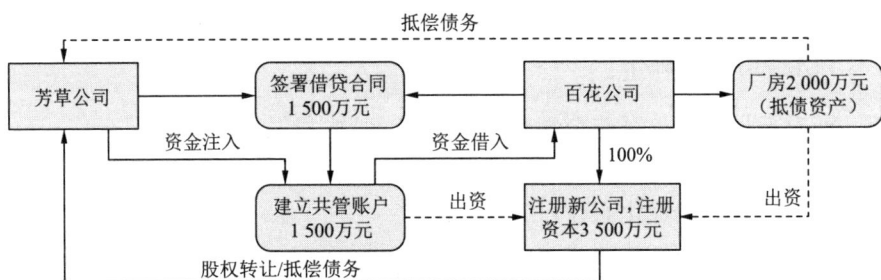

图2-12 债务重组下的税收优化示意图

税务优化的风险提示

针对上述业务,提示风险如下:

(1)整个方案需确保符合公司法、税法、民法典等相关法规,特别是涉及的借贷、担保、股权变更等环节,需咨询法律和税务专业人士,确保每一步操作的合法性。

(2)三方协议的内容需详尽明确,确保各方权利义务清晰,避免因合同条款模糊导致的法律纠纷。特别注意,借款合同、担保协议及共管账户的条款必须严格遵守法律法规要求,以防止因法律漏洞而带来的风险。尤其共管账户虽能增加资金安全,但仍需密切关注资金的使用情况,确保资金按照预定用途使用,避免资金挪用或滥用,造成经济损失。

政策依据

(1)《财政部　国家税务总局关于全面推开营业税改征增值税试点的通知》(财税〔2016〕36 号)附件 1《营业税改征增值税试点实施办法》规定:

> **第一条**　在中华人民共和国境内(以下称境内)销售服务、无形资产或者不动产(以下称应税行为)的单位和个人,为增值税纳税人,应当按照本办法缴纳增值税,不缴纳营业税。……

(2)《财政部　国家税务总局关于促进企业重组有关企业所得税处理问题的通知》(财税〔2014〕109 号)规定:

> 一、关于股权收购
> 将《财政部、国家税务总局关于企业重组业务企业所得税处理若干问题的通知》(财税〔2009〕59 号)第六条第(二)项中有关"股权收购,收购企业购买的股权不低于被收购企业全部股权的 75%"规定调整为"股权收购,收购企业购买的股权不低于被收购企业全部股权的 50%"。

(3)《财政部　国家税务总局关于企业重组业务企业所得税处理若干问题的通知》(财税〔2009〕59 号)规定:

> 五、企业重组同时符合下列条件的,适用特殊性税务处理规定:
> (一)具有合理的商业目的,且不以减少、免除或者推迟缴纳税款为主要目的。
> (二)被收购、合并或分立部分的资产或股权比例符合本通知规定的比例。

（三）企业重组后的连续 12 个月内不改变重组资产原来的实质性经营活动。

（四）重组交易对价中涉及股权支付金额符合本通知规定比例。

（五）企业重组中取得股权支付的原主要股东，在重组后连续 12 个月内，不得转让所取得的股权。

六、企业重组符合本通知第五条规定条件的，交易各方对其交易中的股权支付部分，可以按以下规定进行特殊性税务处理：

（一）企业债务重组确认的应纳税所得额占该企业当年应纳税所得额 50% 以上，可以在 5 个纳税年度的期间内，均匀计入各年度的应纳税所得额。

企业发生债权转股权业务，对债务清偿和股权投资两项业务暂不确认有关债务清偿所得或损失，股权投资的计税基础以原债权的计税基础确定。企业的其他相关所得税事项保持不变。……

（4）《中华人民共和国土地增值税暂行条例》规定：

第二条 转让国有土地使用权、地上的建筑物及其附着物（以下简称转让房地产）并取得收入的单位和个人，为土地增值税的纳税义务人（以下简称纳税人），应当依照本条例缴纳土地增值税。

（5）《中华人民共和国契税法》规定：

第一条 在中华人民共和国境内转移土地、房屋权属，承受的单位和个人为契税的纳税人，应当依照本法规定缴纳契税。

第3章

"分"之道应用案例

以下案例是"分"之道在企业税务优化中的实战应用,以供参考与借鉴。

3.1 一分为三:纸业公司业务重组与环保产业税收优惠策略

当一家企业涉及综合性业务时,因为内部业务或其他因素导致不能享受一些特殊产业优惠政策时,可以考虑采用"分"之道策略,将一家企业拆分为多家企业,然后分别享受优惠政策,从而整体降低企业的税负。请看下面的案例。

业务背景及痛点分析

1. 实务案例

某纸业有限公司,主营业务是各类纸张的生产与销售,原材料主要是当地毛竹和农作物秸秆,年销售额 2 亿元左右,从业人数 700 人左右,资产总额 4 000 万元左右。为应对环保要求,公司投资设立了污水处理厂和废渣发电厂。污水处理厂,作用是将纸张生产过程中产生的废水进行处理为达标的中水,循环用于纸张前期生产环节和废渣发电厂。废渣发电厂,利用纸张生产过程中产生的废渣发电,电力用于本企业的生产。该企业不是高新技术企业,也无法享受西部大开发等区域优惠政策。

2. 痛点分析

由于该企业的行业性质、规模等原因,总体税负较高。在增值税方面,原材料进项抵扣率主要是 10%,而销项税率是 13%;企业所得税方面,由于无法享受优惠政策,税率是 25%。

优化思路与解析

利用企业分立,将该公司一分为三,分别成立具有独立法人资格的纸业公司、污水处理公司、发电公司。

(1)增值税方面:综合利用增值税政策,创造条件享受污水处理和废渣发电的增值税即征即退政策。

(2)企业所得税方面:创造条件享受污染防治的第三方企业所得税税率15% 政策、小型微利企业优惠政策、技术先进型服务企业优惠政策等。

企业分立税收优化思路如图 3-1 所示。

假定纸业公司 A 年销售额 20 000 万元,利润 2 000 万元(利润率 10%)。如不考虑纳税调整,计算如下:

$$增值税销项税额 = 20\,000 \times 13\% = 2\,600(万元)$$

如增值税的税负率为 5%,则实际缴纳增值税 1 000 万元。企业所得税,计算如下:

$$企业所得税应纳税额 = 2\,000 \times 25\% = 500(万元)$$

假设通过"企业分立",将污水处理厂和发电厂分立出去为独立法人,纸厂对外产品销售额依然还是 20 000 万元。假定纸业公司 A1 分别按照销售额 5% 支付污水处理费和废渣处理费,分别收到污水处理公司和发电公司开具的处理服务类 6% 专票,一方产生增值税销项税额,一方抵扣进项税额,如不考虑其他情形,这三家公司整体的增值税总体不变。

但是,依照《财政部 税务总局关于完善资源综合利用增值税政策的公告》(财政部 税务总局公告 2021 年第 40 号)及《资源综合利用产品和劳务增值税优惠目录(2022 年版)》文件指出,污水处理费、垃圾处理费和再生水销售,可享受增值税的即征即退,退税比例 70%;用农作物秸秆及纸厂垃圾发电,销售电力、热力,可享受增值税的即征即退,退税比例 100%。

因此,即征即退的增值税,就是分立后三家公司总体减少缴纳的增值税。如两家公司合计即征即退增值税 80 万元,则整体少缴增值税 80 万元。

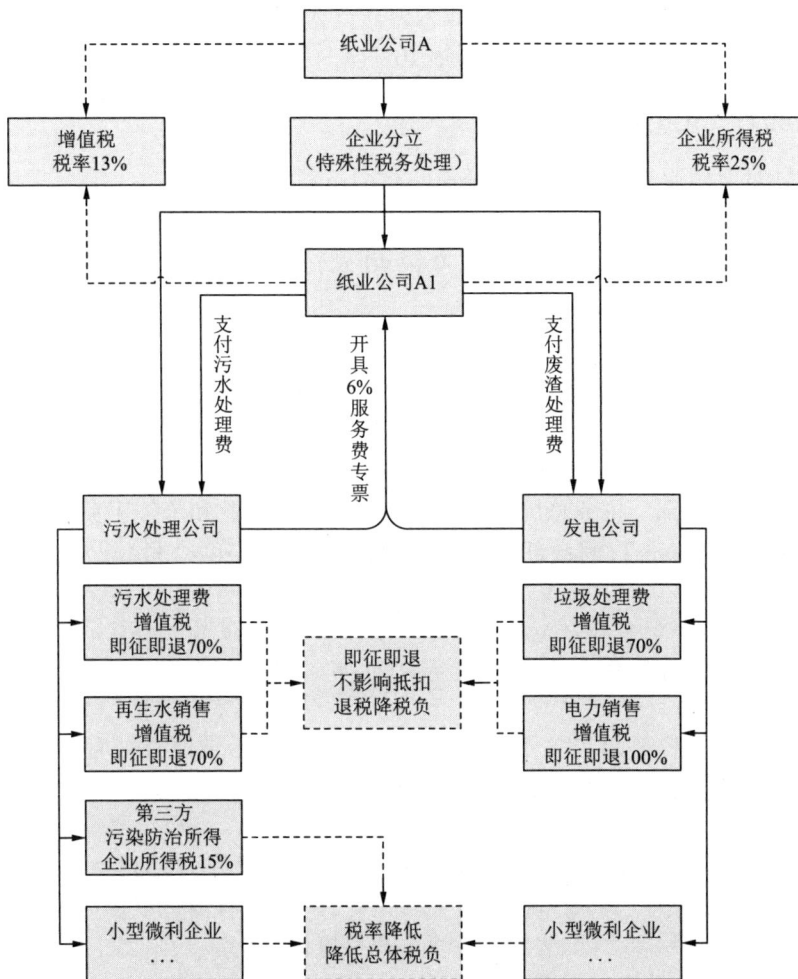

图 3-1 企业分立税收优化示意图

污水处理公司,假设也保持 10% 的利润率,处理费和再生水收入合计为1 500 万元,则利润 150 万元。在 2027 年 12 月 31 日前,该公司可享受小型微利企业优惠政策,实际税负为 5%。发电公司也假设一样,利润也为 150 万元,实际税负 5%。二者合计,即:

$$企业所得税减少额 = 300×(25\%-5\%) = 60(万元)$$

因此,在纸厂整体销售额不变的情形下,一分为三后,增值税因为即征即退少缴 80 万元,因为享受小型微利企业政策,企业所得税少缴 60 万元,合计减少两税 140 万元。如果再考虑因为一分为三后满足"六税两费"减半政策条件而少缴的税费,税负整体降幅 10% 以上。

税务优化的风险提示

针对上述业务,提示风险如下:

(1)依照《财政部　税务总局关于完善资源综合利用增值税政策的公告》(财政部　税务总局公告 2021 年第 40 号)规定,享受增值税即征即退的优惠政策,需要满足规定的条件。

(2)企业分立后,三家公司之间的交易属于关联交易,需要确保交易价格的公允性,避免因为与市场价偏离而被税务机关核定调整。

政策依据

(1)《财政部　税务总局关于进一步支持小微企业和个体工商户发展有关税费政策的公告》(财政部　税务总局公告 2023 年第 12 号)规定:

> 三、对小型微利企业减按 25% 计算应纳税所得额,按 20% 的税率缴纳企业所得税政策,延续执行至 2027 年 12 月 31 日。

(2)《国家税务总局关于明确二手车经销等若干增值税征管问题的公告》(国家税务总局公告 2020 年第 9 号)规定:

> 二、纳税人受托对垃圾、污泥、污水、废气等废弃物进行专业化处理,即运用填埋、焚烧、净化、制肥等方式,对废弃物进行减量化、资源化和无害化处理处置,按照以下规定适用增值税税率:
>
> (一)采取填埋、焚烧等方式进行专业化处理后未产生货物的,受托方属于提供《销售服务、无形资产、不动产注释》(财税[2016]36 号文件印发)"现代服务"中的"专业技术服务",其收取的处理费用适用 6% 的增值税税率。
>
> (二)专业化处理后产生货物,且货物归属委托方的,受托方属于提供"加工劳务",其收取的处理费用适用 13% 的增值税税率。
>
> (三)专业化处理后产生货物,且货物归属受托方的,受托方属于提供"专业技术服务",其收取的处理费用适用 6% 的增值税税率。受托方将产生的货物用于销售时,适用货物的增值税税率。

（3）《财政部　税务总局　国家发展改革委　生态环境部关于从事污染防治的第三方企业所得税政策问题的公告》（财政部　税务总局　国家发展改革委　生态环境部公告 2023 年第 38 号）规定：

> 一、对符合条件的从事污染防治的第三方企业（以下称第三方防治企业）减按 15% 的税率征收企业所得税。

（4）《财政部　税务总局关于完善资源综合利用增值税政策的公告》（财政部　税务总局公告 2021 年第 40 号）规定：

> 三、增值税一般纳税人销售自产的资源综合利用产品和提供资源综合利用劳务（以下称销售综合利用产品和劳务），可享受增值税即征即退政策。
> （一）综合利用的资源名称、综合利用产品和劳务名称、技术标准和相关条件、退税比例等按照本公告所附《资源综合利用产品和劳务增值税优惠目录（2022 年版）》（以下称《目录》）的相关规定执行。
> （二）纳税人从事《目录》所列的资源综合利用项目，其申请享受本公告规定的增值税即征即退政策时，应同时符合下列条件：……

（5）《财政部　税务总局关于完善资源综合利用增值税政策的公告》（财政部　税务总局公告 2021 年第 40 号）附件《资源综合利用产品和劳务增值税优惠目录（2022 年版）》，由于涉及全文内容，篇幅有限，感兴趣的读者请到中华人民共和国中央人民政府官网查阅具体细则。

3.2　分立启惠：西部大开发政策下的酒业重组与税务优化策略

西部大开发优惠政策的享受，对于鼓励类产业销售收入占总收入的比例要求在 60% 以上。当一家企业既有鼓励类产业，也有不属于鼓励类产业时，如果鼓励类产业不满足规定时，可以考虑采用"分"之道策略，将鼓励类产业拆分出来，单独享受优惠政策。请看下面的案例。

业务背景及痛点分析

1. 实务案例

四川省邛崃市甲酒厂有限公司，主要生产基础酒供应全国其他各地酒厂,生产与销售两类主打产品为白酒类基础酒和果酒类基础酒,其中白酒类基础酒的销售额占总销售收入的比例为80%左右,果酒基础酒的销售额占比为20%。白酒生产主要以各种粮食为原料采用固态发酵法生产;果酒主要是利用当地山区野生、种植的猕猴桃、桑葚等,采用传统发酵法、浸泡法等酿制的猕猴桃酒、桑葚酒等基础酒。

该酒厂为了合理降低消费税负担,已经按照行业惯例,专门设立了销售公司。

这家酒厂规模较大,年销售额5亿元左右,整体税负较高。2024年4月,酒厂的财务总监向我们咨询,如何能合理地降低企业税负?

2. 痛点分析

酒厂作为一个传统行业,需要缴纳增值税、消费税、企业所得税等,而且很少有税收优惠政策,因此,酒类生产企业在一般情况下税负是远高于其他企业的。

增值税和消费税对于酒厂而言,是法定的,除消费税通过生产和销售分离来适当减少外,几乎就没有其他合理合法方式可以优化了。

在企业所得税方面,虽然有小型微利企业的优惠政策,但是对于年销售额上5亿元的酒厂而言,显然是不合适的。

优化思路与解析

甲酒厂虽然没有其他的优惠政策,但是地处四川省邛崃市,可以想办法向西部大开发企业所得税优惠政策靠拢。经过查询《西部地区鼓励类产业目录(2020年本)》(国家发展和改革委员会令2021年第40号)发现,在"二、西部地区新增鼓励类产业"的四川省部分,有新增"44. 果酒制造,糯红高粱种植"。该鼓励产业目录,自2021年3月1日起施行。

甲酒厂正好有"果酒制造",只是果酒的销售收入占总收入的比例是20%,根据《财政部 税务总局 国家发展改革委关于延续西部大开发企业所得税政策的公告》(财政部 税务总局 国家发展改革委公告2020年第23号)关于"主营业务收入占企业收入总额60%以上的企业"的规定,其不符合西部大开发企业所得税优惠政策的限制性条件。甲酒厂若想享受西部大开发政策下的企业所得税优惠,短时间内将果酒销售占比从20%提高到60%以上,显然是不现实的。实现这一目标的途径最佳策略就是利用"企业分立",将甲酒厂一分为二,将果酒生产线的资产、负债及其人员等分立出来,单独成立一家果酒公司,以便享受西部大开发企业所得税的优惠政策。

税收优化思路如图 3-2 所示。

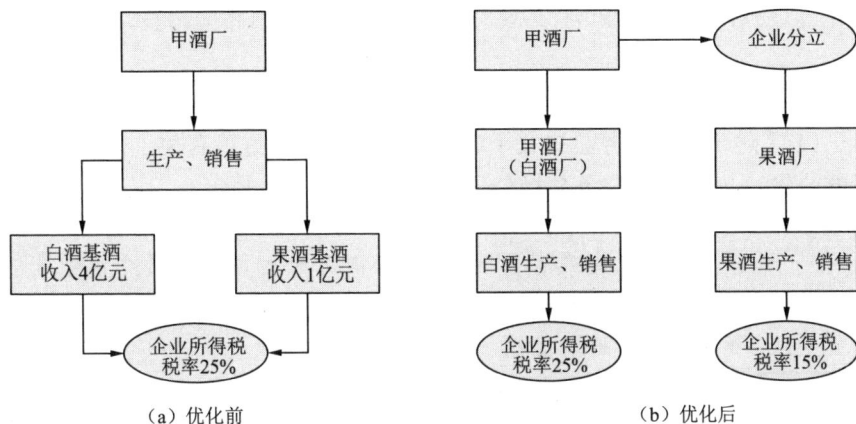

（a）优化前　　　　　　　　　　　　　　（b）优化后

图 3-2　企业分立享受税收优惠示意图

通过企业分立,单独设立的果酒厂由于专门从事果酒的生产与销售,确保了主营业务收入的占比满足西部大开发企业所得税优惠政策的限制性条件,从整个企业集团看就保证了在相同情形下,果酒业务可以享受西部大开发的企业所得税优惠税率 15%。

在企业分立的过程中,由于资产与相关人员一起分立,依照《国家税务总局关于纳税人资产重组有关增值税问题的公告》(国家税务总局公告 2011 年第 13 号)相关规定不征增值税,具体内容详见第 2.4 节政策依据。

同时,如果涉及厂房及其土地使用权的,依照《财政部　国家税务总局关于全面推开营业税改征增值税试点的通知》(财税〔2016〕36 号)附件 2《营业税改征增值税试点有关事项的规定》第一条第(二)项第 5 点相关规定不征增值税,具体内容详见第 2.4 节政策依据。

在企业分立过程中,涉及企业所得税的处理,可以选择适用《财政部　国家税务总局关于企业重组业务企业所得税处理若干问题的通知》(财税〔2009〕59 号)规定的"特殊性税务处理",也不用缴纳企业所得税。

税务优化的风险提示

针对上述业务,提示风险如下:

(1)在企业分立过程中,严格按照《财政部　国家税务总局关于企业重组业务企业所得税处理若干问题的通知》(财税〔2009〕59 号)规定的"特殊性税务处理"进行,并按规定向主管税务局备案。

（2）后续密切关注西部大开发优惠政策、西部大开发鼓励类产业目录的变化，以及对本企业的影响，必要时根据政策变化作出相应调整。

政策依据

（1）《财政部　税务总局关于继续实施企业改制重组有关土地增值税政策的公告》（财政部　税务总局公告 2023 年第 51 号）规定：

> 三、按照法律规定或者合同约定，企业分设为两个或两个以上与原企业投资主体相同的企业，对原企业将房地产转移、变更到分立后的企业，暂不征收土地增值税。

（2）《财政部　税务总局关于继续实施企业、事业单位改制重组有关契税政策的公告》（财政部　税务总局公告 2023 年第 49 号）规定：

> 四、公司分立
> 公司依照法律规定、合同约定分立为两个或两个以上与原公司投资主体相同的公司，对分立后公司承受原公司土地、房屋权属，免征契税。

（3）《西部地区鼓励类产业目录（2020 年本）》（国家发展和改革委员会令 2021 年第 40 号）规定：

> 二、西部地区新增鼓励类产业
> ……（二）四川省……44. 果酒制造，糯红高粱种植……

（4）《财政部　国家税务总局关于企业重组业务企业所得税处理若干问题的通知》（财税〔2009〕59 号）规定：

> 十一、企业发生符合本通知规定的特殊性重组条件并选择特殊性税务处理的，当事各方应在该重组业务完成当年企业所得税年度申报时，向主管税务机关提交书面备案资料，证明其符合各类特殊性重组规定的条件。企业未按规定书面备案的，一律不得按特殊重组业务进行税务处理。

（5）《财政部　税务总局　国家发展改革委关于延续西部大开发企业所得税政策的公告》（财政部　税务总局　国家发展改革委公告 2020 年第 23 号）规定：

> 一、自 2021 年 1 月 1 日至 2030 年 12 月 31 日，对设在西部地区的鼓励类产业企业减按 15% 的税率征收企业所得税。本条所称鼓励类产业企业是指以《西部地区鼓励类产业目录》中规定的产业项目为主营业务，且其主营业务收入占企业收入总额 60% 以上的企业。

（6）依照《国家税务总局关于纳税人资产重组有关增值税问题的公告》（国家税务总局公告 2011 年第 13 号）相关规定，具体内容详见第 2.4 节政策依据。

（7）依照《财政部　国家税务总局关于全面推开营业税改征增值税试点的通知》（财税〔2016〕36 号）附件 2《营业税改征增值税试点有关事项的规定》第一条第（二）项相关规定，具体内容详见第 2.4 节政策依据。

3.3　资产分置：建材公司的股权调整与利润分配策略

对于企业未分配利润累计较大时，可能带来税务风险，可以考虑通过"分"之道调整股权架构，从而降低风险，请看下面的案例。

业务背景及痛点分析

1. 实务案例

山东某建材公司（A 公司）成立于 200×年 8 月，注册资金 8 000 万元，已实缴。由两位自然人股东持股。截至 202×年 12 月 31 日，账面未分配利润余额为 2 000 万元。

公司股东认为未分配利润长期不分配风险很高，分配利润又需要缴纳 20% 个人所得税，税负较高。而且公司发展势头良好，未来期间利润会不断增加，公司计划通过股权架构调整规划未来利润分配通道，同时公司负责人也有在公司拿钱的需求。

2. 痛点分析

（1）累计的未分配利润，加重了公司的财务负担和法律责任。公司以净资产为限对外承担责任。若利润长期积累一直不分配，公司出现债权债务纠纷,或者其他风险,未分配利润部分将首要承担起偿还责任。如利润已经分给股东了,就是股东的自有资金,公司经营若出现问题,股东以认缴的出资额为限对公司承担责任,如果已完成实缴,则无须对公司承担额外责任。

(2)累积的未分配利润,存在高额的个税风险,尤其在公司面临清算时,未分配利润需要按清算所得缴纳个税,税额往往会很高,优化空间也很小。

(3)自然人股东持股,分配利润时需要缴纳 20% 的个人所得税,如果股东收到分红后再次用于投资,那投资额相当于在投出前就缩水了 20%。

优化思路与解析

通过优化股权结构,采用法人股东(即居民企业)代替自然人作为持股主体。这一设想的架构图直观且易于理解,然而,该公司在推进这一股权结构调整的过程中,却遭遇了三大关键障碍,这些障碍阻挠了方案的顺利实施。

(1)公司在存在未分配利润的情况下进行股权转让,由于相关成本较高,难以实现顺利转让。

(2)公司资金流较为紧张。

(3)公司账面房产、土地价值占比 30% 左右,已持有 20 年,评估增值较高。

通过对各项数据的深度分析,最终敲定了以业务分离为核心策略的重组方案。具体而言,设立一家隶属于 A 公司的子公司 C,A 公司持有其 49% 的股权。在此架构下,A 公司业务平移至 C 公司,而 A 公司,作为专业的资产管理实体,将继续保有并租赁厂房及设备给 C 公司,以此获得稳定的租金收入。

与此同时,成立一家全新的 B 公司,由公司负责人及其家族成员作为主要投资人,该公司作为管理公司将掌握 A 公司 51% 的控股权。未来,所有新开展的项目与投资活动,都将统一在 B 公司旗下设立相应的子公司进行运作,从而实现资本与业务的高效整合与管理。

通过业务剥离设计,两家公司的资产、利润、人员均符合小微企业的条件,可享受企业所得税 5% 的优惠政策,同时享受"六税两费"减半征收的政策。年度直接节税 65 万元,同时大幅度降低了公司的成本压力。调整前,企业所得税 25% 税率,交税成本较高,公司年底会暂估一部分成本,提前用掉下一年度成本份额,导致公司成本压力越来越大。调整后,利润在 300 万元以内,5% 的企业所得税,显然对公司来说是一个较为轻松的财务负担,而且资产租赁公司和主体经营公司均可产生利润,增强了公司的财务灵活性和盈利能力。

原计划的股权架构(公司想要实现的),如图 3-3 所示。

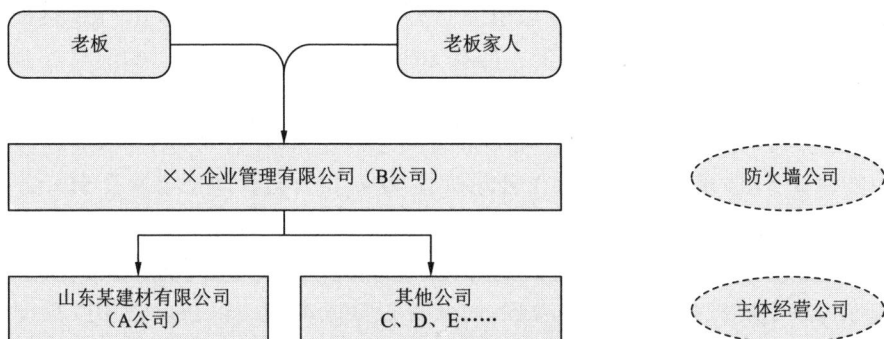

图 3-3　税收优化前公司股权架构图

优化后股权架构,如图 3-4 所示。

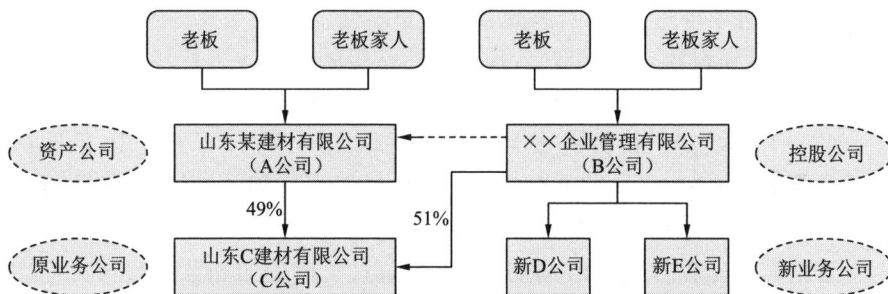

说明:实线部分为当下可实现部分,虚线部分为未来依需要可调整部分。

图 3-4　税收优化后股权架构图

公司业务定位如下:

(1)某管理公司(B 公司)作为控股公司,该公司不对外经营业务,只负责对外投资,收回分红再投资新业务。

(2)山东某建材公司(A 公司)作为资产管理公司,出租厂房设备给山东某建材公司(C 公司)。已有业务由 A 公司逐步完成,当 C 公司满足承接业务条件时,A 公司便不再承接新业务。

(3)山东某建材公司(C 公司)承接 A 公司业务。按 A 公司的规格标准办理各项资质,符合条件时逐步接手 A 公司的续签业务,以及新客户合作的承接。

(4)新 D、E 公司承接新投资、新项目。如果有投资新项目、开展新业务的需要,可在 B 公司管理公司下面成立 D、E 公司。

具体操作步骤如下:

(1)成立控股公司(B 公司):设立控股平台 B 公司。B 公司作为一家专业的控股管理实体,不直接参与市场运营,而是专注于资本运作与战略投资。B 公司股权比例,公司负责人持有 80% 的股份,确保对公司的绝对控制权与决策主导地位,家族成员持有剩余 20% 的股份。

(2)成立新建材公司(C 公司):成立新建材公司(C 公司)用于承接 A 公司的原业务,股东持股比例为 A 公司持股 49%,B 公司管理公司持股 51%。

(3)A 公司将部分厂房生产线出租给 C 公司。

建议对厂房和设备的租赁采取独立签约策略。其中,厂房租赁费用应遵循市场定价机制,确保公平合理;而设备租赁成本则建议在设备年度折旧价值的基础上,适度上浮 10%~25%,以覆盖运营及维护成本。

针对上述租赁安排,税务影响分析如下:

(1)增值税:租赁交易产生的增值税率维持在 9%,新设立的公司将这部分税款作为进项税进行抵扣,因此整体税负不变。

(2)企业所得税:由于资产管理公司所获得的租赁收入直接对应于新公司的支出,故在企业所得税层面,该安排不会导致额外税负增加。

(3)房产税:房产税负担稳定或微幅上升。房产税计算方式为:依据房产原始价值减去 30% 后,按 1.2% 的税率计征;若采用租金计征,则按照租金的 12% 征收。考虑到两者之间的差额极小,实际影响可忽略不计。

这里需要注意的是,如果业务拆分完成后,资产公司和业务公司资产均能降到 5 000 万元以下,资产公司和业务公司均能享受小微企业“六税两费”减半征收的政策,同时享受企业所得税按 5% 征收的政策。

大约节税金额如下:

①房产税节税:10.5 万元/年。

$$调整前 = 2\,500 \times 70\% \times 1.2\% = 21(万元)$$
$$调整后 = 21 \times 50\% = 10.5(万元)$$

②企业所得税节税:56 万元/年。

$$调整前 = 280 \times 25\% = 70(万元)$$
$$调整后 = 280 \times 5\% = 14(万元)$$

以 20×3 年利润总额 280 万元为依据计算。后期两家公司均可以把利润控制在 300 万元以内,税额不高的同时还可以缓解公司成本暂估的情况。

资金流转建议,如图 3-5 所示。

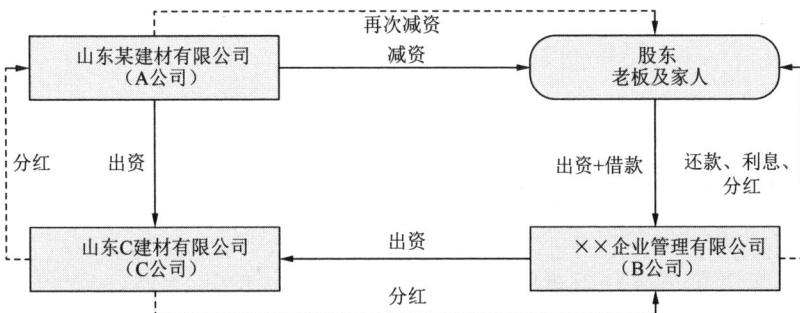

图 3-5　税收优化过程中资金流转示意图

(1)A 公司将账面可流动资金以出资的方式注入 C 公司,出资额合计 980 万元(2 000×49%),依需要,分批出资。C 公司收到出资款缴纳印花税。

(2)A 公司计划进行一项 2 000 万元的注册资本减少操作,这一过程将在确保公司业务正常运行的前提下逐步推进,仅需一次性完成减资手续,后续资金将根据计划分期拨付。减资完成后,股东所获款项将直接转入新设立的 B 管理公司账户。实际上,这部分款项被视为实收资本的一部分,并按照规定缴纳相应的印花税。对于超出实收资本部分的款项,采取借款的形式处理。未来,B 管理公司从运营中获取分红收益后,这部分借款将以分红收入为来源,由 B 公司分阶段偿还给各股东。

(3)B 管理公司将资金转入 C 公司,作为出资款。C 公司收到出资款缴纳印花税。

(4)C 公司盈利后,将利润分配到 A 公司和 B 公司。

(5)B 公司收到分红后,转给股东用于还款。

(6)C 公司收到分红后,作为减资款转给股东。

税务优化的风险提示

针对上述业务,提示风险如下:

(1)股权结构调整是长期而复杂的过程,调整过程中要符合公司法的相关规定。

(2)减资过程注意不能改变股东持股比例。如果既减少出资额,又改变原出资比例的话,股东收回投资款超过投资资产计税基础部分,应确认股权转让所得,按规定申报缴纳企业所得税或个人所得税。

(3)减资前需要和当地税务机关沟通,减资过程是否有按减资的比例进行利润分配的要求。

政策依据

(1)《中华人民共和国企业所得税法》规定:

> **第二十六条** 企业的下列收入为免税收入:……(二)符合条件的居民企业之间的股息、红利等权益性投资收益;……

(2)《财政部 税务总局关于进一步支持小微企业和个体工商户发展有关税费政策的公告》(财政部 税务总局公告 2023 年第 12 号)规定:

> 二、自 2023 年 1 月 1 日至 2027 年 12 月 31 日,对增值税小规模纳税人、小型微利企业和个体工商户减半征收资源税(不含水资源税)、城市维护建设税、房产税、城镇土地使用税、印花税(不含证券交易印花税)、耕地占用税和教育费附加、地方教育附加。
>
> 三、对小型微利企业减按 25% 计算应纳税所得额,按 20% 的税率缴纳企业所得税政策,延续执行至 2027 年 12 月 31 日。

(3)《国家税务总局关于个人终止投资经营收回款项征收个人所得税问题的公告》(国家税务总局公告 2011 年第 41 号)规定:

> 一、个人因各种原因终止投资、联营、经营合作等行为,从被投资企业或合作项目、被投资企业的其他投资者以及合作项目的经营合作人取得股权转让收入、违约金、补偿金、赔偿金及以其他名目收回的款项等,均属于个人所得税应税收入,应按照"财产转让所得"项目适用的规定计算缴纳个人所得税。
>
> 应纳税所得额的计算公式如下:
>
> 应纳税所得额=个人取得的股权转让收入、违约金、补偿金、赔偿金及以其他名目收回款项合计数-原实际出资额(投入额)及相关税费

3.4 合同细分:医疗器械企业的税务精控与优化策略

当一项业务既包含货物销售又包括服务时,需要按照混合销售进行增值税处理,生产或销售型企业需要按照销售货物税率计算增值税。通过"分"之道,将业务拆分到不同的企业去完成,可依法适用不同的税率,从而

有效降低整体税负。请看下面的案例。

业务背景及痛点分析

1. 实务案例

春天医疗器械有限公司,生产一种高端的精密检测医疗设备,替代进口,价值较高。该企业产品主要销售给各地医院,设备对建筑安装环境和安装技术要求较高,需要由厂家提供专业安装;同时,该设备还必须提供操作技术培训和保养服务。假如某型号该设备售价 1 200 万元(含税价),购买方为免征增值税的医院,开具增值税普通发票。

2. 痛点分析

上述描述的业务中,存在货物销售、建筑安装、技术培训和保养服务,按照增值税规定就存在三种不同的税率。虽然理论上销售方作为一个主体对合同进行拆分,会计分开核算,也可以按照各自税率计算增值税,但是实务中并不安全,很多时候依然会被主管税务局认定为混合销售。依照《财政部 国家税务总局关于全面推开营业税改征增值税试点的通知》(财税〔2016〕36 号)附件 1《营业税改征增值税试点实施办法》规定:

> **第四十条** 一项销售行为如果既涉及服务又涉及货物,为混合销售。从事货物的生产、批发或者零售的单位和个体工商户的混合销售行为,按照销售货物缴纳增值税;其他单位和个体工商户的混合销售行为,按照销售服务缴纳增值税。
>
> 本条所称从事货物的生产、批发或者零售的单位和个体工商户,包括以从事货物的生产、批发或者零售为主,并兼营销售服务的单位和个体工商户在内。

根据《国家税务总局关于明确中外合作办学等若干增值税征管问题的公告》(国家税务总局公告 2018 年第 42 号)规定:

> 六、一般纳税人销售自产机器设备的同时提供安装服务,应分别核算机器设备和安装服务的销售额,安装服务可以按照甲供工程选择适用简易计税方法计税。
>
> 一般纳税人销售外购机器设备的同时提供安装服务,如果已经按照兼营的有关规定,分别核算机器设备和安装服务的销售额,安装服务可以按照甲供工程选择适用简易计税方法计税。

> 纳税人对安装运行后的机器设备提供的维护保养服务,按照"其他现代服务"缴纳增值税。

可以简易计税的服务仅限于"安装服务",并没有包括技术培训和保养服务。因此,在一个主体下,即使合同中将服务内容拆分出来了,也不能全部适用低税率。

优化思路与解析

鉴于购买方是免征增值税的医院,因此,可以考虑实施优化方案,降低部分收入的适用税率。

由于单一主体仅仅在合同中拆分存在税务风险,且并不能解决全部的服务费税率问题,因此,建议从一开始的时候就从合同签订的主体上进行拆分。比如,将价值 1 200 万元的合同(含税价),销售方从一个合同主体变为三个签约主体,春天医疗器械有限公司作为货物销售方签约 900 万元(含税价)的货物销售合同,春天医疗器械有限公司的两家分公司或子公司,分别签署设备安装合同 100 万元(含税价)和技术培训、保养服务合同 200 万元(含税价)。从合同签订主体拆分后,增值税销项税额计算对比见表 3-1。

表 3-1 优化前与优化后税负差异对比表　　　　单位:万元

序号	应税项目	优化前	优化后	差异对比
1	货物销售	= 1 200÷113%×13%≈138.05	=900÷113%×13%≈103.54	34.51
2	建筑安装服务	0	=100÷109%×9%≈8.26	-8.26
3	培训、保养服务	0	=200÷106%×6%≈11.32	-11.32
	合　计	138.05	123.12	14.93

优化前的示意图,如图 3-6 所示。

图 3-6　税务优化前增值税处理示意图

优化后的示意图,如图 3-7 所示。

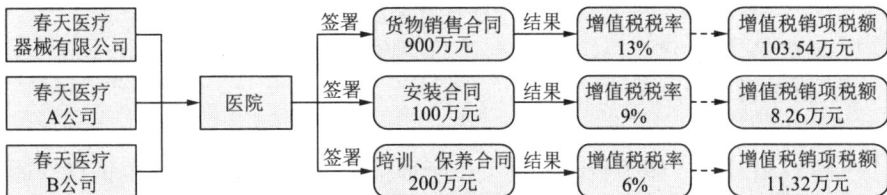

图 3-7 税务优化后增值税处理示意图

税务优化的风险提示

针对上述业务,提示风险如下:

(1)注意拆分后的货物销售和服务费的价格,具有合理性,避免被税务机关核定销售收入。

(2)提前与购买方做好商务谈判,取得购买方同意与理解签署分开的合同。如果购买方坚持只能签署一份购买合同的,也不能直接由春天医疗器械有限公司(生产制造)直接签署,而应由专门的销售公司来签署。生产制造企业销售给医院与销售给其他公司的价格保持一致或相差不多,不能差距太大,否则会被税务机关怀疑拆分合同后的销售价格不合理。

政策依据

(1)《中华人民共和国增值税暂行条例》规定:

> **第二条** 增值税税率:
>
> (一)纳税人销售货物、劳务、有形动产租赁服务或者进口货物,除本条第二项、第四项、第五项另有规定外,税率为17%。
>
> (二)纳税人销售交通运输、邮政、基础电信、建筑、不动产租赁服务,销售不动产,转让土地使用权,销售或者进口下列货物,税率为11%:……
>
> (三)纳税人销售服务、无形资产,除本条第一项、第二项、第五项另有规定外,税率为6%。……
>
> 税率的调整,由国务院决定。

(2)《关于深化增值税改革有关政策的公告》(财政部 税务总局 海关总署公告 2019 年第 39 号)规定:

> 一、增值税一般纳税人(以下称纳税人)发生增值税应税销售行为或者进口货物,原适用 16% 税率的,税率调整为 13%;原适用 10% 税率的,税率调整为 9%。

(3)《财政部 国家税务总局关于全面推开营业税改征增值税试点的通知》(财税〔2016〕36 号)附件 1《营业税改征增值税试点实施办法》附《销售服务、无形资产、不动产注释》规定:

> 一、销售服务
> ………………
> (四)建筑服务。
> 建筑服务,是指各类建筑物、构筑物及其附属设施的建造、修缮、装饰,线路、管道、设备、设施等的安装以及其他工程作业的业务活动。包括工程服务、安装服务、修缮服务、装饰服务和其他建筑服务。……
> 2. 安装服务。
> 安装服务,是指生产设备、动力设备、起重设备、运输设备、传动设备、医疗实验设备以及其他各种设备、设施的装配、安置工程作业,包括与被安装设备相连的工作台、梯子、栏杆的装设工程作业,以及被安装设备的绝缘、防腐、保温、油漆等工程作业。……

(4)依据《财政部 国家税务总局关于全面推开营业税改征增值税试点的通知》(财税〔2016〕36 号)附件 1《营业税改征增值税试点实施办法》第四十条规定,具体内容详见第 3.4 节业务背景及痛点分析。

(5)依据《国家税务总局关于明确中外合作办学等若干增值税征管问题的公告》(国家税务总局公告 2018 年第 42 号)第六条规定,具体内容详见第 3.4 节业务背景及痛点分析。

3.5 服务分类:重型机械企业代理商模式的税务精控与合规策略

企业简单签署代理合同,将本不属于佣金的费用也在合同中约定为佣金,造成佣金支出超过税前扣除限额,需要纳税调增。经过正本溯源,将"经纪代理服务"拆分为实际的服务,从而避免纳税调增。请看下面的案例。

业务背景及痛点分析

1. 实务案例

A 重型工程机械有限公司,主要生产与销售各类重型工程机械,单件设备单价较高,购买该类设备的需求方基本上都会选择与生产厂家直接签署购销合同。因此,销售主要采用代理商模式。比如,对于四川省销售区域,就在四川省范围内找一家代理商,代理商的主要职责包括:

(1)四川省范围内帮 A 重工机械公司寻找意向性购买方,代表 A 重工机械公司进行业务洽谈,或协助 A 重工机械公司进行业务洽谈。

(2)提供展场与仓库,展示 A 重工机械公司的样机,或产品的暂时保管,并对样机和产品做好保管维护工作。

(3)代表 A 重工机械公司做好已售产品的"三包"服务工作。与购买方谈妥的购销合同,由 A 重工机械公司直接与购买方签署,购买方将货款直接支付到 A 重工机械公司的账户,A 重工机械公司负责货物运输和安装调试工作,代理商做必要协助。根据实际成交的购销合同,A 重工机械公司按照含税销售额的 12% 给代理商结算佣金,代理商给 A 重工机械公司开具"经纪代理服务"发票,税率 6%。

2. 痛点分析

依照《财政部 国家税务总局关于企业手续费及佣金支出税前扣除政策的通知》(财税〔2009〕29 号)规定:

> 一、企业发生与生产经营有关的手续费及佣金支出,不超过以下规定计算限额以内的部分,准予扣除;超过部分,不得扣除。……
>
> 2. 其他企业:按与具有合法经营资格中介服务机构或个人(不含交易双方及其雇员、代理人和代表人等)所签订服务协议或合同确认的收入金额的 5% 计算限额。

A 重工机械公司如果直接按照上述模式执行,对于佣金超过合同收入 5% 的部分将无法税前扣除,需要纳税调增,否则,将会导致多缴企业所得税。

针对该问题,A 重工机械公司的财务负责人向我们做了咨询。

优化思路与解析

经过实地调查与了解,我们给出"正本溯源"方案:A 重工机械公司原来是混淆了代理商的服务,把原本不属于"经纪代理服务"的服务统统整合在一起了,然后统一按照佣金进行结算,以致造成后续不能全额税前扣除。找到问题的根源,就需要"正本溯源",代理商其实主要提供了三类服务:①经纪代理服务;②仓储保管服务(产品和样机的仓储服务);③其他现代服务(接受委托对安装运行后的机器设备提供从事维护保养服务)。

因此,经过"正本溯源"后,将"经纪代理服务"拆分为三种服务,新增"仓储保管服务"和"其他现代服务"。拆分为三种服务后,将原本的佣金比例12%,结合市场因素等,合理地在三种服务之间进行分摊,只需要将"经纪代理服务"的比例控制在合同收入的5%以内,就可以实现全额扣除。

优化思路如图3-8所示。

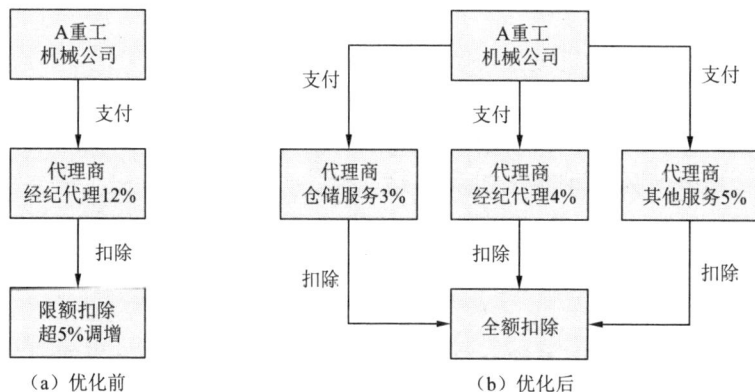

图3-8 税务优化前后企业所得税处理示意图

税务优化的风险提示

针对上述业务,提示风险如下:

(1)注意拆分后三种服务的价格,需与市场上相同服务的价格相近,并保持合理性。

(2)注意签署合同的措辞,避免将仓储服务和委托保养服务的描述与经纪代理服务雷同。

政策依据

(1)《财政部 国家税务总局关于全面推开营业税改征增值税试点的通知》(财税〔2016〕36号)附件1《营业税改征增值税试点实施办法》附《销售服务、无形资产、不动产注释》规定:

一、销售服务……

（六）现代服务,……

4. 物流辅助服务。

物流辅助服务,包括航空服务、港口码头服务、货运客运场站服务、打捞救助服务、装卸搬运服务、仓储服务和收派服务。……

（6）仓储服务,是指利用仓库、货场或者其他场所代客贮放、保管货物的业务活动。……

8. 商务辅助服务。

商务辅助服务,包括企业管理服务、经纪代理服务、人力资源服务、安全保护服务。……

（2）经纪代理服务,是指各类经纪、中介、代理服务。包括金融代理、知识产权代理、货物运输代理、代理报关、法律代理、房地产中介、职业中介、婚姻中介、代理记账、拍卖等。……

（2）《国家税务总局关于明确中外合作办学等若干增值税征管问题的公告》（国家税务总局公告 2018 年第 42 号）第六条规定,具体内容详见第 3.4 节业务背景及痛点分析。

（3）《中华人民共和国企业所得税法》规定：

第八条 企业实际发生的与取得收入有关的、合理的支出,包括成本、费用、税金、损失和其他支出,准予在计算应纳税所得额时扣除。

（4）依据《财政部 国家税务总局关于企业手续费及佣金支出税前扣除政策的通知》（财税〔2009〕29 号）第一条规定,具体内容详见第 3.5 节业务背景及痛点分析。

3.6 细分调控：陶瓷企业价外费用税务精算与风险防控策略

增值税价外费用需要依照主业的税率计算增值税,通过"分"之道策略,提前将部分费用分离出去,避免构成价外费用,从而降低税负。请看下面的案例。

业务背景及痛点分析

1. 实务案例

A 有限责任公司是一家增值税一般纳税人企业,主要从事陶瓷生产制造及销售业务,在市场需求的推动下,当年新增陶瓷定制业务,因为陶瓷产品的特殊性,需提供运输服务并且提供包装。20×4 年,B 有限责任公司向 A 有限责任公司定制了一批陶瓷制品,商品价值为 113 万元(含增值税),同时 A 有限责任公司收取包装费 11.3 万元(含增值税),C 有限责任公司负责运输,收取运输费用 10.9 万元(含增值税),因 A 有限责任公司未按合同及时交付货物,支付 B 有限责任公司违约金 10 万元。

此项业务扩展不仅涉及销售货物,还涉及包装物和运输服务等价外费用,如何优化并签订合同可以最大限度地优化税负结构,实现节约纳税成本的目的?

2. 痛点分析

价外费用包含项目过多,情况多变,涉及场景复杂,合同签订形式,以及合同是否正常履行,不同场景会导致增值税是否需要产生纳税义务的结果不一致,若税务处理错误会给企业带来涉税风险。除此之外,对于价外费用的处理,是随同商品一同销售或者单独作价时适用税率存在不同,收取费用名称不同产生纳税义务的时间也可能不同,若不结合实务场景进行优化,会导致多缴纳税款,给企业带来不必要的税金损失。

优化思路与解析

首先,根据价外费用的定义范围,结合合同履行情况及增值税纳税范围,对于违约金等支出来精准判定是否属于价外费用范围。其次,根据价外费用与销售商品适用同一税率还是适用自身税率的差异,进行合理优化降低税金。最后,结合合同签订技巧,对收取款项的名称进行调整,结合增值税纳税义务时间最大限度地晚确认收入,赚取资金的时间价值。

优化思路如图 3-9 所示。

1. 优化前

A 有限责任公司销售货物同时提供包装及运输,签订一份销售合同;C 有限责任公司为 A 有限责任公司提供运输服务并开具运输发票,收取 10.9 万元;A 有限责任公司支付给 B 有限责任公司的违约金,因 B 有限责任公司未

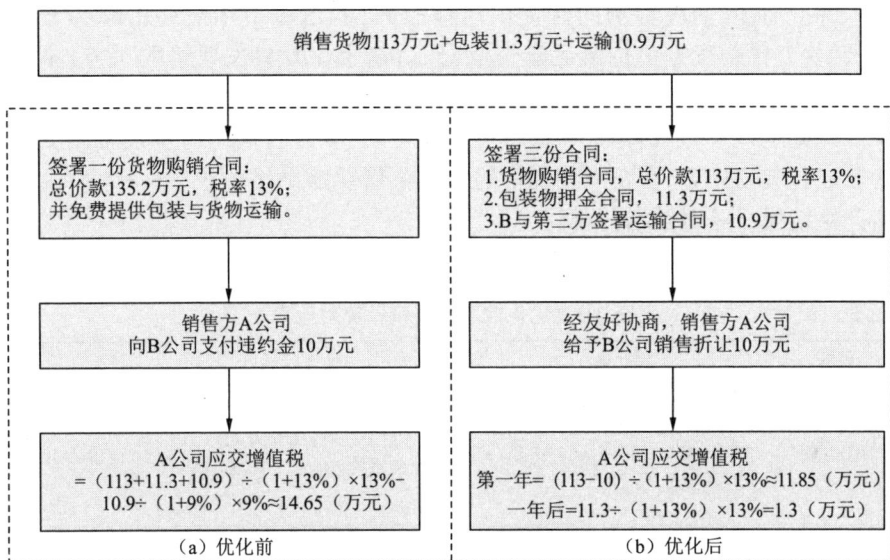

销售货物113万元+包装11.3万元+运输10.9万元

签署一份货物购销合同：
总价款135.2万元，税率13%；
并免费提供包装与货物运输。

签署三份合同：
1.货物购销合同，总价款113万元，税率13%；
2.包装物押金合同，11.3万元；
3.B与第三方签署运输合同，10.9万元。

销售方A公司
向B公司支付违约金10万元

经友好协商，销售方A公司
给予B公司销售折让10万元

A公司应交增值税
=（113+11.3+10.9）÷（1+13%）×13%-
10.9÷（1+9%）×9%≈14.65（万元）

A公司应交增值税
第一年= (113-10) ÷(1+13%)×13%≈11.85 (万元)
一年后=11.3÷(1+13%)×13%=1.3 (万元)

（a）优化前 　　　（b）优化后

图 3-9　税务优化前后增值税处理示意图

向 A 有限责任公司销售货物或者提供劳务、服务,没有发生增值税纳税义务,所以不需要开具发票,B 有限责任公司不涉及缴纳增值税。A 公司应交增值税计算如下：

$$A 公司应交增值税=（113+11.3+10.9）÷（1+13\%）×13\%$$
$$-10.9÷（1+9\%）×9\% \approx 14.65（万元）$$

2. 优化后

A 有限责任公司销售货物收取 113 万元,签订销售合同;收取包装押金 11.3 万元,单独签订押金合同,若包装物不退回则押金不退;同时,C 有限责任公司为 B 有限责任公司提供运输服务,收取 10.9 万元,并开具运输发票给 B 有限责任公司,A 有限责任公司代垫运费;A 有限责任公司支付给 B 有限责任公司的违约金,因 B 有限责任公司未向 A 有限责任公司销售货物或者提供劳务、服务,没有发生增值税纳税义务,所以不需要开具发票,B 公司不涉及缴纳增值税。但是,如果经过双方友好协商,将违约金协商为销售折让,则 A 公司就可以红字冲销部分销售额。A 公司应交增值税计算如下：

$$A 公司应交增值税（第一年）=（113-10）÷（1+13\%）×13\% \approx 11.85（万元）$$

一年后包装物押金未收回,计算如下：

$$应交增值税（一年后）=11.3÷（1+13\%）×13\%=1.3（万元）$$

综上所述,销售货物同时提供运输服务,若运输费用最终由购买方承担,销售方代购货方垫付给运输企业,且运输企业开具发票给购买方,不属于价外费用,A 公司不涉及增值税,避免了按照销售货物 13% 税率缴纳增值税。除此之外,对于销售货物提供包装物使用,签订合同时将包装费用变更为收取包装物押金,在发出包装物的时候不需要缴纳增值税,等一年后逾期时产生纳税义务缴纳增值税。

优化前后增值税计算对比,见表 3-2。

表 3-2 优化前后增值税计算对比表

税种	优化前	优化后	比较
增值税	$(113+11.3+10.9) \div (1+13\%) \times 13\% - 10.9 \div (1+9\%) \times 9\% \approx 14.65$(万元)	第一年 $= (113-10) \div (1+13\%) \times 13\% \approx 11.85$(万元) 一年后 $= 11.3 \div (1+13\%) \times 13\% = 1.3$(万元)	1.50 万元

税务优化的风险提示

针对上述业务,提示风险如下:

(1)价外费用范围判定错误未纳税被税务稽查。

国家税务总局河北省税务局于 20×3 年 8 月对石家庄某化工有限责任公司发出行政处罚决定书。

违法事实如下:

20×3 年 5 月,国家税务总局河北省税务局对该公司 20×1 年至 20×2 年的增值税纳税情况进行了检查。

检查人员在核对该公司的往来账时,发现该公司在两年间,多次将某化工有限公司、某生物有限公司的"应收账款"余额转入"其他应付款"科目,引起了检查人员的注意。经过查阅该公司同上述两个公司签订的购销合同,以及有关记账凭证,发现该公司销售磷矿石,向上述两单位收取运输费用 769 926.81 元,计入"其他应付款"科目,未缴增值税。

检查证据如下:

国家税务总局河北省税务局查清事实后,证据表明,此项业务向购货单位开具的运输发票是该由公司(某化工有限责任公司)直接开具,而不是承运部门开具给购货单位,显然不符合代垫运费的条件。

根据增值税暂行条例及其实施细则规定,纳税人销售货物或者应税劳务,按照销售额和规定的税率计算并向购买方收取的增值税额,为销项税额。销售额为纳税人销售货物或者应税劳务向购买方收取的全部价款和价外费用。凡价外费用,无论其会计制度如何核算,均应并入销售额计算应纳税额。同时符合以下条件的代垫运费,不属价外费用:①承运部门的运费发票开具给购货方的;②纳税人将该项发票转交给购货方的。

处罚结果如下:

根据我国税收征收管理法的规定,对石家庄某化工有限公司作出了追缴增值税 90 941.66 元及滞纳金,并处以 45 470.83 元罚款。

(2)对企业在生产经营过程中向购买方收取的各种价外费用是否按规定纳税,一直是税务局稽查的重点,一定要正确界定是否属于价外费用,若存在未纳税的情况,将会产生补缴税款及产生税收滞纳金的风险。

政策依据

(1)《中华人民共和国增值税暂行条例实施细则》(中华人民共和国财政部 国家税务总局令第 50 号)规定:

> **第十二条** 条例第六条第一款所称价外费用,包括价外向购买方收取的手续费、补贴、基金、集资费、返还利润、奖励费、违约金、滞纳金、延期付款利息、赔偿金、代收款项、代垫款项、包装费、包装物租金、储备费、优质费、运输装卸费以及其他各种性质的价外收费。但下列项目不包括在内:
>
> (一)受托加工应征消费税的消费品所代收代缴的消费税;
>
> (二)同时符合以下条件的代垫运输费用:
>
> 1. 承运部门的运输费用发票开具给购买方的;
>
> 2. 纳税人将该项发票转交给购买方的。
>
> (三)同时符合以下条件代为收取的政府性基金或者行政事业性收费:
>
> 1. 由国务院或者财政部批准设立的政府性基金,由国务院或者省级人民政府及其财政、价格主管部门批准设立的行政事业性收费;
>
> 2. 收取时开具省级以上财政部门印制的财政票据;
>
> 3. 所收款项全额上缴财政。
>
> (四)销售货物的同时代办保险等而向购买方收取的保险费,以及向购买方收取的代购买方缴纳的车辆购置税、车辆牌照费。

(2)《财政部 国家税务总局关于全面推开营业税改征增值税试点的通知》(财税〔2016〕36 号)附件1《营业税改征增值税试点实施办法》规定:

> **第三十七条** 销售额,是指纳税人发生应税行为取得的全部价款和价外费用,财政部和国家税务总局另有规定的除外。
>
> 价外费用,是指价外收取的各种性质的收费,但不包括以下项目:
>
> (一)代为收取并符合本办法第十条规定的政府性基金或者行政事业性收费。
>
> (二)以委托方名义开具发票代委托方收取的款项。

(3)《国家税务总局关于印发〈增值税若干具体问题的规定〉的通知》(国税发〔1993〕154号)规定:

> 二、计税依据
>
> (一)纳税人为销售货物而出租出借包装物收取的押金,单独记账核算的,不并入销售额征税。但对因逾期未收回包装物不再退还的押金,应按所包装货物的适用税率征收增值税。

(4)《国家税务总局关于取消包装物押金逾期期限审批后有关问题的通知》(国税函〔2004〕827号)规定:

> 纳税人为销售货物出租出借包装物而收取的押金,无论包装物周转使用期限长短,超过一年(含一年)以上仍不退还的均并入销售额征税。

3.7 先分后转:建装公司以股权转售物业的税务优化与风险防控

公司如果将房屋直接出售将面临较大额的增值税和土地增值税等,但是如果通过公司重组先注入子公司,然后再转让子公司股权,可依法不征增值税等。请看下面的案例。

业务背景及痛点分析

1. 实务案例

某建筑装饰公司,主要承接室内外装饰装修。近两年经营受下游房地产公司影响,公司有大量账款无法回收,已经形成坏账。公司出现巨额亏损,同时现金流枯竭。为了筹措资金缓解经营压力,该公司决定出售其名下一栋办公楼。该办公楼土地为工业仓储性质,土地面积 1.5 万平方米,办公楼建筑面积 5 万平方米,系公司自建,账面净值为 2 亿元,市场价值约 12 亿元。目前该办公楼一部分自用,一部分用于出租经营,公司自有物业部门对其进行管理。该建筑装饰公司拟通过出售方式将办公楼及所属土地使用权转让给意向客户。正在搜寻和洽谈合适的买家。该办公楼由于建成年代较早,账面价值较低,如果按照当前市场价格转让,公司将承担高额的税务成本,其中土地增值税的税务负担最为沉重。因此需要通过合理的规划降低交易成本。

2. 痛点分析

公司在转让不动产时,一个绕不开的税种就是土地增值税。土地增值税采用超率累进税率,税率从 30% ~ 60% 不等,转让价格相较于扣除项目增值率越高,税负越重。特别是建成年代较为久远的房产,其原始取得成本很低,在计算土地增值税时,其可扣除项目金额很小,按市场价格直接出售房产将导致高昂的土地增值税成本。

公司转让旧房产计算土地增值税时,扣除项目金额有两种计算方法:一是应按房屋及建筑物的评估价格、取得土地使用权所支付的地价款和按国家统一规定缴纳的有关费用、转让环节缴纳的税金作为扣除项目;二是按发票所载金额,从购买年度起至转让年度止每年加计 5% 计算,契税准予作为税金扣除,但不作为加计 5% 的基数。基于土地增值税政策的地方性,各地也都有二手房转让土地增值税地方政策。公司可以根据实际情况,选择适用上述两种方法中的一种进行土地增值税的申报。另外,根据《财政部 国家税务总局关于土地增值税若干问题的通知》(财税〔2006〕21 号)规定:

> 二、关于转让旧房准予扣除项目的计算问题
> ············
> 对于转让旧房及建筑物,既没有评估价格,又不能提供购房发票的,地方税务机关可以根据《中华人民共和国税收征收管理法》(以下简称《税收征管法》)第 35 条的规定,实行核定征收。

但无论采用哪种方法确定扣除项目金额,企业承担的土地增值税都较高。

优化思路与解析

为了有效降低税务成本并提高交易效率，我们提出以转让股权的形式来转让不动产的思路，给出如下两个方案：

方案一：公司对业务进行重大重组，以房产增资到子公司，再转让子公司股权。该公司以该房产及相关物业服务出资到子公司。这一步骤可以将房产从母公司转移到子公司名下，为后续操作奠定基础。之后，该公司通过转让子公司的股权，实现对该房产业务的间接转让。

方案二：公司对业务进行重大重组，先以房产增资到子公司，再通过增资扩股引入投资者，最后以撤资方式退出子公司。

根据《财政部　税务总局关于继续实施企业改制重组有关土地增值税政策的公告》（财政部　税务总局公告 2023 年第 51 号）规定，这两种方式均有可能实现不征土地增值税，减少税务成本的目的。区别在于方案二周期较长，存在交易风险，但涉税风险会有所降低。需要根据公司的实际需要做出选择。以此两种方式转让房产，需要对业务进行重组，将该不动产以业务的形式整体转让，即该房产是以资产重组的方式出资到子公司，将该房产和与其相关的债权、债务和劳动力一并转让，才能够适用相关税收政策。上述方案除了可以不征土地增值税外，还可以实现契税的免征。根据《财政部　税务总局关于继续实施企业、事业单位改制重组有关契税政策的公告》（财政部　税务总局公告 2023 年第 49 号）规定：

> 六、资产划转
> ……母公司以土地、房屋权属向其全资子公司增资，视同划转，免征契税。

契税的免征可以大大减轻受让方税务负担，受让方也有动力配合重组的实施，顺利实现交易目的。

但是企业所得税不能免征，此次处置将会产生大额处置收益，但该公司由于债权损失，有超过 10 亿元的巨额亏损需要弥补，实际上并不需要交企业所得税。关于增值税，在资产重组过程中，将实物资产及与其相关联的债权、负债和劳动力一并转让给他人的，其中涉及的不动产、土地使用权转让行为不征增值税。最后，双方需要按"股权转让书据"载明价款的万分之五缴纳印花税。

优化思路如图 3-10 所示。

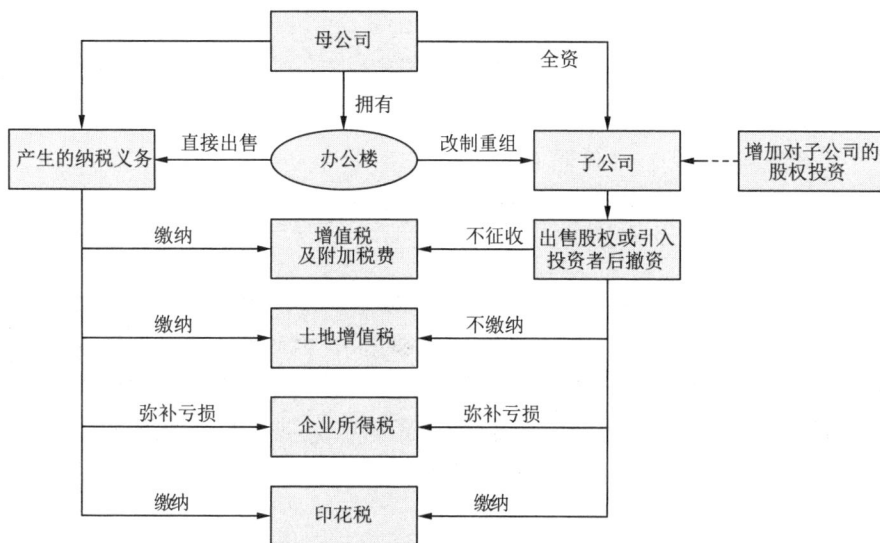

图 3-10 办公楼不同处置下税务处理示意图

1. 传统思路

直接出售房产,将面临高额的土地增值税和企业所得税等税费。初步测算,卖方公司将承担高达 5 亿元的税务成本。因此需要通过规划来减轻税务负担。

(1)增值税及附加税。房产 2005 年竣工,建于 2016 年全面营改增之前,可以适用简易计税办法,即:

$$增值税 = 120\ 000 \times 5\% = 6\ 000(万元)$$
$$附加税 = 6\ 000 \times 12\% = 720(万元)$$

关于增值税,按常规程序开具发票,确保了购买方有权抵扣进项税额,而增值税本身并不直接影响净利润水平,附加税部分则会直接计入公司成本,进而影响到最终的利润。

(2)土地增值税。选择以评估价格为基础(忽略税费因素)。

①取得土地成本。2004 年土地价格 560 元/㎡,计算如下:

$$土地成本 = 560 \times 1.415\ 2 \approx 793(万元)$$

②房产评估值。按照重置成本法,评估值价格确定为 10 000 元/㎡,成新率为七成,计算如下:

$$房产评估价值 = 10\,000×4.96×70\% = 34\,720(万元) ≈ 3.47(亿元)$$
$$扣除金额 = 0.08 + 3.47 = 3.55(亿元)$$
$$增值额 = 12 - 3.55 = 8.45(亿元)$$
$$增值率 = 8.45÷3.55 - 1×100\% ≈ 138\%$$

适用税率为 50%,计算如下:

$$土地增值税 = 8.45×50\% - 3.55×15\% ≈ 3.69(亿元)$$

2. 新思路

通过设立子公司并转让股权的方式,避免了直接出售房产所产生的高额土地增值税和购买方承担的契税,也能够适用《财政部　国家税务总局关于全面推开营业税改征增值税试点的通知》(财税〔2016〕36号)附件2《营业税改征增值税试点有关事项的规定》第一条第(二)项第5点相关规定,不征增值税,具体内容详见第2.4节政策依据。

根据数据测算,见表3-3。

表3-3　不同方案下各税种的税负计算对比表

单位:万元

税　　种	直接出售	方案一	方案二	节税金额	注释
转让价格 (不含增值税)	120 000	120 000	120 000		
增值税	6 000				买方可抵扣 不影响利润
增值税附加	720			720	
土地增值税	36 900	0	0	36 900	
企业所得税	弥补亏损	弥补亏损	弥补亏损		可弥补亏损
印花税	60	60	60		
转让净收益	62 320	99 940	99 940	37 620	

税务优化的风险提示

针对上述业务,提示风险如下:

(1)是否符合重组行为?根据《财政部　税务总局关于继续实施企业改制重组有关土地增值税政策的公告》(财政部　税务总局公告2023年第51号)规定:

> 四、单位、个人在改制重组时以房地产作价入股进行投资,对其将房地产转移、变更到被投资的企业,暂不征收土地增值税。

在这个案例中,以办公楼出资到子公司是否属于这里所说的改制重组行为? 参考《财政部 国家税务总局关于企业重组业务企业所得税处理若干问题的通知》(财税〔2009〕59 号)规定:

> 一、本通知所称企业重组,是指企业在日常经营活动以外发生的法律结构或经济结构重大改变的交易,包括企业法律形式改变、债务重组、股权收购、资产收购、合并、分立等。

另外,《国家税务总局关于纳税人资产重组有关增值税问题的公告》(国家税务总局公告 2011 年第 13 号)和《财政部 国家税务总局关于全面推开营业税改征增值税试点的通知》(财税〔2016〕36 号)附件 2《营业税改征增值税试点有关事项的规定》中都有纳税人在资产重组过程中,通过合并、分立、出售、置换等方式的有关规定。基于前述文件的理解,只要涉及重大的资产转让、收购行为都可以理解为资产重组活动。但是,基于不动产出资税务事项的复杂性,如果要使规划能够有效实施并取得预期效果,仍需要和主管税务机关进行充分的沟通,以防范可能存在的税务风险。

(2)在转让子公司股权时,要有充分的商业合理性,以降低被税务机关纳税调整的风险。关于土地增值税的征税范围,相关法律、文件有非常明确的规定,根据《中华人民共和国土地增值税暂行条例》第二条规定,"只有"转让房地产并取得收入的单位和个人,"才是"土地增值税的纳税义务人。从各地税务机关的咨询回复来看,也普遍认为转让股权属于土地增值税征税范围。但是《国家税务总局关于以转让股权名义转让房地产行为征收土地增值税问题的批复》(国税函〔2000〕687 号)中却认定转让是"……以股权形式表现的资产主要是土地使用权、地上建筑物及附着物,经研究,对此应按土地增值税的规定征税。"

另外,《国家税务总局关于天津泰达恒生转让土地使用权土地增值税征缴问题的批复》(国税函〔2011〕415 号)也有类似的答复。虽然缺乏明确的法律法规依据,但一些地方税务机关比照该批复,对以转让股权的方式转让不动产做出补税的决定。例如福州市税务局在 2018 年对某建设集团转让股权行为视为房产土地转让行为,要求补缴土地增值税 1 768 万元。但是,无论是国家税务总局针对个案的批复,还是地方税务机关的处理意见,既不是税收法律法规,也不是税收规范性文件,如果税务机关僵化套用该批复文件对股权转让行为征收土地增值税,是存在一定执法风险的。以股权转让形式转让不动产是具有其合法性的。只是企业在实施规划时,仍需要充分考虑可能存在的风险,不能单纯避免转让不动产,而是将不动产和相关业务作为一个整体通过股权实现转让。

(3)注意评估的公允性。公司在以不动产出资到子公司时,应该聘请有资质和经验的专业评估机构进行详尽的价值评估。作为双方交易的价格基础及企业出资的价值依据。同时,公司还应与税务部门保持密切沟通,确保所有的评估和出资流程都符合相关法律法规。通过准确的价值评估和合规的税务处理,公司才可以有效地防范潜在的税务风险,从而保障出资能够顺利完成。

(4)如果以房屋及建筑物的评估价格计算扣除项目金额的,专业机构出具的评估报告是税务机关审核土地增值税扣除项目的重要依据,但税务机关并不会仅依赖于评估机构提供的报告,而是会组织专家团队或内部审核部门,对评估报告作进一步的复核和审查。如果发现评估价格与市场情况明显不符,税务机关有权要求评估机构重新进行评估,或者自行调整评估价格,以确保税收的准确性和公正性。因此,企业如果选择以评估结果作为土地增值税计算扣除项目依据的,应当优先选择资信等级高、纳入税务机关供应商名单的评估服务机构,以降低被税务机关调整的风险。

政策依据

(1)《财政部 税务总局关于继续实施企业、事业单位改制重组有关契税政策的公告》(财政部 税务总局公告 2023 年第 49 号)规定:

> 六、资产划转
> ……母公司以土地、房屋权属向其全资子公司增资,视同划转,免征契税。
> 九、公司股权(股份)转让
> 在股权(股份)转让中,单位、个人承受公司股权(股份),公司土地、房屋权属不发生转移,不征收契税。

(2)《中华人民共和国土地增值税暂行条例》规定：

> **第二条** 转让国有土地使用权、地上的建筑物及其附着物(以下简称转让房地产)并取得收入的单位和个人,为土地增值税的纳税义务人(以下简称纳税人),应当依照本条例缴纳土地增值税。

(3)依照《国家税务总局关于纳税人资产重组有关增值税问题的公告》(国家税务总局公告 2011 年第 13 号)规定,具体内容详见第 2.4 节政策依据。

(4)依据《财政部 国家税务总局关于土地增值税若干问题的通知》(财税〔2006〕21 号)第二条规定,具体内容详见第 3.7 节业务背景及痛点分析。

(5)依照《财政部 国家税务总局关于全面推开营业税改征增值税试点的通知》(财税〔2016〕36 号)附件 2《营业税改征增值税试点有关事项的规定》第一条第(二)项相关规定,具体内容详见第 2.4 节政策依据。

(6)依据《财政部 税务总局关于继续实施企业改制重组有关土地增值税政策的公告》(财政部 税务总局公告 2023 年第 51 号)第四条规定,具体内容详见第 3.7 节税务优化的风险提示。

(7)依据《财政部 国家税务总局关于企业重组业务企业所得税处理若干问题的通知》(财税〔2009〕59 号)第一条规定,具体内容详见第 3.7 节税务优化的风险提示。

3.8 分大为小:商贸公司税费负担减轻策略与风险防控

对于利润率较低的商贸公司,残保金是一项较大的负担。为减轻公司负担,国家规定有免征的优惠政策。通过优化措施达到残保金免征的条件,请看下面的案例。

业务背景及痛点分析

1. 实务案例

订书机文化用品商贸有限公司,为增值税一般纳税人,专业经营文化办公用品,通过线上和线下专业销售办公用品,但主要销售对象为本市各单位,主要采用线上接单当日送货上门的模式。该商贸公司职工人数有 75 人,由于没有安置残疾人就业,需要按规定缴纳残疾人就业保障金,每年需要缴纳 8 万元左右。同时,由于该公司是增值税一般纳税人,增值税税负较高

（超过 1%）。该公司满足小型微利企业的标准，企业所得税已经享受了优惠政策，"六税两费"也享受了减半优惠政策。

2. 痛点分析

订书机文化用品商贸有限公司的财务负责人向我们咨询："我们公司现在由于市场竞争激烈，销售额很难增长，各类支出有增无减，公司面临着生存困难。请问，还有什么办法能降低我们公司的税费支出？"

优化思路与解析

经过实地调研，发现订书机文化用品商贸有限公司的销售客户中有一部分是小规模纳税人的企业，以及可以不需要增值税专用发票的行政事业单位。因此，经过商议给出了"分大为小"的方案：将现有公司分立为三个公司，或者新成立两个公司，每个公司的职工人数控制在 30 人以内，新成立或分立出的两个新公司为增值税小规模纳税人，其中一家主营业务还是经营文化办公用品兼营收派服务，另外一家新公司从事商务辅助服务。

优化思路如图 3-11 所示。

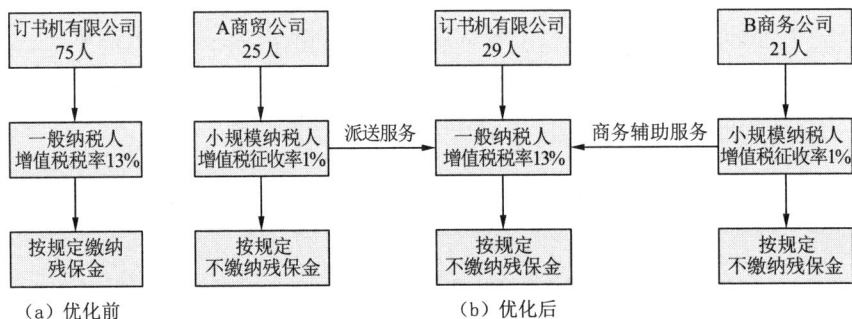

图 3-11　分大为小前后残保金缴纳情况对比图

优化后，由于新的三家公司职工人员均在 30 人以下，依照规定在 2027 年 12 月 31 日前可以免征残疾人就业保障金。

优化后，A 商贸公司主要面对不需要增值税专用发票的客户，在 2027 年 12 月 31 日前可以享受增值税征收率 1% 的优惠；同时，A 商贸公司利用人力优势兼营"派送服务"，为订书机有限公司提供派送服务，可以开具 1% 的专票，虽然会缴纳增值税，但是下游的订书机有限公司可以抵扣进项，从整体上看不会新增增值税的支出。

同样，将订书机有限公司原来的管理、后勤部门独立出来成立一家专门提供"商务辅助服务"的 B 商务公司,并将管理和后勤事务外包给 B 商务公司,将原本需要公司自己职工办理的工作外包。B 商务公司收到承包的"商务辅助服务"费用后,开具 1% 专票,也是从整体上看不会新增增值税的支出。

经过优化后,整体上增值税和企业所得税等都不会增加,但是由于职工人数控制在 30 人以内,就可以按规定不缴纳残疾人就业保证金。同时,依照全国总工会的通知,对于工会经费缴纳低于 1 万元的,可申请全额返还。

税务优化的风险提示

针对上述业务,提示风险如下:

(1)注意优化后三家公司之间业务交易价格的公允性,确保满足独立交易原则,交易价格与市场同类交易的价格基本持平,否则将会被税务局核定销售额。

(2)注意保持优化后三家公司的独立性,避免业务、资金与人员的混同。

政策依据

(1)《财政部关于延续实施残疾人就业保障金优惠政策的公告》(财政部公告 2023 年第 8 号)规定:

> 二、在职职工人数在 30 人(含)以下的企业,继续免征残疾人就业保障金。
>
> 三、本公告执行期限自 2023 年 1 月 1 日起至 2027 年 12 月 31 日。对符合本公告规定减免条件但缴费人已缴费的,可按规定办理退费。

(2)《中华全国总工会办公厅关于实施小额缴费工会组织工会经费全额返还支持政策的通知》(厅字〔2022〕47 号)规定:

> 为加强基层工会工作,夯实基层工会服务职工的物质基础,经中华全国总工会党组第 146 次会议研究,决定自 2023 年 1 月 1 日起,继续实施小额缴费工会组织工会经费全额返还支持政策。现就有关事项通知如下。
>
> 一、支持政策对象
>
> 全年上缴工会经费低于 1 万元(不含)的小额缴费工会组织。
>
> 二、政策实施时限
>
> 支持政策暂定 2 年,自 2023 年 1 月 1 日起,至 2024 年 12 月 31 日止。

3.9 细致分类：商贸企业赊销与租赁的纳税优化策略

依照增值税纳税义务发生时间的规定，在合同中条款详细约定，从而实现纳税时间的合法向后推迟，请看下面的案例。

业务背景及痛点分析

1. 实务案例

A 公司，作为一般纳税人身份的商贸企业，专营快速消费品的批发业务。鉴于业务量庞大且交易频繁，公司采取了赊销策略以促进销售。为有效降低信贷风险，公司内部建立了应收账款信用风险控制制度，依据客户的信用资质，将客户分为 A、B、C、D 四个信用等级，分别授予 180 天、90 天、60 天和30 天的应收账款信用期限。值得注意的是，当前的赊销合同并未明确具体的回款日期，而是依赖于风控部门进行账期的监督，并推动销售人员积极跟进收款进程。此外，公司惯例为销售商品后的一个月内开具正式的结算发票。截至 20×4 年 8 月底，公司累计已发出未开票商品金额 500 万元。

与此同时，20×4 年，A 公司将自持一栋房产租赁给 B 公司，租赁期为 1年，自 20×4 年 9 月 1 日至 20×5 年 8 月 31 日，合同约定租金提前一次性在 9月 1 日收取 24 万元。

鉴于上述情形，A 公司应如何制定策略，以实现税负结构的最优化，同时充分利用资金的时间价值，并有效防范税务相关风险？

2. 痛点分析

考虑公司发出商品与发票开具相隔一个月，根据《中华人民共和国增值税暂行条例实施细则》(中华人民共和国财政部　国家税务总局令第 50 号) 规定，采用赊销方式销售货物，合同没有约定付款日期的，公司在商品发出时即需缴纳增值税，无形中增加了税务负担及潜在的税务风险。此外，租赁收入在增值税与企业所得税上的纳税义务起始时间有所不同，这种时间确认上的不一致性常给财务管理人员带来困扰。如何在确保企业资金流动不受负面影响的前提下，巧妙设计合同条款，充分利用纳税义务时间的灵活性，从而最大化延长缴纳税款的期限，以此缓解企业现金流压力，成了一个关键问题。

优化思路与解析

精通增值税与企业所得税的纳税义务时间及相关税法规定，深入了解合同条款设定对纳税义务时间节点的具体影响。针对企业多元化经营,灵活运用策略,通过合理推迟纳税义务发生时间,以延长资金使用周期、增值资金的时间价值,最大化企业的财务效益。

税务优化思路如图 3-12 所示。

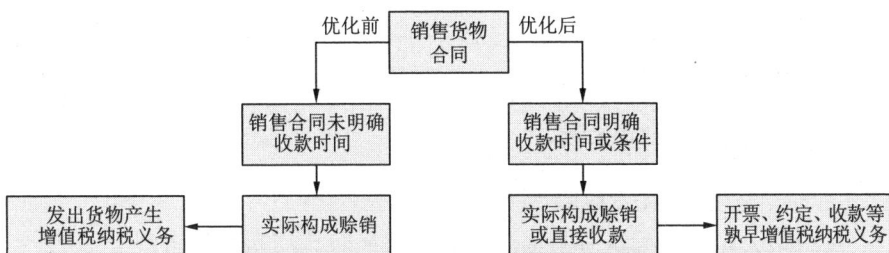

图 3-12　不同合同条款对增值税纳税义务影响

1. 优化前

A 公司销售商品,合同未约定收款期限,先发出货物,一个月后开具发票,根据《中华人民共和国增值税暂行条例实施细则》(中华人民共和国财政部　国家税务总局令第 50 号)第三十八条规定,按发出货物和开具发票孰早缴纳增值税,故按发出货物时间缴纳增值税。提供租赁服务采用预收款方式,收到预收款当月计算销项税额同时确认租金企业所得税应税收入。涉税情况计算如下:

发出货物时应交增值税 = 500×13% = 65(万元)

提供租赁服务应交增值税 = 24÷(1+9%)×9% ≈ 1.98(万元)

租赁服务预收款当年应交企业所得税 = 24÷(1+9%)×25% ≈ 5.5(万元)

2. 优化后

A 公司与客户协商调整合同条款以重新设定付款期限,即依据客户的信用资质细致分类,随后在合同条款中依据不同的信用评估结果明确确切的付款时间节点。根据《中华人民共和国增值税暂行条例实施细则》(中华人民共和国财政部　国家税务总局令第 50 号)第三十八条规定,采取赊销方式销售货物,有书面合同约定的收款日期的,按开票和合同约定日期孰早缴纳增值税,故发出货物时,无须缴纳增值税,可以延迟到开具发票时再缴纳。提供租赁服务因为属于跨年租赁且提前一次性收取款项,依据《国家税务总局关于贯彻落实企业所得税法若干税收问题的通知》(国税函〔2010〕79 号)第一条规定,A 公司可对跨年预收租金,在租赁期内,分期均匀计入相关年度收入计算缴纳企业所得税。当期涉税情况计算如下:

销售商品发出货物时无须缴纳增值税。

提供租赁服务应交增值税＝24÷（1+9%）×9%≈1.98（万元）
租赁服务收款当年应交企业所得税＝24÷（1+9%）÷12×4×25%≈1.83（万元）

综上所述，与优化前相比，其中65万元增值税和3.67万元（5.5-1.83）企业所得税税款可分别推迟到次月和次年缴纳，减轻企业现金流的压力，赚取税金的时间价值。

税务优化的风险提示

针对上述业务，提示风险如下：

（1）某公司收入确认时间错误引发税务风险。广州市税务局于2022年对某服务公司发出行政处罚决定书。

违法事实如下：

经查明，该公司2022年3月20日与××公司签订了货物销售合同，于4月1日发出货物，由于未收到款项，所以一直未开具发票，截至当年年底仍未收回该款项。经查询，该公司销售商品采取预收款方式，此项收入应在发出商品时确认收入，存在未及时确认收入情形，造成少缴增值税、城市维护建设税、教育费附加等共计72 800元。

处罚依据如下：

根据《中华人民共和国税收征收管理法》规定：

> 第六十二条 纳税人未按照规定的期限办理纳税申报和报送纳税资料的，或者扣缴义务人未按照规定的期限向税务机关报送代扣代缴、代收代缴税款报告表和有关资料的，由税务机关责令限期改正，可以处二千元以下的罚款；情节严重的，可以处二千元以上一万元以下的罚款。

（2）通过签订合同形式不同，改变增值税或企业所得税纳税义务时间的企业，应事前做好规划，从交易双方确定合作意向及签署合同开始就要将销售结算方式、收款时间、开票等进行详细清楚的约定，严格按照增值税及企业所得税税收政策规定确定纳税义务时间，确保业务真实，合理合规。

（3）企业在协商调整合同条款以重新设定付款期限时，应当与客户开展充分而合理的沟通，并在合同中纳入有效的保障条款，以防患未然，确保双方权益，从而避免潜在的争议。

政策依据

(1)《中华人民共和国增值税暂行条例实施细则》(中华人民共和国财政部 国家税务总局令第 50 号)规定:

> **第三十八条** 条例第十九条第一款第(一)项规定的收讫销售款项或者取得索取销售款项凭据的当天,按销售结算方式的不同,具体为:
>
> (一)采取直接收款方式销售货物,不论货物是否发出,均为收到销售款或者取得索取销售款凭据的当天;……
>
> (三)采取赊销和分期收款方式销售货物,为书面合同约定的收款日期的当天,无书面合同的或者书面合同没有约定收款日期的,为货物发出的当天;……

(2)《财政部 国家税务总局关于全面推开营业税改征增值税试点的通知》(财税〔2016〕36 号)附件 1《营业税改征增值税试点实施办法》规定:

> **第四十五条** 增值税纳税义务、扣缴义务发生时间为:……
>
> (二)纳税人提供建筑服务、租赁服务采取预收款方式的,其纳税义务发生时间为收到预收款的当天。……

(3)《国家税务总局关于贯彻落实企业所得税法若干税收问题的通知》(国税函〔2010〕79 号)规定:

> 一、关于租金收入确认问题
>
> 根据《实施条例》第十九条的规定,企业提供固定资产、包装物或者其他有形资产的使用权取得的租金收入,应按交易合同或协议规定的承租人应付租金的日期确认收入的实现。其中,如果交易合同或协议中规定租赁期限跨年度,且租金提前一次性支付的,根据《实施条例》第九条规定的收入与费用配比原则,出租人可对上述已确认的收入,在租赁期内,分期均匀计入相关年度收入。
>
> 出租方如为在我国境内设有机构场所、且采取据实申报缴纳企业所得税的非居民企业,也按本条规定执行。

（4）依据《中华人民共和国税收征收管理法》第六十二条规定，具体内容详见第 3.9 节税务优化的风险提示。

3.10 分策而治：太阳能板销售与安装业务的增值税优化策略

对于满足条件的混合销售，企业只要按照规定分开核算，就可以适用不同税率，从而有效降低增值税的税负。请看下面的案例。

业务背景及痛点分析

1. 实务案例

百花太阳能板公司，作为一家资质完备的一般纳税人企业，于 20×4 年 5 月踏出了业务拓展的重要一步，不仅成功销售了一批高效能的太阳能板，还配套提供了专业安装服务，为客户提供了从选购产品到实施安装的全流程服务。此次交易通过签订工程合同的形式予以明确，合同总金额为 123 万元（含税），其中太阳能板的销售部分占据了合同价款的主要部分，达 113 万元，配套的安装服务费用为 10 万元。面对这样的业务结构，百花太阳能板公司财务经理想寻求合理的方法，通过税务优化策略，有效优化增值税税负。

2. 痛点分析

合同约定与财务核算是确立增值税计税基础和选取合适税率的核心因素。通过在财务处理中融入节税的考量，以期达成有效降低税负的目的。

针对太阳能板销售和安装服务涉及的混合销售和兼营行为的税务处理，充分利用税收优惠政策进行合理优化，是减少增值税税负的关键路径。

优化思路与解析

混合销售是一项整体销售行为，其行为必须包含服务又涉及货物，二者不可分割。混合销售作为把销售货物及提供服务作为整体看待，整体按某一应税项目征税。但《国家税务总局关于进一步明确营改增有关征管问题的公告》（国家税务总局公告 2017 年第 11 号）和《国家税务总局关于明确中外合作办学等若干增值税征管问题的公告》（国家税务总局公告 2018 年第 42 号）对混合销售做了特殊的安排，见表 3-4。

表 3-4　不同情形下税务处理对比表

项　　目	机器设备		货　　物	
	自　产	外　购	自　产	外　购
建筑服务、安装服务	1. 按兼营行为 2. 安装服务简易计税 3%	1. 分别核算,按自产进行税务处理 2. 未分别核算,混合销售	按兼营行为税务处理	混合销售
其他类别服务	混合销售			

税务优化思路如图 3-13 所示。

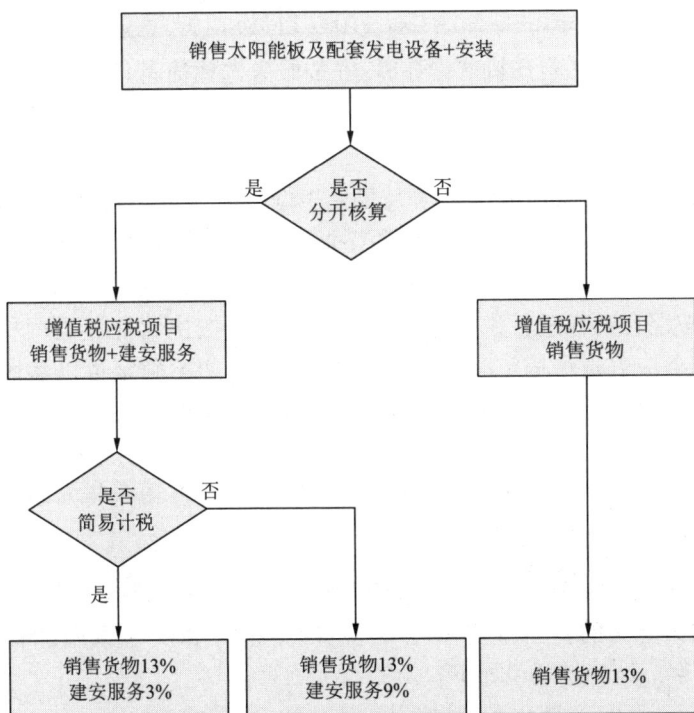

图 3-13　分开核算对增值税的影响示意图

1. 自产太阳能板的税务处理

(1)根据《国家税务总局关于进一步明确营改增有关征管问题的公告》(国家税务总局公告 2017 年第 11 号)规定,太阳能板按该公司自产货物不属于混合销售,应分别核算货物销售和安装服务的销售额,分别适用不同的

税率。因此,百花公司对于销售太阳板按 13% 缴纳增值税,对于安装服务按 9% 缴纳增值税。销项税计算如下:

$$销项税 = 113 \div (1+13\%) \times 13\% + 10 \div (1+9\%) \times 9\% \approx 13.83(万元)$$

(2)根据《国家税务总局关于明确中外合作办学等若干增值税征管问题的公告》(国家税务总局公告 2018 年第 42 号),太阳能板按自产机器设备销售同时提供安装服务应当分别核算,适用兼营行为税务处理,应当分别核算机器设备和安装服务的销售额,且安装服务可以采用简易计税。对于销售太阳板按 13% 征收增值税,对于安装服务按 3% 征收增值税。销项税计算如下:

$$销项税 = 113 \div (1+13\%) \times 13\% + 10 \div (1+3\%) \times 3\% \approx 13.29(万元)$$

可见,当选择按自产机器设备时,安装服务选择简易计税 3%,可以少缴纳增值税 0.54 万元。

2. 外购太阳能板的税务处理

(1)根据《财政部 国家税务总局关于全面推开营业税改征增值税试点的通知》(财税〔2016〕36 号)附件 1《营业税改征增值税试点实施办法》有关混合销售的规定,太阳能板作为外购的货物进行销售并提供安装的,属于混合销售,按混合销售进行税务处理。混合销售应按主营业务适用税率。一般主营业务应以税种核定时的增值税税目确定,如不确定可以参照日常销售或营业执照经营范围排名第一的经营项目,而非按销售货物或服务的比重确定。

假如该公司的主营业务属于建筑安装服务,销售和安装太阳能板均适用 9% 的税率。计算销项税如下:

$$销项税 = 123 \div (1+9\%) \times 9\% \approx 10.16(万元)$$

假如该公司的主营业务属于销售货物,销售和安装太阳能板均适用 13% 的税率。计算销项税如下:

$$销项税 = 123 \div (1+13\%) \times 13\% \approx 14.15(万元)$$

(2)太阳能板按外购机器设备,未分别核算,按混合销售,其处理同上;分别核算,属于兼营行为,安装服务按 3% 简易计税。计算销项税如下:

$$销项税 = 113 \div (1+13\%) \times 13\% + 10 \div (1+3\%) \times 3\% \approx 13.29(万元)$$

作为外购太阳能板,当其主营业务为建筑安装服务时,采用混合销售的税务处理方式可实现较低的增值税负担。

税务优化的风险提示

针对上述业务,提示风险如下:

(1)资产类别与属性:须厘清太阳能板资产类别与属性,作为货物或机器设备在税收优惠上的差异,鉴于外购货物与机器设备在税收优惠上存在显著差异,准确定位其属性至关重要。

(2)主营业务定位偏差:企业税务身份误识引发的政策享受误差,凸显精确界定主营业务对于合法享受税收优惠的重要性。

政策依据

(1)《财政部 国家税务总局关于全面推开营业税改征增值税试点的通知》(财税〔2016〕36 号)附件1《营业税改征增值税试点实施办法》规定:

> **第三十九条** 纳税人兼营销售货物、劳务、服务、无形资产或者不动产,适用不同税率或者征收率的,应当分别核算适用不同税率或者征收率的销售额;未分别核算的,从高适用税率。
>
> **第四十条** 一项销售行为如果既涉及服务又涉及货物,为混合销售。从事货物的生产、批发或者零售的单位和个体工商户的混合销售行为,按照销售货物缴纳增值税;其他单位和个体工商户的混合销售行为,按照销售服务缴纳增值税。

(2)《国家税务总局关于进一步明确营改增有关征管问题的公告》(国家税务总局公告 2017 年第 11 号)规定:

> 一、纳税人销售活动板房、机器设备、钢结构件等自产货物的同时提供建筑、安装服务,不属于《营业税改征增值税试点实施办法》(财税〔2016〕36 号文件印发)第四十条规定的混合销售,应分别核算货物和建筑服务的销售额,分别适用不同的税率或者征收率。

(3)依据《国家税务总局关于明确中外合作办学等若干增值税征管问题的公告》(国家税务总局公告 2018 年第 42 号)第六条相关规定,具体内容详见第 3.4 节业务背景及痛点分析。

3.11　分担有方：白酒厂广告费用调整与税务优化策略

大部分行业的广告费和业务宣传费是限额扣除，超过限额的部分，当年就不得税前扣除。虽然规定可以在以后年度扣除，但长期超过限额，实际就无法得到扣除。通过渠道分担的形式，将其广告费和业务宣传费由渠道商分担，增大了税前扣除限额的计算基数，可巧妙化解不得扣除的窘境。请看下面的案例。

业务背景及痛点分析

1. 实务案例

四川某白酒厂生产、销售某品牌的白酒，在四川省内只是小有名气，产品销售区域局限于厂区所在地级市和周边地级市，但是该厂的产品在北方省份的三四线城市比较受欢迎，于是，该厂决定在新年度加大在北方省份的广告与宣传投入。

然而，该酒厂的广告费和业务宣传费历年来都超过了当年销售（营业）收入的 15%，因此按照《中华人民共和国企业所得税法实施条例》第四十四条的规定，超出部分费用在每年汇算清缴时都会进行纳税调增而补缴企业所得税。

如果继续加大广告费和业务宣传费的投入，则该厂将面临新增费用无法税前扣除的窘境。

针对该问题，该厂的财务总监向我们咨询："有何良策可以让酒厂的新增支出得到税前扣除？"

2. 痛点分析

由于酒类产品市场竞争的激烈性，广告费和业务宣传费始终居于高位。尽管该酒厂并非全国知名品牌，没有像顶级品牌那样进行大规模广告投放，但在细分市场的投入仍然可观。为了保持甚至增加销售额，持续的广告宣传投入是必不可少的。

根据《中华人民共和国企业所得税法实施条例》第四十四条，以及《财政部　税务总局关于广告费和业务宣传费支出税前扣除有关事项的公告》（财政部　税务总局公告 2020 年第 43 号）规定，企业发生的广告费和业务宣传费支出，不超过当年销售（营业）收入 15% 的部分，准予扣除；超过部分，准予在以后纳税年度结转扣除。

遵循行业惯例并出于优化消费税的考虑，该酒厂已经分别设立了负责生产环节的公司和负责销售的公司。这两个公司都充分利用了广告费和业务宣传费的税前扣除额度,但仍有超出额度的部分无法得到税前扣除。若进一步增加广告宣传投入,除非新增投入与新增收入的比例保持在 15% 或以下,否则超出的部分同样无法在税前扣除。

优化思路与解析

针对上述业务,该问题的优化思路如下:

核心思想就是由酒厂直接做广告宣传,变为经销商做广告宣传。

深入了解后,我们发现该酒厂在北方省份的经销商都是当地的地级市、县级市或县城的商贸企业,它们与酒厂的关系仅限于供销,没有股权关系。这些经销商作为商贸企业,每年只做少量广告宣传,其发生的广告费和业务宣传费支出仅占当年销售(营业)收入的 1% 左右。

该酒厂可针对北方省份的下沉市场加大广告宣传,主要采取以下手段:

(1)在餐馆、商店等位置投放门头广告和店内广告;

(2)在国道、省道、县道等显著位置投放户外广告;

(3)结合当地的风俗民情,加强各种现场促销活动,如免费品尝等。

酒厂提前与各经销商做好协商,对需要投放的广告宣传与促销活动双方取得共识。随后,由经销商以自己的名义去具体组织实施,酒厂销售人员予以协助,所发生的广告宣传支出都由经销商企业在其账目中支出。一旦广告宣传实际投放且经酒厂相关部门验收合格后,酒厂以买赠或实物折扣的形式,用本厂的酒类产品给予经销商企业价值补偿。为明确双方的权利与义务,酒厂与经销商之间应提前签订好业务促销活动协议。

优化前后思路如图 3-14 所示。

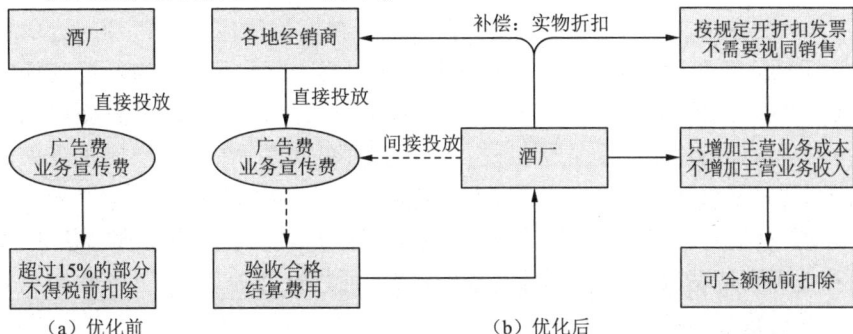

图 3-14 不同广告投放形式对税前扣除的影响

利用我们提供的方案,将酒厂本来需要直接投放的广告与宣传费用支出,转变为先由各地经销商直接投放广告与宣传支出,然后酒厂用产品做实物价值补偿,在销售时只要在同一张发票开具商业折扣。

按照《国家税务总局关于折扣额抵减增值税应税销售额问题的通知》(国税函〔2010〕56号)规定:

> 《国家税务总局关于印发〈增值税若干具体问题的规定〉的通知》(国税发〔1993〕154号)第二条第(二)项规定:"纳税人采取折扣方式销售货物,如果销售额和折扣额在同一张发票上分别注明的,可按折扣后的销售额征收增值税"。纳税人采取折扣方式销售货物,销售额和折扣额在同一张发票上分别注明是指销售额和折扣额在同一张发票上的"金额"栏分别注明的,可按折扣后的销售额征收增值税。未在同一张发票"金额"栏注明折扣额,而仅在发票的"备注"栏注明折扣额的,折扣额不得从销售额中减除。

同时,《国家税务总局关于确认企业所得税收入若干问题的通知》(国税函〔2008〕875号)第一条第(五)项规定:

> 一、除企业所得税法及实施条例另有规定外,企业销售收入的确认,必须遵循权责发生制原则和实质重于形式原则。……
> (五)企业为促进商品销售而在商品价格上给予的价格扣除属于商业折扣,商品销售涉及商业折扣的,应当按照扣除商业折扣后的金额确定销售商品收入金额。……

因此,在按《国家税务总局关于折扣额抵减增值税应税销售额问题的通知》(国税函〔2010〕56号)规定开具发票的情形下,酒厂以实物补偿各地经销商在广告宣传上支出,酒厂在增值税和企业所得税方面都不需要视同销售,不会增加增值税和企业所得税。通过这样处理后,在不新增应税收入的情况下,只是增加了"主营业务成本",则可以按规定全额税前扣除。通过这样处理,将酒厂新增的广告宣传投入,由直接投放转变为间接投放,将"广告费和业务宣传费"转变为"主营业务成本"。通过这样处理,还可以增加本企业产品的市场占有率。

税务优化的风险提示

(1)销售发票的开具必须按照规定进行。

(2)加强企业内部的控制与监督,在对各地经销商的广告宣传验收时严防舞弊发生。

政策依据

(1)《中华人民共和国企业所得税法实施条例》规定:

> 第四十四条 企业发生的符合条件的广告费和业务宣传费支出,除国务院财政、税务主管部门另有规定外,不超过当年销售(营业)收入15%的部分,准予扣除;超过部分,准予在以后纳税年度结转扣除。

(2)《财政部 税务总局关于广告费和业务宣传费支出税前扣除有关事项的公告》(财政部 税务总局公告 2020 年第 43 号)规定:

> 一、对化妆品制造或销售、医药制造和饮料制造(不含酒类制造)企业发生的广告费和业务宣传费支出,不超过当年销售(营业)收入30%的部分,准予扣除;超过部分,准予在以后纳税年度结转扣除。

(3)依据《国家税务总局关于折扣额抵减增值税应税销售额问题的通知》(国税函〔2010〕56 号)相关规定,具体内容详见第 3.11 节优化思路与解析。

(4)依据《国家税务总局关于确认企业所得税收入若干问题的通知》(国税函〔2008〕875 号)第一条第(五)项规定,具体内容详见第 3.11 节优化思路与解析。

第 4 章

"转"之道应用案例

以下案例是"转"之道在企业税务优化中的实战应用,以供参考与借鉴。

4.1 转变采购:美味火锅公司的进项税额解决方案

美味火锅公司升级为一般纳税人后,面临着高额税负挑战。若分离采购加工职能,成立个体工商户,可解决进项税抵扣难题,优化税负,但需确保交易真实性与票据合法性,防范税务风险。请看下面的案例。

业务背景及痛点分析

1. 实务案例

美味火锅公司,从事火锅餐饮服务,生意兴隆,但也从小规模纳税人升级为一般纳税人。该公司转为一般纳税人后,需要取得进项税额抵扣,否则增值税税负就会急剧增加。该公司原材料的鲜活肉蛋和蔬菜是从当地农贸市场采购的,供应商绝大部分是批发商,只能或只愿意开具免税增值税发票,导致大部分鲜活肉蛋和新鲜蔬菜无法抵扣进项税额;只有极少部分新鲜蔬菜是农民专业合作社摊点供应的,可以开自产自销的农产品免税发票,才可以抵扣进项税额。

2. 痛点分析

依照《财政部　国家税务总局关于免征蔬菜流通环节增值税有关问题的通知》(财税〔2011〕137 号)和《财政部　国家税务总局关于免征部分鲜活肉蛋产品流通环节增值税政策的通知》(财税〔2012〕75 号)规定,在流通领域,批发、零售蔬菜和鲜活肉蛋产品免征增值税。

同时,《财政部　税务总局关于简并增值税税率有关政策的通知》(财税〔2017〕37 号)规定,纳税人从批发、零售环节购进适用免征增值税政策的蔬菜、部分鲜活肉蛋而取得的普通发票,不得作为计算抵扣进项税额的凭证。

餐饮企业在流通领域采购免征增值税的蔬菜、鲜活肉蛋产品。在作为小规模纳税人时,因为不存在抵扣问题,对税负是没有影响的;但是,当餐饮企业由于销售额达标而升级为一般纳税人时,就必须考虑进项税额抵扣的问题,如果还是保持与小规模纳税人时一样的采购形式,增值税的税负将急剧上升。

优化思路与解析

既然一般纳税人取得蔬菜、鲜活肉蛋流通领域的免征增值税的发票无法抵扣进项税额,就需要考虑从农业生产者或能开具专票的供应商采购。但是,现实情况下,很多专业从事蔬菜、鲜肉蛋批发与零售的,因为要享受免征增值税的优惠政策,不愿意或不能提供增值税专用发票。

既然从供应商方面无法解决问题,就需要转变思维,从自身想办法:可以考虑将采购部门,后厨的洗菜工、切菜工等,从现有的餐饮公司分离出来,成立一家个体工商户,然后从农贸市场采购蔬菜和鲜活肉蛋,经简单清洗和加工后再供应给餐饮公司,个体工商户开具 3% 的增值税专用发票,餐饮公司就可以按照专票金额乘以 9% 计算进项抵扣额。

优化思路如图 4-1 所示。

假如个体工商户一年开出不含税 100 万元的增值税专票,应缴纳增值税 3 万元。可抵扣进项额计算如下:

$$餐饮公司可抵扣进项额 = 100 \times 9\% = 9(万元)$$

因此,从总体看,企业先缴纳 3 万元,然后就换取到 9 万元的进项税额可供抵扣。

除增值税增加进项税额抵扣外,餐饮公司作为法人制企业,在给股东分红前还需要缴纳企业所得税,然后分配的时候个人股东需要缴纳 20% 的"股

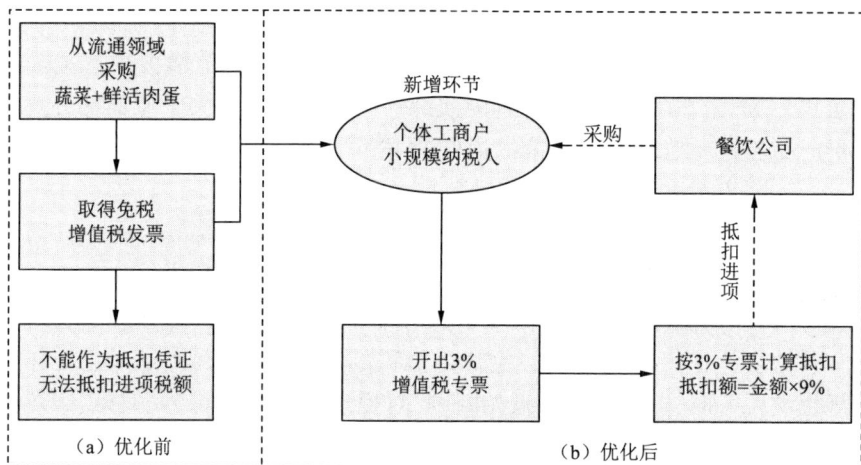

图 4-1　优化前与优化后税务处理流程示意图

息、红利所得"个人所得税,导致个人股东的所得税税负较重,而利润适当向个体工商户转移后,个体工商户不需要缴纳企业所得税,只需要按照"经营所得"缴纳个人所得税,税率 5% ~35%,按照《财政部　税务总局关于进一步支持小微企业和个体工商户发展有关税费政策的公告》(财政部　税务总局公告 2023 年第 12 号)规定:

> 一、自 2023 年 1 月 1 日至 2027 年 12 月 31 日,对个体工商户年应纳税所得额不超过 200 万元的部分,减半征收个人所得税。个体工商户在享受现行其他个人所得税优惠政策的基础上,可叠加享受本条优惠政策。

个体工商户不区分征收方式,均可享受。

税务优化的风险提示

针对上述业务,提示风险如下:

(1)确保业务交易的真实性,严禁虚开发票,禁止使用现金支付货款。

南京市税务局第三稽查局在 2024 年 5 月对南京某勇丰商贸有限公司作出处罚。

处罚事由如下:

2017 年该单位接受苏州某有限公司 2017 年 5 月 19 日和 2017 年 12 月 12 日开具的已证实虚开的两份增值税专用发票,价税合计 400 145 元。该单位收到已证实虚开发票的当月,对进项税额进行认证抵扣,造成少交增值税和少交企业所得税。

该单位辩称 2017 年度委托孙某采购原料,以现金方式支付货款,但该单位对交易细节,以及现金支付无法提供合法有效的证据。

处罚结果如下:

最终税务局根据《中华人民共和国税收征收管理法》规定:

> **第六十三条**　……对纳税人偷税的,由税务机关追缴其不缴或者少缴的税款、滞纳金,并处不缴或者少缴的税款百分之五十以上五倍以下的罚款;构成犯罪的,依法追究刑事责任。……

因此,个体工商户和餐饮公司都应建立好相关的内控制度,购进、加工、销售等建立好备查台账,餐饮公司支付货款应采用银行转账,保留好双方的采购合同或协议,以及货物入库、出库内部凭证等资料。

(2)从小规模纳税人处取得 1%征收率农产品专票到底能不能按 9%进行抵扣?

国家税务总局 2021 年针对:"我公司是一家餐饮企业,属于一般纳税人资格,本月取得了小规模纳税人开具的税率为 1%农产品专票,能否按 9%计算抵扣进项税额?"答复意见:"你公司购进农产品,如销售农产品的小规模纳税人选择放弃享受减征增值税政策,开具 3%征收率的增值税专用发票,你公司取得了小规模纳税人开具的 3%征收率的增值税专用发票,即可按上述规定计算抵扣进项税额。"

根据国家税务总局的回复,意味着从小规模纳税人取得 1%征收率农产品专票是不能按 9%进行抵扣。实务中,稳妥起见建议征询主管税务机关的意见。

政策依据

(1)《财政部　国家税务总局关于免征蔬菜流通环节增值税有关问题的通知》(财税〔2011〕137 号)规定:

> 一、对从事蔬菜批发、零售的纳税人销售的蔬菜免征增值税。
>
> 蔬菜是指可作副食的草本、木本植物,包括各种蔬菜、菌类植物和少数可作副食的木本植物。蔬菜的主要品种参照《蔬菜主要品种目录》(见附件)执行。

> 经挑选、清洗、切分、晾晒、包装、脱水、冷藏、冷冻等工序加工的蔬菜,属于本通知所述蔬菜的范围。
>
> 各种蔬菜罐头不属于本通知所述蔬菜的范围。蔬菜罐头是指蔬菜经处理、装罐、密封、杀菌或无菌包装而制成的食品。

(2)《财政部　国家税务总局关于免征部分鲜活肉蛋产品流通环节增值税政策的通知》(财税〔2012〕75 号)规定:

> 一、对从事农产品批发、零售的纳税人销售的部分鲜活肉蛋产品免征增值税。
>
> 免征增值税的鲜活肉产品,是指猪、牛、羊、鸡、鸭、鹅及其整块或者分割的鲜肉、冷藏或者冷冻肉,内脏、头、尾、骨、蹄、翅、爪等组织。
>
> 免征增值税的鲜活蛋产品,是指鸡蛋、鸭蛋、鹅蛋,包括鲜蛋、冷藏蛋以及对其进行破壳分离的蛋液、蛋黄和蛋壳。
>
> 上述产品中不包括《中华人民共和国野生动物保护法》所规定的国家珍贵、濒危野生动物及其鲜活肉类、蛋类产品。

(3)《财政部　税务总局关于简并增值税税率有关政策的通知》(财税〔2017〕37 号)规定:

> 二、纳税人购进农产品,按下列规定抵扣进项税额:
>
> (一)除本条第(二)项规定外,纳税人购进农产品,取得一般纳税人开具的增值税专用发票或海关进口增值税专用缴款书的,以增值税专用发票或海关进口增值税专用缴款书上注明的增值税额为进项税额;从按照简易计税方法依照 3%征收率计算缴纳增值税的小规模纳税人取得增值税专用发票的,以增值税专用发票上注明的金额和 11%的扣除率计算进项税额;取得(开具)农产品销售发票或收购发票的,以农产品销售发票或收购发票上注明的农产品买价和 11%的扣除率计算进项税额。……
>
> (四)纳税人从批发、零售环节购进适用免征增值税政策的蔬菜、部分鲜活肉蛋而取得的普通发票,不得作为计算抵扣进项税额的凭证。……

（4）依据《财政部　税务总局关于进一步支持小微企业和个体工商户发展有关税费政策的公告》（财政部　税务总局公告 2023 年第 12 号）第一条规定，具体内容详见第 4.1 节优化思路与解析。

（5）依据《中华人民共和国税收征收管理法》第六十三条规定，具体内容详见第 4.1 节税务优化的风险提示。

4.2　形态转化：陶瓷企业形态选择与税务优化策略

张某夫妇均为陶瓷工艺大师，两人共同运营 A 公司，主营陶瓷相关业务，现遇高额所得税挑战。通过多元化的企业组织形式，如合伙企业、个体工商户等，结合税收政策优惠大幅降税负，但须防"空壳"风险，确保交易公允，避免被税务机关调整。请看下面的案例。

业务背景及痛点分析

1. 实务案例

张某夫妇两人共同成立了一家 A 有限公司，每人各占股份 50%。A 公司主营业务有陶瓷的生产、销售和展览等，雇有员工 80 人，年利润额 400 万元。鉴于公司的现行组织架构及利润分配机制，该夫妇目前承受着相对沉重的企业所得税与个人所得税的财务压力。

2. 痛点分析

如果没有特别优惠政策的情形下，A 公司年利润额 400 万元，企业所得税税率 25%，应缴企业所得税计算如下：

$$应缴企业所得税 = 400 \times 25\% = 100（万元）$$

假如张某夫妇将税后利润全部用于利润分配，则需要按照"股息红利所得"缴纳个人所得税，税率 20%，则计算如下：

$$应缴个人所得税 = (400 - 100) \times 20\% = 60（万元）$$
$$实际需要缴纳所得税 = 100 + 60 = 160（万元）$$
$$所得税税负率 = 160 \div 400 \times 100\% = 40\%$$

因此，张某夫妇在设立有限公司的情况下，实际的所得税税负率为 40%。

优化思路与解析

针对上述业务，税务优化思路如图 4-2 所示。

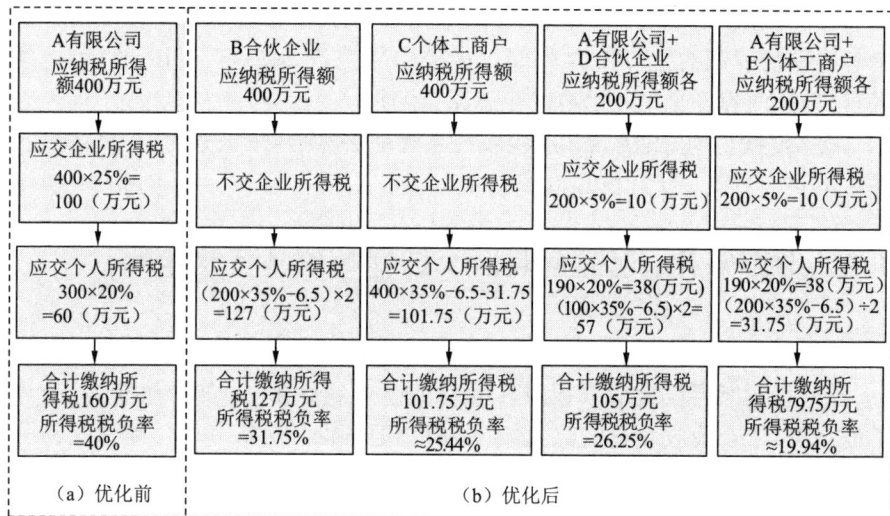

| A有限公司应纳税所得额400万元 | B合伙企业应纳税所得额400万元 | C个体工商户应纳税所得额400万元 | A有限公司+D合伙企业应纳税所得额各200万元 | A有限公司+E个体工商户应纳税所得额各200万元 |

图 4-2　优化前与优化后税务处理流程示意图

优化后的税费金额见表 4-1。

表 4-1　优化前与优化后税务处理比较表

序号	形 式	应纳税所得额（万元）	企业所得税（万元）	个人所得税（万元）	所得税合计（万元）	所得税税负率
1	A 有限公司	400	400×25% = 100	300×20% = 60	160	40.00%
2	B 合伙企业		不交	(200×35%−6.5)×2 = 127	127	31.75%
3	C 个体工商户		不交	400×35%−6.5−31.75 = 101.75	101.75	25.44%
4	A 有限公司+D 合伙企业	各200	200×5% = 10	190×20% = 38 (100×35%−6.5)×2 = 57	105	26.25%
5	A 有限公司+E 个体工商户		200×5% = 10	190×20% = 38 (200×35%−6.5)÷2 = 31.75	79.75	19.94%

　　通过上述解决思路的图表计算，我们可以看出在应纳税所得额一样的情形下，不同企业的注册形式或组合，会导致个人投资者实际的所得税税负不同。因此，张某夫妇可以结合经营的实际情况，转变企业的注册形式或者不同形式组合，从而降低投资人的所得税税率。同时，改变注册形式或多注册不同主体，满足条件的还可以享受"六税两费"减半的优惠政策。

税务优化的风险提示

针对上述业务,提示风险如下:

(1)新增注册企业主体,需要真实生产经营,不能沦为只是开票的"空壳企业"。

(2)新增注册企业主体,可能会增加管理成本。

(3)注意各企业之间的财务独立性,非必要不发生关联交易;如果必须发生关联交易,交易价格应该公允,避免被税务机关调整。

(4)关注优惠政策的变化,小型微利企业所得税优惠、个体工商户应纳税所得额 200 万元以内减半,以及"六税两费"的减半优惠,目前政策的执行期限是截至 2027 年 12 月 31 日。

政策依据

(1)《财政部 税务总局关于进一步支持小微企业和个体工商户发展有关税费政策的公告》(财政部 税务总局公告 2023 年第 12 号)规定:

> 一、自 2023 年 1 月 1 日至 2027 年 12 月 31 日,对个体工商户年应纳税所得额不超过 200 万元的部分,减半征收个人所得税。个体工商户在享受现行其他个人所得税优惠政策的基础上,可叠加享受本条优惠政策。
>
> 二、自 2023 年 1 月 1 日至 2027 年 12 月 31 日,对增值税小规模纳税人、小型微利企业和个体工商户减半征收资源税(不含水资源税)、城市维护建设税、房产税、城镇土地使用税、印花税(不含证券交易印花税)、耕地占用税和教育费附加、地方教育附加。

(2)《财政部 税务总局关于进一步实施小微企业"六税两费"减免政策的公告》(财政部 税务总局公告 2022 年第 10 号)规定:

> 二、增值税小规模纳税人、小型微利企业和个体工商户已依法享受资源税、城市维护建设税、房产税、城镇土地使用税、印花税、耕地占用税、教育费附加、地方教育附加其他优惠政策的,可叠加享受本公告第一条规定的优惠政策。

三、本公告所称小型微利企业,是指从事国家非限制和禁止行业,且同时符合年度应纳税所得额不超过 300 万元、从业人数不超过 300 人、资产总额不超过 5 000 万元等三个条件的企业。

从业人数,包括与企业建立劳动关系的职工人数和企业接受的劳务派遣用工人数。所称从业人数和资产总额指标,应按企业全年的季度平均值确定。具体计算公式如下:

季度平均值=(季初值+季末值)÷2

全年季度平均值=全年各季度平均值之和÷4

年度中间开业或者终止经营活动的,以其实际经营期作为一个纳税年度确定上述相关指标。

小型微利企业的判定以企业所得税年度汇算清缴结果为准。登记为增值税一般纳税人的新设立的企业,从事国家非限制和禁止行业,且同时符合申报期上月末从业人数不超过 300 人、资产总额不超过 5 000 万元等两个条件的,可在首次办理汇算清缴前按照小型微利企业申报享受第一条规定的优惠政策。

四、本公告执行期限为 2022 年 1 月 1 日至 2024 年 12 月 31 日。

4.3 促销转换:日化企业赠品促销的税务优化与合规管理

日化洗涤有限公司为抢占市场,采用新品试用装赠送促销,现面临多重税负的困扰。通过调整策略,将赠送转为组合销售,不仅能降低视同销售的增值税与企业所得税,还能免除个人所得税扣缴义务,有效减轻税务负担。但需注意成本控制与库存管理,确保促销策略的经济效益与可行性。请看下面的案例。

业务背景及痛点分析

1. 实务案例

某日化洗涤有限公司为争夺市场份额,推出大型促销活动:在大型商场、超市购买该品牌洗涤用品,凭购买收银条可从驻场促销员处免费兑换 500 g 新产品试用装一瓶。

在此项促销业务中,出现了三方:生产厂家、商超、消费者个人,销售洗涤用品的是商超,赠送免费新产品试用装的是生产厂家,厂家并没有直接向消费者销售产品。

2. 痛点分析

生产厂家赠送的新产品试用装,涉及以下问题:

(1)增值税:由于是无偿赠送,需要视同销售计算增值税销项税额。在缴纳增值税同时,还会缴纳附加税费。

(2)企业所得税:由于是无偿赠送,需要视同销售计算缴纳企业所得税。

(3)个人所得税:由于是无偿赠送,需要按照"偶然所得"项目扣缴个人所得税,税率 20%。虽然规定是扣缴,实际上并无法扣缴,实质还是企业自身在承担。

因此,该种形式的促销活动,税负会很重。

优化思路与解析

针对上述业务,税务优化思路如图 4-3 所示。

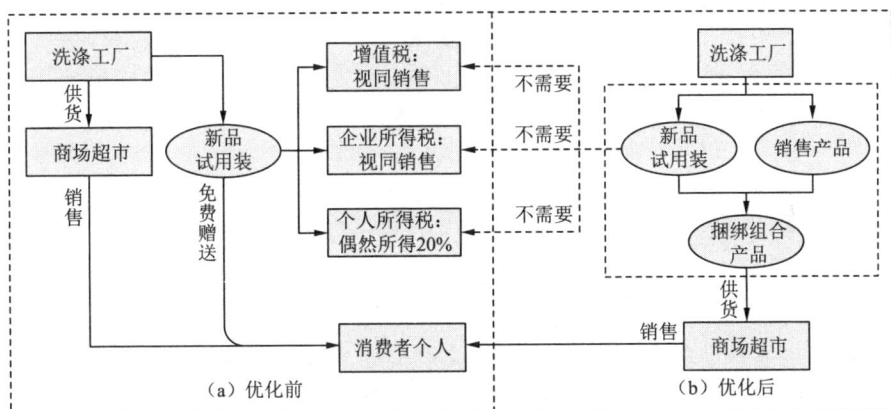

图 4-3　优化前与优化后税务处理流程示意图

可将促销形式做出改变,由赠送的新品试用装,改为与销售产品捆绑,形成组合产品,再以组合装的产品供应给商场超市,增值税和企业所得税就不再需要视同销售,同时也不再需要扣缴个人所得税。

税务优化的风险提示

针对上述业务,提示风险如下:

(1)赠送产品可能增加企业的成本,特别是在大规模促销时,可能会侵蚀利润。

（2）企业需要确保有足够的库存满足促销需求，同时避免过量库存导致的资金占用和存储成本增加。

政策依据

（1）《中华人民共和国增值税暂行条例实施细则》（中华人民共和国财政部　国家税务总局令第50号）规定：

> **第四条**　单位或者个体工商户的下列行为，视同销售货物：……
>
> （八）将自产、委托加工或者购进的货物无偿赠送其他单位或者个人。

（2）《中华人民共和国企业所得税法实施条例》规定：

> **第二十五条**　企业发生非货币性资产交换，以及将货物、财产、劳务用于捐赠、偿债、赞助、集资、广告、样品、职工福利或者利润分配等用途的，应当视同销售货物、转让财产或者提供劳务，但国务院财政、税务主管部门另有规定的除外。

（3）《国家税务总局关于企业处置资产所得税处理问题的通知》（国税函〔2008〕828号）规定：

> 二、企业将资产移送他人的下列情形，因资产所有权属已发生改变而不属于内部处置资产，应按规定视同销售确定收入。
>
> （一）用于市场推广或销售；
>
> （二）用于交际应酬；
>
> （三）用于职工奖励或福利；
>
> （四）用于股息分配；
>
> （五）用于对外捐赠；
>
> （六）其他改变资产所有权属的用途。

（4）《财政部　税务总局关于个人取得有关收入适用个人所得税应税所得项目的公告》（财政部　税务总局公告2019年第74号）规定：

三、企业在业务宣传、广告等活动中,随机向本单位以外的个人赠送礼品(包括网络红包,下同),以及企业在年会、座谈会、庆典以及其他活动中向本单位以外的个人赠送礼品,个人取得的礼品收入,按照"偶然所得"项目计算缴纳个人所得税,但企业赠送的具有价格折扣或折让性质的消费券、代金券、抵用券、优惠券等礼品除外。

前款所称礼品收入的应纳税所得额按照《财政部　国家税务总局关于企业促销展业赠送礼品有关个人所得税问题的通知》(财税〔2011〕50 号)第三条规定计算。

(5)《国家税务总局关于折扣额抵减增值税应税销售额问题的通知》(国税函〔2010〕56 号)规定:

纳税人采取折扣方式销售货物,销售额和折扣额在同一张发票上分别注明是指销售额和折扣额在同一张发票上的"金额"栏分别注明的,可按折扣后的销售额征收增值税。未在同一张发票"金额"栏注明折扣额,而仅在发票的"备注"栏注明折扣额的,折扣额不得从销售额中减除。

(6)《国家税务总局关于确认企业所得税收入若干问题的通知》(国税函〔2008〕875 号)规定:

三、企业以买一赠一等方式组合销售本企业商品的,不属于捐赠,应将总的销售金额按各项商品的公允价值的比例来分摊确认各项的销售收入。

(7)《财政部　国家税务总局关于企业促销展业赠送礼品有关个人所得税问题的通知》(财税〔2011〕50 号)规定:

一、企业在销售商品(产品)和提供服务过程中向个人赠送礼品,属于下列情形之一的,不征收个人所得税:

1. 企业通过价格折扣、折让方式向个人销售商品(产品)和提供服务;

2. 企业在向个人销售商品(产品)和提供服务的同时给予赠品,如通信企业对个人购买手机赠话费、入网费,或者购话费赠手机等;

3. 企业对累积消费达到一定额度的个人按消费积分反馈礼品。

4.4 转型重构：合作项目投资回报分配策略的高效优化

春风公司与百花公司携手投资,共享成本收益,却陷税务合规泥淖。税前分配挑战重重,发票合规与税前扣除难题待解。通过重构交易模式,春风公司作为会计与纳税主体,与百花公司签订货物、服务或借贷合同,开具合规发票,实现利润提取与税前扣除,巧妙预防税务风险。需注意,合同须反映真实交易,利息支出合规确认,备齐证明材料。请看下面的案例。

业务背景及痛点分析

1. 实务案例

春风公司与百花公司携手合作,共同投资一项极具发展潜力、预期收益丰厚的投资项目。基于双方达成的合作协议,两家公司均同意对项目的全部成本费用各承担一半。同时,项目最终所实现的收益亦将均衡分配,各占50%,双方共同参与项目的运营和管理。在具体操作层面,春风公司扮演着结算中心的角色,负责向百花公司支付其应得的收益份额,而百花公司则需向春风公司偿付其已垫付的成本费用。这一安排确保合作双方的责任与权益明确对等。

从会计处理的角度出发,春风公司接收到百花公司转来的成本费用支付时,会直接用于冲减自己账面上已确认的成本支出,实现了成本分摊;相对应地,百花公司在接收春风公司转来的收益款项时,将其确认为公司的投资收益。

然而,站在税务角度来看,双方在税前分配收益的过程中,面临着税务合规性的挑战。如何妥善解决这一问题,减少潜在的税务风险?

2. 痛点分析

预期收益的税前分配可能导致税务风险,支付收益和承担成本费用的方式对发票合规开具、税前扣除等产生影响,需要考虑如何合规进行税务优化。同时,由于合作协议中约定了对投资项目成本费用和收益的均等分担,税务机关可能会关注实际收益分配是否符合合同约定,以及是否存在利润转移、避税等税务风险。

优化思路与解析

关于投资合作项目的税前收益分配,除依据《国家税务总局关于印发

《房地产开发经营业务企业所得税处理办法》的通知》(国税发〔2009〕31 号)
文件相关规定外,当前尚缺乏直接明确的成文指导。在实务操作中,合作项
目利润分配易因发票开具不规范而潜藏税务风险,为此,合理进行税务规划
以降低风险显得尤为重要。

常见的投资合作模式是投资者一方作为财务投资者,不介入项目运营与
管理,仅通过资金投入获得固定的或保底回报。这种情形下,投资者一般将投
资款项作为往来款项核算,在实际收到项目分红时,再冲减该往来账。从税务
视角看,这类分红性质的收益通常需按贷款服务征收增值税,意味着投资者需
开具贷款服务发票,而接受分红一方则可据此作为财务费用进行税前扣除。

优化前,如图 4-4 所示。

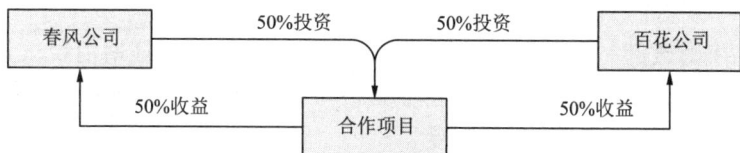

图 4-4　优化前业务流程示意图

优化后,如图 4-5 所示。

图 4-5　优化后业务流程示意图

因此,针对上述情况,由于税前分配不被允许,百花公司获得的收益难
以开具合适税率的增值税发票,同时春风公司支付的收益部分既无法取得
合规的发票,也无法进行税前扣除。因此,建议该合作项目重构交易模式,
即以春风公司作为项目的会计核算和纳税主体,与百花公司签订相关的货
物购销、服务合同或借款合同,通过构建两者之间的应税交易,开具合规的
发票,提取利润,达到税前扣除的目的,从而防范税务风险。

税务优化的风险提示

针对上述业务,提示风险如下:

(1)设计和签订相关的货物购销、服务合同或借款合同时,确保这些合同
需符合实际交易情况,且合同条款必须与实际交易一致,避免出现虚假交易的
情况。特别是签订借款合同时,需严格遵循税法对借款利息确认与计算的要

求,以防利息确认不当引发的税务合规问题。根据《中华人民共和国企业所得税法实施条例》规定,非金融机构之间的借款利息支出,在超出同期同类金融企业贷款利率标准的部分,不可在税前扣除。此外,《国家税务总局关于企业所得税若干问题的公告》(国家税务总局公告 2011 年第 34 号)文件进一步细化了金融企业同期同类贷款利率的判定标准,为企业提供了更为具体的执行依据,帮助借贷双方准确把握利息扣除的界限,确保税务处理的合规性。

（2）由于该交易模式较为复杂,可能引起税务部门的关注和检查,双方需充分准备相关材料,包含但不限于合理的商业理由、应税合同、协议等证明业务的真实性,防止因为税务检查而导致的纠纷和处罚。

政策依据

（1）《财政部　国家税务总局关于全面推开营业税改征增值税试点的通知》(财税〔2016〕36 号)附件 1《营业税改征增值税试点实施办法》附《销售服务、无形资产、不动产注释》规定:

> 一、销售服务……
> (五)金融服务。
> 金融服务,是指经营金融保险的业务活动。包括贷款服务、直接收费金融服务、保险服务和金融商品转让。
> 1. 贷款服务。
> 贷款,是指将资金贷与他人使用而取得利息收入的业务活动。
> 各种占用、拆借资金取得的收入,包括金融商品持有期间(含到期)利息(保本收益、报酬、资金占用费、补偿金等)收入、信用卡透支利息收入、买入返售金融商品利息收入、融资融券收取的利息收入,以及融资性售后回租、押汇、罚息、票据贴现、转贷等业务取得的利息及利息性质的收入,按照贷款服务缴纳增值税。……

（2）《国家税务总局关于印发〈房地产开发经营业务企业所得税处理办法〉的通知》(国税发〔2009〕31 号)规定:

> **第三十六条**　企业以本企业为主体联合其他企业、单位、个人合作或合资开发房地产项目,且该项目未成立独立法人公司的,按下列规定进行处理:

（一）凡开发合同或协议中约定向投资各方（即合作、合资方，下同）分配开发产品的，企业在首次分配开发产品时，如该项目已经结算计税成本，其应分配给投资方开发产品的计税成本与其投资额之间的差额计入当期应纳税所得额；如未结算计税成本，则将投资方的投资额视同销售收入进行相关的税务处理。

（二）凡开发合同或协议中约定分配项目利润的，应按以下规定进行处理：

1. 企业应将该项目形成的营业利润额并入当期应纳税所得额统一申报缴纳企业所得税，不得在税前分配该项目的利润。同时不能因接受投资方投资额而在成本中摊销或在税前扣除相关的利息支出。

2. 投资方取得该项目的营业利润应视同股息、红利进行相关的税务处理。

（3）《国家税务总局关于企业所得税若干问题的公告》（国家税务总局公告 2011 年第 34 号）规定：

一、关于金融企业同期同类贷款利率确定问题

根据《实施条例》第三十八条规定，非金融企业向非金融企业借款的利息支出，不超过按照金融企业同期同类贷款利率计算的数额的部分，准予税前扣除。鉴于目前我国对金融企业利率要求的具体情况，企业在按照合同要求首次支付利息并进行税前扣除时，应提供"金融企业的同期同类贷款利率情况说明"，以证明其利息支出的合理性。

"金融企业的同期同类贷款利率情况说明"中，应包括在签订该借款合同当时，本省任何一家金融企业提供同期同类贷款利率情况。该金融企业应为经政府有关部门批准成立的可以从事贷款业务的企业，包括银行、财务公司、信托公司等金融机构。"同期同类贷款利率"是指在贷款期限、贷款金额、贷款担保以及企业信誉等条件基本相同下，金融企业提供贷款的利率。既可以是金融企业公布的同期同类平均利率，也可以是金融企业对某些企业提供的实际贷款利率。

4.5　转策优化：商业折扣策略下的税务效益与风险控制

春风商贸公司对 A 客户推行现金折扣促收款，反而增加了增值税税负。转为商业折扣后，发票列明销售额与折扣，可合理减税并可能增加税后收入。此策虽可优化财务，深化客户关系，刺激业绩，但需关注会计规范处理。请看下面的案例。

业务背景及痛点分析

1. 实务案例

为了提升销售业绩，春风商贸公司（作为一般纳税人）实施了一项赊销政策，其应收账款的平均回收周期为 60 天。为进一步加速资金回笼，公司决定采取现金折扣政策以激励客户提前支付货款。具体措施如下：若客户能在 40 天内完成支付，则可享受 2% 的现金折扣；如能在 50 天内付款，则享有 1% 的现金折扣。鉴于 A 客户的信用状况优良，根据预测，A 客户在 40 天内付款的可能性为 40%，50 天内付款的概率为 30%，而全额于 60 天内结清的概率为 30%。当前，公司对 A 客户的应收账款总额为 500 万元。请针对上述促销政策，从税务角度提出优化意见及相关措施?

2. 痛点分析

现金折扣实质上被视为资金占用的利息补偿，是企业为激励客户提前付款而提供的经济让利。然而，依据《财政部　国家税务总局关于全面推开营业税改征增值税试点的通知》（财税〔2016〕36 号）附件 1《营业税改征增值税试点实施办法》及《国家税务总局关于印发〈增值税若干具体问题的规定〉的通知》（国税发〔1993〕154 号）文件的明确规定，在计算应税销售额时，现金折扣的金额不得予以扣除。此规定导致的直接结果是，企业需承担相对更高的增值税税负，从而无形中抬高了企业的整体税务成本，对企业财务造成了一定压力。

优化思路与解析

该公司针对 A 客户预估将发放的现金折扣总额为 5.5 万元（500×40%×2% ＋ 500×30%×1%）。基于此，公司应确认的销售收入约为 436.98 万元（500÷1.13－5.5），销项税约为 57.52 万元（500÷1.13×13%），会计分录

如下:

  借:应收账款   50 000.00

   贷:主营业务收入   4 369 800.00

    预计负债   55 000.00

    应交税费——应交增值税(销项税)   575 200.00

  鉴于现金折扣不可冲减增值税计税基数,结合该客户良好的信用状况,建议将现金折扣转换为商业折扣。在商业折扣模式下,销售额与折扣额可在同一发票上分别列明,允许按折扣后的销售额计征增值税。因此,该公司应确认收入计算如下:

$$公司应确认收入 = (500-5.5) \div (1+13\%) \approx 437.61(万元)$$

  应计提销项税计算如下:

$$应计提销项税 = 437.61 \times 13\% \approx 56.89(万元)$$

  会计处理如下:

  借:应收账款   4 945 000.00

   贷:主营业务收入   4 376 100.00

    应交税费——应交增值税(销项税)   568 900.00

  比较两种折扣方式,将现金折扣调整为商业折扣后,销售收入增加0.63万元(437.61-436.98),增值税缴纳额减少0.63万元(57.52-56.89),从而有效减轻了公司的税务负担。

  优化思路如图4-6所示。

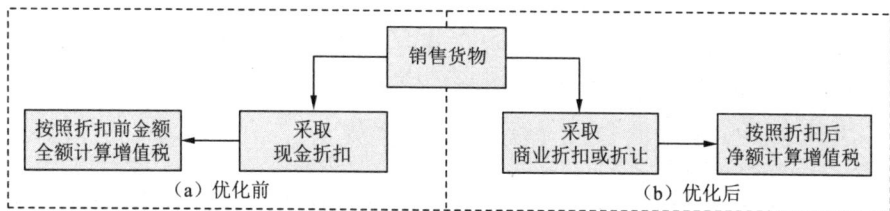

图4-6 优化前与优化后税务处理流程示意图

  需要说明的是:针对已完成销售的业务,若计划转化为商业折扣模式,建议采取票折的形式。具体操作:将折扣额与对客户后续的销售额一并在发票上开具,以此实现对销售金额的有效抵减。这种方式不仅规范了商业折扣的处理流程,还确保了财务记录的清晰度与准确性,有助于提升企业财务管理的效率和合规性。同时,通过合理运用商业折扣策略,企业能够更好地吸引并维护优质客户,促进销售业绩的持续增长。

税务优化的风险提示

针对上述业务,提示风险如下:

(1)财政部会计司于 2020 年 12 月澄清了企业在应用《企业会计准则第14 号——收入》(财会〔2017〕22 号)时,对客户提供的现金折扣应如何处理的疑问。其答复要点如下:企业在销售商品时给予客户的现金折扣,应当按照《企业会计准则第 14 号——收入》(财会〔2017〕22 号)中关于可变对价的相关规定进行会计处理。

因此,现金折扣作为可变对价进行会计处理。根据同一准则,合同负债定义为企业因已收或应收客户款项而产生的,需向客户交付商品的义务。现金折扣不应被视为合同负债的一部分,因为现金折扣不增加企业交付商品的义务,而是与客户提前付款相关的激励。故现金折扣不作为合同负债核算,应根据金额确定是否计入预计负债或其他应付款。

(2)虽然商业折扣能促进现金流改善,但在执行过程中,必须考虑对客户关系的影响。及时沟通折扣政策的变化及其原因,避免因突然改变商务政策而导致客户不满或信任度下降。

政策依据

(1)《财政部 国家税务总局关于全面推开营业税改征增值税试点的通知》(财税〔2016〕36 号)附件 1《营业税改征增值税试点实施办法》规定:

> **第四十三条** 纳税人发生应税行为,将价款和折扣额在同一张发票上分别注明的,以折扣后的价款为销售额;未在同一张发票上分别注明的,以价款为销售额,不得扣减折扣额。

(2)《国家税务总局关于印发〈增值税若干具体问题的规定〉的通知》(国税发〔1993〕154 号)规定:

> 二、计税依据……
> (二)纳税人采取折扣方式销售货物,如果销售额和折扣额在同张发票上分别注明的,可按折扣后的销售额征收增值税;如果将折扣额另开发票,不论其在财务上如何处理,均不得从销售额中减除折扣额。

4.6 模式转向:熟食品牌连锁扩张中的增值税优化与风险防控

熟食品牌欲扩张,需缴纳 13% 的增值税。若转变为品牌加盟模式,增设品牌管理公司,收取的加盟费适用 6% 低税率。优化前后对比,含税销售额的 8% 转为加盟费,可显著减轻税负。需注意,加盟费收取应独立于货物销售,售价不宜过低,以免遭税务核定,确保合规发展。请看下面的案例。

业务背景及痛点分析

1. 实务案例

某熟食品牌主要从事鸭脖、凉拌鸡、风味鸡爪、酱牛肉等经营,采用"中央厨房"+直营门店的销售模式。现在由于产品很受消费者的欢迎,加上品牌宣传力度大,品牌美誉度直线上升。因此,准备进行扩张,先在本市范围内扩大规模,等经营成熟后再向邻近省会复制经营模式。

2. 痛点分析

需要确定一个整体税负较低的经营模式,熟肉制品销售的增值税税率为 13%,增值税的税负较高。

优化思路与解析

在优化前,"中央厨房"作为熟肉制品的生产企业,销售熟肉制品的增值税税率为 13%,如图 4-7 所示。

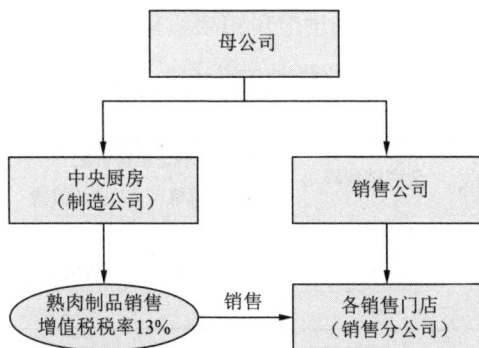

图 4-7 优化前税务处理示意图

企业在扩张时,自有资本直接控制或间接控制的新开门店,或外部代理商等,采用统一品牌形象的加盟模式,将单纯的货物销售,改为品牌加盟+货物销售。为实现这一模式的转变,母公司应先设立一家品牌管理公司,专门从事品牌管理,以及加盟事宜等;随后测算合适的加盟费、品牌使用费等,对收取加盟费的门店按照优惠价格销售熟肉制品。

优化后,如图4-8所示。

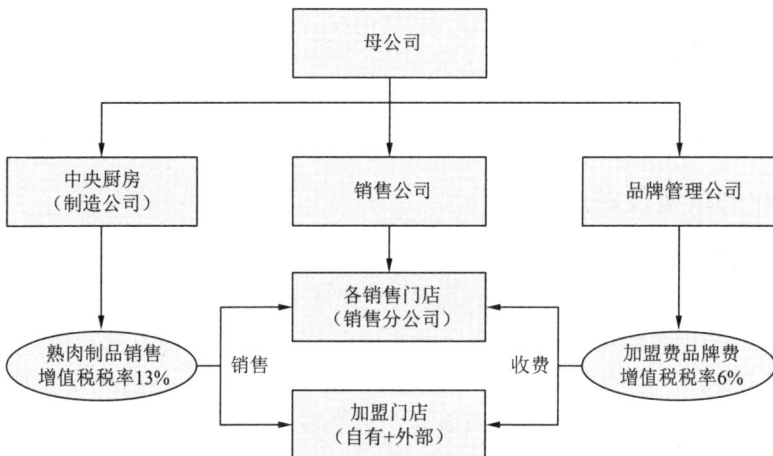

图 4-8　优化后税务处理示意图

该模式在很多连锁经营品牌中得到了广泛的应用。

货物销售的增值税税率通常是 13% 或 9%;而品牌使用费、加盟费属于"销售无形资产",税率 6%。如果能将货物销售合理地分解一部分为品牌使用费、加盟费,则可以显著降低增值税的税负。

假如该公司在优化前的含税销售额是 10 000 万元,优化后按照含税金额的 8% 收取加盟费等,二者的增值税销项税额对比计算见表4-2。

表 4-2　优化前与优化后税务处理比较表

单位:万元

序号	经营模式	含税销售额	不含税销售额		销项税额
			货物销售	加盟费	
1	直接销售	10 000	8 849.56		1 150.44
2	加盟模式	10 000	8 141.59	707.96	1 100.88
比　较		—			−49.56

税务优化的风险提示

针对上述业务,提示风险如下:

(1)收取品牌使用费、加盟费等若想要按照 6% 计算增值税,不能在销售货物的同时收取。因为,按照《中华人民共和国增值税暂行条例实施细则》(中华人民共和国财政部 国家税务总局令第 50 号)第十二条相关规定,具体内容详见第 3.6 节政策依据。

因此,收取品牌使用费、加盟费等需要销售货物以外的企业来收取。

(2)销售货物的价格不能明显偏低,否则依照《中华人民共和国增值税暂行条例实施细则》(中华人民共和国财政部 国家税务总局令第 50 号)规定:

> **第十六条** 纳税人有条例第七条所称价格明显偏低并无正当理由或者有本细则第四条所列视同销售货物行为而无销售额者,按下列顺序确定销售额:……

税务局有权予以核定。

政策依据

(1)《中华人民共和国增值税暂行条例》规定:

> **第二条** 增值税税率:
> (一)纳税人销售货物、劳务、有形动产租赁服务或者进口货物,除本条第二项、第四项、第五项另有规定外,税率为 17%。
> (二)纳税人销售交通运输、邮政、基础电信、建筑、不动产租赁服务,销售不动产,转让土地使用权,销售或者进口下列货物,税率为 11%:
> 1. 粮食等农产品、食用植物油、食用盐;
> 2. 自来水、暖气、冷气、热水、煤气、石油液化气、天然气、二甲醚、沼气、居民用煤炭制品;
> 3. 图书、报纸、杂志、音像制品、电子出版物;
> 4. 饲料、化肥、农药、农机、农膜;
> 5. 国务院规定的其他货物。
> (三)纳税人销售服务、无形资产,除本条第一项、第二项、第五项另有规定外,税率为 6%。
> (四)纳税人出口货物,税率为零;但是,国务院另有规定的除外。
> (五)境内单位和个人跨境销售国务院规定范围内的服务、无形资产,税率为零。
> 税率的调整,由国务院决定。

(2)《财政部　国家税务总局关于全面推开营业税改征增值税试点的通知》(财税〔2016〕36号)附件1《营业税改征增值税试点实施办法》附《销售服务、无形资产、不动产注释》规定：

> 二、销售无形资产
>
> 销售无形资产,是指转让无形资产所有权或者使用权的业务活动。无形资产,是指不具实物形态,但能带来经济利益的资产,包括技术、商标、著作权、商誉、自然资源使用权和其他权益性无形资产。
>
> 技术,包括专利技术和非专利技术。
>
> 自然资源使用权,包括土地使用权、海域使用权、探矿权、采矿权、取水权和其他自然资源使用权。
>
> 其他权益性无形资产,包括基础设施资产经营权、公共事业特许权、配额、经营权(包括特许经营权、连锁经营权、其他经营权)、经销权、分销权、代理权、会员权、席位权、网络游戏虚拟道具、域名、名称权、肖像权、冠名权、转会费等。

(3)依照《中华人民共和国增值税暂行条例实施细则》(中华人民共和国财政部　国家税务总局令第50号)第十二条相关规定,具体内容详见第3.6节政策依据。

(4)依据《中华人民共和国增值税暂行条例实施细则》(中华人民共和国财政部　国家税务总局令第50号)第十六条规定,具体内容详见第4.6节税务优化的风险提示。

4.7　转轨分销:清风公司分销体系转轨与税务优化实战

清风公司面临分销员管理难、税务负担重及佣金发票缺失等问题。转型分销商模式,统一供货价,税务效果优化明显。新模式下,分销商享受小规模纳税人与小型微利企业政策优惠。需注意开票风险,确保交易模式符合净额法确认条件,避免引起税务机关质疑。请看下面的案例。

业务背景及痛点分析

1. 实务案例

清风公司是一家消费型电子产品公司,致力于通过创新技术和卓越设计,为消费者提供高品质的电子产品。为了迅速占领市场并建立品牌影响力,特推出了一款新型电子产品,招募了数万名分销员为其做推广,并为此制定了以下销售策略。

(1)产品定价与销售模式:

产品成本:每件产品的成本价为 50 元。

零售定价:公司设定的线上终端零售价不低于 150 元,以确保产品价值和市场竞争力。

销售渠道:通过电商平台进行产品销售,利用线上平台的广泛覆盖和便捷性,快速触达消费者。

(2)分销员激励机制:

基础佣金:对于每笔以 150 元售价成交的订单,分销员将获得销售额 30% 的佣金。

额外激励:若分销员能够以高于 150 元的价格销售产品,超出部分的收益将全部归分销员所有,作为对其销售能力的额外奖励。

(3)订单处理与资金流:

订单处理:所有订单均在线上完成,由清风公司在电商平台后台统一管理。

资金流管理:货款和佣金由清风公司按照在电商平台预设的规则,并由电商平台自动分账到公司和分销员账户。订单完成后,分销员的佣金将实时更新至其个人账户,随时可以提现。

(4)售后服务保障:

无理由退货:提供七天无理由退货服务。

产品质量问题:若产品存在质量问题,公司无条件退货,并从分销员的累计佣金中扣除相应的货款。

2. 痛点分析

(1)由于分销员数量庞大,公司在管理上面临挑战,难以确保每笔佣金交易都能及时准确地开具相应的发票,因此,导致公司在计算企业所得税时,无法将这些佣金支出作为合法的税前扣除项,从而增加了公司的税务负担。

(2)清风公司作为一般纳税人的企业,在确认销售收入时,依照规定需要按照 150 元(含税价)确认收入,并按照增值税率 13% 计算销项税额。然而,由于分销员佣金缺少相应的进项税发票,公司无法抵扣这部分税额,从而导致实际的增值税负担加重。

(3)根据税法规定,支付给个人的佣金需要由支付方按照"劳务报酬所得"项目代扣代缴个税。然而,由于个人税负较高,业绩优秀的分销员预扣税率可能高达 40%,且在年度综合所得汇缴清缴时税率可能达到 45%,因此大部分分销员不同意由清风公司代扣代缴个税。但若清风公司不代扣代缴

个税,将违反《中华人民共和国税收征收管理法》规定:

> **第六十九条** 扣缴义务人应扣未扣、应收而不收税款的,由税务机关向纳税人追缴税款,对扣缴义务人处应扣未扣、应收未收税款百分之五十以上三倍以下的罚款。

可能面临代扣代缴税额50%以上3倍以下的罚款。

(4)即便分销员开具了佣金发票,由于佣金比例高达30%以上,远远超出了一般行业对于佣金手续费5%的限额扣除标准,无形中增加了企业的税务负担。

优化思路与解析

分销员转型为分销商,全员在电商平台开店,清风公司作为统一的供货商,向全体分销商供货,供货价为105元。客户下单后,由清风公司一件代发至客户地址。清风公司在电商平台设置最低售价150元,分销商可以自行调整终端售货价,但无法低于150元。若分销商采用自行备货并发货方式,清风公司与分销商约定最低零售价及违规的处罚机制。清风公司按照统一供货价105元确认销售收入。

分销员与分销商模式优化思路如图4-9所示。

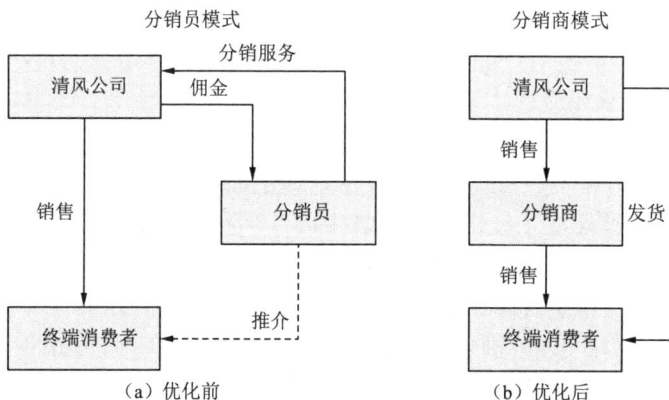

图4-9 优化前与优化后税务处理流程示意图

假设清风公司每年销售100万件产品,从全额确认收入转为按净额105元确认收入,以销售给终端消费者含税售价150元为例,计算如下:

减少增值税销项税 $= 45 \div 1.13 \times 13\% \approx 5.18$(元)

$$企业所得税少缴税额 = 45 \div 1.13 \times 25\% \approx 9.96(元)$$

同时,假设分销员按照"劳务报酬所得"的最低预扣税率 20% 计算,两种模式所交增值税、企业所得税和代扣代缴个税对比见表 4-3。

表 4-3 优化前与优化后税务处理比较表

单位:万元

序号	税　种	分销员模式	分销商模式	对　比
1	增值税	1 725.66	1 207.96	517.70
2	企业所得税	995.58	0.00	995.58
3	个人所得税	796.46	0.00	796.46
合　计				2 309.74

注:改为分销商模式后,清风公司就没有代扣代缴个人所得税的义务。

对于多数分销商来说,每年销售额低于 500 万元,可以享受小规模纳税人增值税优惠政策和小型微利企业优惠政策;年销售额超过 500 万元的分销商可以转为一般纳税人,取得清风公司开具的专票进行抵扣。

电商的一件代发模式、商超的联营模式均可以借鉴此类处理方式。

税务优化的风险提示

针对上述业务,提示风险如下:

(1)改为分销商模式后,清风公司不得直接向终端消费者开具发票,应由分销商向消费者开票,若清风公司直接开票,可能有虚开发票的风险。

(2)选择净额法确认应当确保企业交易模式、商业安排、合同约定、会计处理等符合净额法确认条件。

政策依据

(1)《国家税务总局关于确认企业所得税收入若干问题的通知》(国税函〔2008〕875 号)规定:

> 一、除企业所得税法及实施条例另有规定外,企业销售收入的确认,必须遵循权责发生制原则和实质重于形式原则。……
>
> (二)符合上款收入确认条件,采取下列商品销售方式的,应按以下规定确认收入实现时间:……
>
> 4. 销售商品采用支付手续费方式委托代销的,在收到代销清单时确认收入。……

(2)《中华人民共和国增值税暂行条例实施细则》(中华人民共和国财政部　国家税务总局令第 50 号)规定:

> **第三十八条**　条例第十九条第一款第(一)项规定的收讫销售款项或者取得索取销售款项凭据的当天,按销售结算方式的不同,具体为:……
>
> (五)委托其他纳税人代销货物,为收到代销单位的代销清单或者收到全部或者部分货款的当天。未收到代销清单及货款的,为发出代销货物满 180 天的当天;……

(3)《中华人民共和国个人所得税法》规定:

> **第九条**　个人所得税以所得人为纳税人,以支付所得的单位或者个人为扣缴义务人。……

(4)《国家税务总局关于发布〈个人所得税扣缴申报管理办法(试行)〉的公告》(国家税务总局公告 2018 年第 61 号)规定:

> **第八条**　扣缴义务人向居民个人支付劳务报酬所得、稿酬所得、特许权使用费所得时,应当按照以下方法按次或者按月预扣预缴税款:
>
> 劳务报酬所得、稿酬所得、特许权使用费所得以收入减除费用后的余额为收入额;其中,稿酬所得的收入额减按百分之七十计算。
>
> 减除费用:预扣预缴税款时,劳务报酬所得、稿酬所得、特许权使用费所得每次收入不超过四千元的,减除费用按八百元计算;每次收入四千元以上的,减除费用按收入的百分之二十计算。
>
> 应纳税所得额:劳务报酬所得、稿酬所得、特许权使用费所得,以每次收入额为预扣预缴应纳税所得额,计算应预扣预缴税额。劳务报酬所得适用个人所得税预扣率表二(见附件),稿酬所得、特许权使用费所得适用百分之二十的比例预扣率。
>
> 居民个人办理年度综合所得汇算清缴时,应当依法计算劳务报酬所得、稿酬所得、特许权使用费所得的收入额,并入年度综合所得计算应纳税款,税款多退少补。

（5）《财政部　国家税务总局关于企业手续费及佣金支出税前扣除政策的通知》（财税〔2009〕29 号）规定：

> 一、企业发生与生产经营有关的手续费及佣金支出，不超过以下规定计算限额以内的部分，准予扣除；超过部分，不得扣除。……
>
> 2. 其他企业：按与具有合法经营资格中介服务机构或个人（不含交易双方及其雇员、代理人和代表人等）所签订服务协议或合同确认的收入金额的 5% 计算限额。

（6）依据《中华人民共和国税收征收管理法》第六十九条规定，具体内容详见第 4.7 节业务背景及痛点分析。

4.8　股权辗转：税负优化策略下的增资行动与风险预警

春风公司增资子公司，股权资产注入后面临高额税负。故转全资并购、资产划转、现金增资，再股权转让，通过全程税务优化，减少企业所得税负担。高效合规使用特殊性税务处理政策，虽能实现递延纳税，但操作复杂，需股东达成共识，防范税务监管风险，确保交易透明合理。请看下面的案例。

业务背景及痛点分析

1. 实务案例

春风公司与百花公司作为 A 公司的两大股东，分别持有 70% 和 30% 的股权，初始投资分别为 700 万元和 300 万元。当前公司未有实质业务开展，A 公司的净资产账面价值与公允价值均为 1 000 万元。面对公司未来发展需求，双方股东决定通过增资的方式注入更多资源，以增强 A 公司的资产规模和资源配置效率。增资方案设计如下所述。

春风公司计划以其一项持有非上市公司的股权投资作为增资投入，该股权账面价值和公允价值均为 700 万元，计税基础 500 万元；与此同时，百花公司将以 300 万元现金同比例进行增资。增资完成后，A 公司的注册资本将提升至 2 000 万元，保持春风公司 70%、百花公司 30% 的股权比例不变。在制订此增资计划时，由于存在资产转移，税务成本的优化是春风公司考虑的关键因素。

2. 痛点分析

春风公司拟采取股权资产作为增资手段,由于为非上市公司股权,故转让无须缴纳增值税,但需要缴纳企业所得税。该股权资产的市场价值(公允价值)为 700 万元,相较于较低的计税基础 500 万元,形成的 200 万元转让所得,依据 25% 的企业所得税率,将会产生 50 万元的企业所得税,税负水平不容忽视。此外,增资流程中还涉及印花税等问题,鉴于印花税金额较小,故税务优化时不予考虑。

优化思路与解析

资产直接划转涉及的企业所得税税负较重,故春风公司需要评估增资环节是否能享受税收优惠政策,比如资产重组中的特殊税务处理,可能允许递延纳税,即暂不确认所得,待未来股权转让时再行纳税。鉴于 A 公司是春风公司的控股子公司,故可以考虑从《财政部 国家税务总局关于促进企业重组有关企业所得税处理问题的通知》(财税〔2014〕109 号)文件,关于100% 直接控制的居民企业之间按账面净值划转股权,可以享受特殊性税务的政策,挖掘税务的优化点。

优化前税务处理如图 4-10 所示。

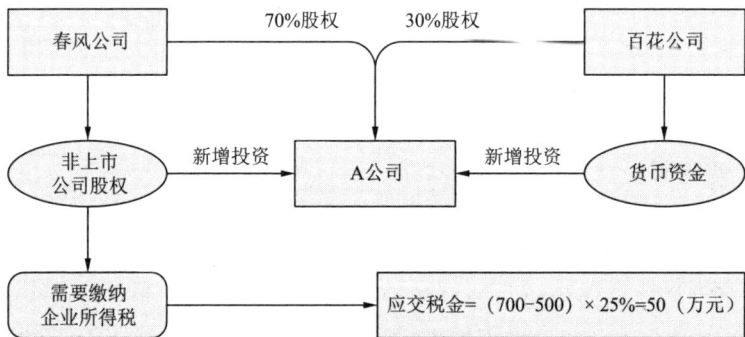

图 4-10　优化前税务处理示意图

春风公司与百花公司可以协商达成一致,春风公司收购百花公司 30% 股权,随之 A 公司转变为春风公司的全资子公司。在此架构下,春风公司按账面价值将该股权划转到 A 公司,并通过现金注资 300 万元进行资本扩充。划转和注资完成后,春风公司再将其持有的 30% 股权转让予百花公司,以此路径完成双方股权比例的同步增加,可减轻企业所得税的负担。

具体实施步骤概括如下：

(1)全资并购阶段：春风公司全权接手百花公司对 A 公司 30% 的股权，A 公司正式成为春风公司的全资子公司。此次转让中，百花公司依据净资产确认 300 万元的股权转让收入，而此收入等同于其原始投资成本，因此，春风公司与百花公司均免于企业所得税的缴纳。

实施过程如图 4-11 所示。

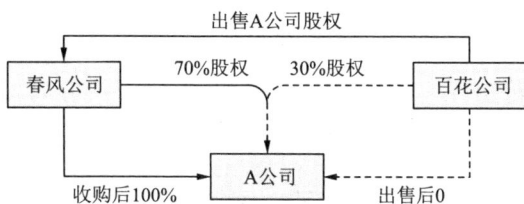

图 4-11　并购税务处理示意图

(2)资产划转与资金注入：春风公司将价值 700 万元的股权投资按账面价值转移到 A 公司，并实施 300 万元现金注资，A 公司以股权原计税基础 500 万元作为取得股权的计税基础。根据《国家税务总局关于企业所得税应纳税所得额若干问题的公告》(国家税务总局公告 2014 年第 29 号)规定：

二、企业接收股东划入资产的企业所得税处理

(一)企业接收股东划入资产(包括股东赠予资产、上市公司在股权分置改革过程中接收原非流通股股东和新非流通股股东赠予的资产、股东放弃本企业的股权，下同)，凡合同、协议约定作为资本金(包括资本公积)且在会计上已做实际处理的，不计入企业的收入总额，企业应按公允价值确定该项资产的计税基础。

(二)企业接收股东划入资产，凡作为收入处理的，应按公允价值计入收入总额，计算缴纳企业所得税，同时按公允价值确定该项资产的计税基础。

故 A 公司接受春风公司股权投资，无须承担企业所得税。春风公司得益于特殊税务处理，同样无须确认任何转让收益，无须缴纳企业所得税。至此，春风公司对 A 公司长期股权投资账面价值 2 000 万元，计税基础 1 800 万元。

实施过程如图 4-12 所示。

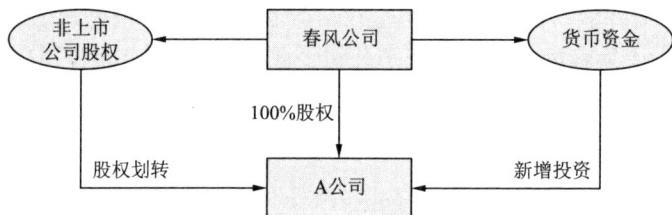

图 4-12　划转、增资税务处理示意图

（3）股权再转让：在完成资产转移及资金注入后，春风公司持有 A 公司全部股权，A 公司实收资本增至 2 000 万元，净资产公允价值 2 000 万元。接下来，春风公司将所持 A 公司 30% 股权以公允价值 600 万元转让给百花公司。春风公司应缴纳的企业所得税计算如下：

应缴纳企业所得税＝（600－1 800×30%）×25%＝15（万元）

相比以资产直接增资，此策略有效减轻了 35 万元的企业所得税负担，税务优化的效果明显。

实施过程如图 4-13 所示。

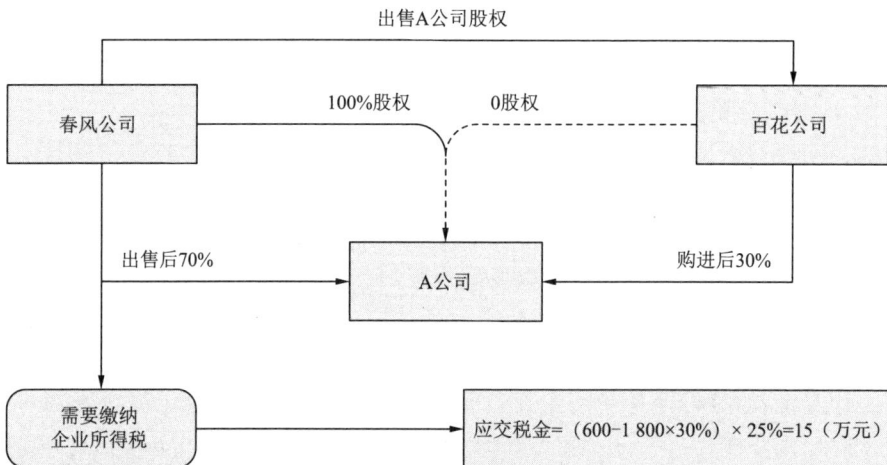

图 4-13　股权转让税务处理示意图

税务优化的风险提示

针对上述业务，提示风险如下：

（1）多次股权转移不仅增加了操作的复杂度，还可能引发股东间的争议,尤其是在涉及股权比例变化时,股东之间应积极协商、充分沟通以维护公司管理稳定和股东关系的和谐。

(2)复杂资本运作和税务规划可能引起税务机关、市场监管机构的重点关注,公司需事前与相关部门进行沟通,准备合理的商业解释和充分的材料,以证明所有操作的合规、正当。

政策依据

(1)《财政部　国家税务总局关于促进企业重组有关企业所得税处理问题的通知》(财税〔2014〕109 号)规定:

> 三、关于股权、资产划转
>
> 对 100% 直接控制的居民企业之间,以及受同一或相同多家居民企业 100% 直接控制的居民企业之间按账面净值划转股权或资产,凡具有合理商业目的、不以减少、免除或者推迟缴纳税款为主要目的,股权或资产划转后连续 12 个月内不改变被划转股权或资产原来实质性经营活动,且划出方企业和划入方企业均未在会计上确认损益的,可以选择按以下规定进行特殊性税务处理:
>
> 1. 划出方企业和划入方企业均不确认所得。
> 2. 划入方企业取得被划转股权或资产的计税基础,以被划转股权或资产的原账面净值确定。
> 3. 划入方企业取得的被划转资产,应按其原账面净值计算折旧扣除。

(2)依据《国家税务总局关于企业所得税应纳税所得额若干问题的公告》(国家税务总局公告 2014 年第 29 号)第二条规定,具体内容详见第 4.8 节优化思路与解析。

4.9　转动决策:子公司退出策略的税务影响与最优路径选择

春风公司清算子公司遇高税负,转向吸收合并策略可减负。在吸收合并策略下,运用一般性税务安排虽能初步缓解税负压力,但特殊性税务安排则有更为显著的优势。但在实施过程中,需细致权衡其复杂程度与潜在的整合风险,确保与公司的长期战略目标相契合。请看下面的案例。

业务背景及痛点分析

1. 实务案例

春风公司(一般纳税人)为了拓宽业务范围,于 2020 年投资 1 000 万元全资成立了一家公司。经过数年的稳健运营,该子公司经营较好,其账面净资产 1 500 万元、公允价值 1 900 万元,其中资产总额 2 000 万元,固定资产(不含不动产)账面价值 500 万元、公允价值 700 万元,存货账面价值 300 万元、公允价值 500 万元,负债 500 万元,未分配利润 500 万元。然而,2024 年随着外部政策导向的变化及市场环境的快速演变,春风公司基于战略调整的需要,决定终止该子公司的运营,并考虑通过直接注销方式实现有序退出。经公司内部测算子公司注销清算所得预计 300 万元,应交企业所得税为75 万元,春风公司预计取得 1 700 万元剩余分配股东财产,需依法缴纳企业所得税。面对春风公司及其子公司所面临的高额税负问题,如何合法且合理地减轻这一负担,成为当前亟须解决的核心问题。

2. 痛点分析

母子公司适用的企业所得税率均为 25%,不考虑印花税。

(1)高额的企业所得税负担:子公司清算所得须缴纳企业所得税 75 万元,这直接减少了可分配给春风公司的资金。尤其是在子公司运营状况良好的情况下,这种税务成本更加明显。

(2)资产增值的税务影响:子公司资产的公允价值显著高于账面价值,尤其是固定资产和存货,合计发生增值 400 万元。虽然在正常运营中这种增值不直接产生税负,但在清算过程中,资产处置引发增值税和企业所得税纳税义务,增加了税务成本。

(3)直接注销的局限性:选择直接注销的方式,虽然可能简化流程,但并未充分利用所有可能的税务优化手段。例如,是否有机会通过资产转让而非直接清算来递延部分税负,或是利用重组优惠规定来优化税务成本。

优化思路与解析

春风公司可以通过重组路径探索寻求合理降低税负的方法,优化税务成本。

1. 直接注销

(1)子公司。直接注销时,对于账面上的固定资产、存货需要视同销售,按公允价值计算如下:

$$应缴纳增值税=(500+700)\times13\%=156(万元)$$
$$附加税=156\times12\%=18.72(万元)$$

根据《财政部 国家税务总局关于企业清算业务企业所得税处理若干问题的通知》(财税〔2009〕60号)规定,该企业需要做企业所得税清算处理。经测算被注销的子公司应交企业所得税75万元。子公司注销清算需要缴纳税种合计249.72万元(156+18.72+75)。

(2)母公司。春风公司从被清算子公司分得的剩余资产1 700万元,依据《财政部 国家税务总局关于企业清算业务企业所得税处理若干问题的通知》(财税〔2009〕60号)规定,收回资产其中相当于从被清算企业累计未分配利润和累计盈余公积中应当分得的部分,应当确认为股息所得;剩余资产减除上述股息所得后的余额,超过或者低于投资成本的部分,应当确认为投资资产转让所得或者损失。因此春风公司应确认股权转让所得为200万元(1 700−1 000−500),应交企业所得税为50万元(200×25%)。

2. 吸收合并(一般性税务安排)

(1)子公司。春风公司吸收合并全资子公司,作为资产重组涉及的实物资产无须视同销售缴纳增值税。重组适用于一般性税务安排时,子公司所得税需要做清算处理,相较公司直接注销,减少实物资产视同销售增值税156万元清算支出,故调增清算所得为456万元(300+156),应交企业所得税为114万元(456×25%)。

(2)母公司。适用一般性税务处理时,春风公司按收回投资处理,应按子公司的净资产的公允价值作为其收回金额,母公司取得子公司的资产按公允价值作为计税基础。考虑增值税的影响,以及带来的企业所得税的变化,调整剩余分配股东财产为1 817万元(1 700+156−114+75)。母公司按《财政部 国家税务总局关于企业清算业务企业所得税处理若干问题的通知》(财税〔2009〕60号)规定确认股权转让所得,被清算企业的股东分得的剩余资产的金额,其中相当于被清算企业累计未分配利润和累计盈余公积中按该股东所占股份比例计算的部分,应确认为股息所得;剩余资产减除股息所得后的余额,超过或低于股东投资成本的部分,应确认为股东的投资转让所得或损失。因此,母公司应确认的股权转让所得为317万元(1 817−1 000−500),应交企业所得税为79.25万元(317×25%)。

3. 吸收合并(特殊性税务安排)

(1)子公司。春风公司吸收合并全资子公司,作为资产重组涉及的实物资产发生转移,无须视同销售缴纳增值税。重组适用于特殊性税务安排时,子公司无须做所得税清算处理。

(2)母公司。吸收合并适用于特殊性税务安排时,母公司视同减资处理,应按子公司净资产的账面价值(1 500万元)作为收回金额,按原有的子公司的计税基础作为新入账资产的计税基础。母公司应按《国家税务总局关于企业所得税若干问题的公告》(国家税务总局公告2011年第34号)规定,确认股权转让所得。企业从被投资企业撤回或减少投资,其取得的资产中,相当于初始出资的部分,应确认为投资收回;相当于被投资企业累计未分配利润和累计盈余公积按减少实收资本比例计算的部分,应确认为股息所得;其余部分确认为投资资产转让所得。春风公司应确认股权转让所得为0(1 500-1 000-500),无需要缴纳企业所得税。

综上所述,从税务成本角度分析,采取吸收合并的特殊性税务安排,相比直接注销及吸收合并的一般性税务处理,能够显著减轻春风公司的总体税负,是更为有利的选择。此方案不仅减少了大量资产处置的直接税负,还利用了税收政策中关于重组递延纳税的优惠,实现了税负的最优化。

税务优化思路如图4-14所示。

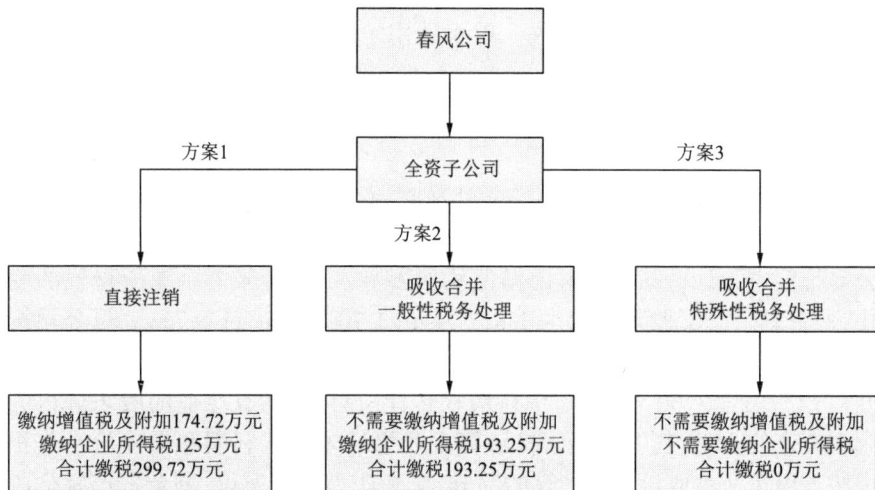

图4-14   各方案税务处理示意图

税务优化的风险提示

针对上述业务,提示风险如下:

(1)虽然吸收合并的特殊性税务安排在税负上最为有利,显著降低了直接税负,但实施过程中需充分评估并准备实际状况的复杂性、税收条款的诸多限制及后续的财务整合风险。直接注销虽操作简单,税负较高,但执行速度快,适合紧急状态且能承受相应税负的情况。

(2)春风公司应结合企业的战略规划、自身财务状况、对税务优化的力度和及时性,以及对潜在风险的承受力,综合权衡各方案的利弊,必要时咨询第三方专业机构的意见,以做出最优决策。

政策依据

(1)《财政部 国家税务总局关于企业清算业务企业所得税处理若干问题的通知》(财税〔2009〕60号)规定:

> 四、企业的全部资产可变现价值或交易价格,减除资产的计税基础、清算费用、相关税费,加上债务清偿损益等后的余额,为清算所得。
>
> 企业应将整个清算期作为一个独立的纳税年度计算清算所得。
>
> 五、企业全部资产的可变现价值或交易价格减除清算费用、职工的工资、社会保险费用和法定补偿金,结清清算所得税、以前年度欠税等税款,清偿企业债务,按规定计算可以向所有者分配的剩余资产。
>
> 被清算企业的股东分得的剩余资产的金额,其中相当于被清算企业累计未分配利润和累计盈余公积中按该股东所占股份比例计算的部分,应确认为股息所得;剩余资产减除股息所得后的余额,超过或低于股东投资成本的部分,应确认为股东的投资转让所得或损失。
>
> 被清算企业的股东从被清算企业分得的资产应按可变现价值或实际交易价格确定计税基础。

(2)《国家税务总局关于企业所得税若干问题的公告》(国家税务总局公告2011年第34号)规定:

> 五、投资企业撤回或减少投资的税务处理
>
> 投资企业从被投资企业撤回或减少投资,其取得的资产中,相当于初始出资的部分,应确认为投资收回;相当于被投资企业累计未分配利润和累计盈余公积按减少实收资本比例计算的部分,应确认为股息所得;其余部分确认为投资资产转让所得。
>
> 被投资企业发生的经营亏损,由被投资企业按规定结转弥补;投资企业不得调整减低其投资成本,也不得将其确认为投资损失。

4.10　资产轮转：运用续存分立优化税务成本，实现夫妻财富平稳过渡

春风企业夫妻股东计划资产转移，面临高额税负挑战。采用续存分立模式，配合特殊性税务处理，递延企业所得税，免征增值税、土地增值税、契税，通过股权平价转让策略优化个人所得税，实现资产高效转移。需注意：确保要满足相关的政策条件，同时关注工商合规与合同转移。请看下面的案例。

业务背景及痛点分析

1. 实务案例

春风公司，由夫妻张某与李某携手执掌，股权比例分别为 60% 与 40%，属于典型的夫妻共同持股的模式。目前，公司名下拥有一处具有重要价值的房产，二人考虑家庭及公司发展，意欲依托妻子李某新设一家独资公司，并将春风公司名下这块房产迁移至新公司旗下。在着手实施这一资产转移计划时，如何在确保完全合法的基础上，合理合规地处理涉税事宜，成为这对企业家夫妇的核心诉求。

2. 痛点分析

将持有的房产直接转移到新公司涉及增值税、企业所得税、附加税、土地增值税、契税等税种，税收负担过重，考虑夫妻二人的关系，税务机关可能会关注此交易是否遵循公平交易原则。应综合考虑以上因素，设计合理的资产转移方案，通过专业人士的帮助，确保操作在合法框架内实现税务成本的最优化。

优化思路与解析

鉴于直接资产划转、转让或以非货币性资产投资入股方式涉及的较高税负，采用"续存分立"模式成为一项策略性的选择，充分利用税法中的特殊性税务安排优惠政策，以更经济高效的方式实现财产转移目标。

具体操作如下：

1. 续存分立模式

春风公司通过"续存分立"的方式，将公司一分为二，形成原春风公司和

新设立的 A 公司。春风公司作为一个法人主体继续存在,同时新设 A 公司并转移特定资产——即该重要房产至 A 公司名下。这种分立不仅仅是将重要房产转移给 A 公司,还需对春风公司的其他资产、负债、合同权利与义务进行合理分割。

2. 特殊性税务安排的运用(免企业所得税)

根据《财政部　国家税务总局关于企业重组业务企业所得税处理若干问题的通知》(财税〔2009〕59 号)规定,企业重组中的"特殊性税务处理"条款为符合条件的企业分立提供了税收优惠。如果春风公司的分立能够满足相关条件,例如资产和负债的分配比例符合规定、连续 12 个月内不改变重组资产原来的实质性经营活动等,那么房产转移至 A 公司的过程中可以适用特殊性税务处理。这一税收安排递延缴纳企业所得税,即资产转移产生的增值部分不必立即确认为所得,在后续处置该房产时缴纳,从而有效减轻该环节的现时税收负担。

3. 资产重组不征税规定(不征增值税、土地增值税、契税)

根据《财政部　国家税务总局关于全面推开营业税改征增值税试点的通知》(财税〔2016〕36 号)附件 2《营业税改征增值税试点有关事项的规定》第一条第(二)项第 5 点、《财政部　税务总局关于继续实施企业改制重组有关土地增值税政策的公告》(财政部　税务总局公告 2023 年第 51 号)、《财政部　税务总局关于继续实施企业、事业单位改制重组有关契税政策的公告》(财政部　税务总局公告 2023 年第 49 号)等规定,在企业续存分立模式下,房产由春风公司划转到 A 公司名下,不征增值税、土地增值税和契税。

4. 股权平价转让策略(不缴个人所得税)

在 A 公司成立并持有房产后,一年以后进行股权转让操作,之所以需要满足一年的规定,源于特殊性税务安排权益连续性的要求,即"企业重组中取得股权支付的原主要股东,在重组后连续 12 个月内,不得转让所取得的股权。"下一步是实现李某对 A 公司的全资控制。为此,张某将其持有的 A 公司 60% 的股权转让给李某时,采用"平价转让"策略,根据《国家税务总局关于发布〈股权转让所得个人所得税管理办法(试行)〉的公告》(国家税务总局公告 2014 年第 67 号)规定,配偶之间股权转让收入明显偏低,视为有正当理由。即夫妻间允许股权转让价格可以等于股权取得时的计税基础。此操作可避免因股权转让产生的个人所得税负担。

优化思路如图 4-15 所示。

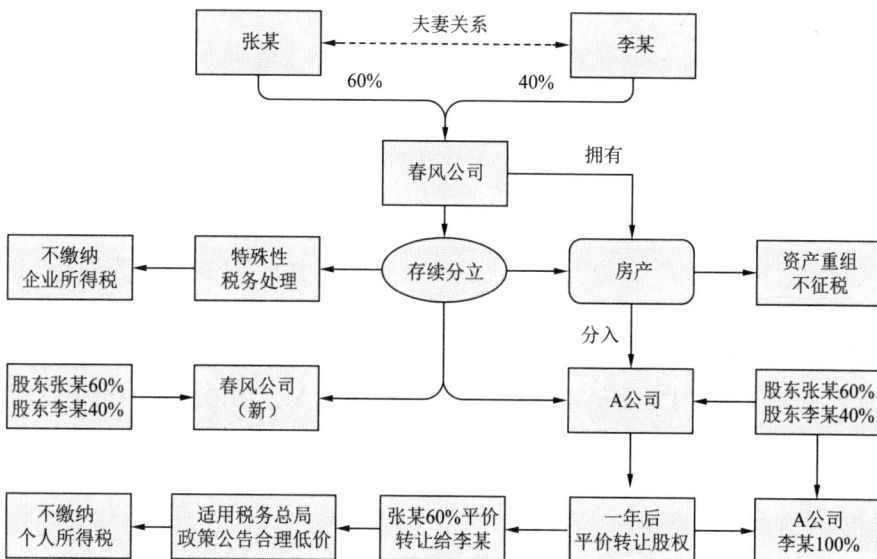

图 4-15　优化后税务处理示意图

税务优化的风险提示

针对上述业务,提示风险如下:

(1)需要注意的是:企业分立,在涉及注册资本、实收资本应受《国家工商行政管理总局关于做好公司合并分立登记支持企业兼并重组的意见》(工商企字〔2011〕226 号)约束:

> 二、进一步提供良好的公司合并分立登记服务
>
> ....
>
> (五)支持公司自主约定注册资本数额。......
>
> 因分立而存续或者新设的公司,其注册资本、实收资本数额由分立决议或者决定约定,但分立后公司注册资本之和、实收资本之和不得高于分立前公司的注册资本、实收资本。......

(2)尽管特殊性税务处理能显著减轻税负,但其适用需满足一系列严格条件。春风公司在实施分立前,需详尽分析并确保每一项条件都能得到满足,否则可能无法享受递延缴纳企业所得税的优惠,进而面临较大的现时税负。

(3)分立须向市场监督管理部门提交申请,办理公司变更登记、新公司设立登记等法定手续,同时修订公司章程,明确各公司的权利与责任边界。在此过程中,应重点关注相关业务合同的转移或重新签订。

政策依据

(1)依照《财政部 国家税务总局关于全面推开营业税改征增值税试点的通知》(财税〔2016〕36 号)附件 2《营业税改征增值税试点有关事项的规定》第一条第(二)项相关规定,具体内容详见第 2.4 节政策依据。

(2)《财政部 国家税务总局关于企业重组业务企业所得税处理若干问题的通知》(财税〔2009〕59 号)规定:

> 六、企业重组符合本通知第五条规定条件的,交易各方对其交易中的股权支付部分,可以按以下规定进行特殊性税务处理:……
>
> (五)企业分立,被分立企业所有股东按原持股比例取得分立企业的股权,分立企业和被分立企业均不改变原来的实质经营活动,且被分立企业股东在该企业分立发生时取得的股权支付金额不低于其交易支付总额的 85%,可以选择按以下规定处理:
>
> 1. 分立企业接受被分立企业资产和负债的计税基础,以被分立企业的原有计税基础确定。
>
> 2. 被分立企业已分立出去资产相应的所得税事项由分立企业承继。
>
> 3. 被分立企业未超过法定弥补期限的亏损额可按分立资产占全部资产的比例进行分配,由分立企业继续弥补。
>
> 4. 被分立企业的股东取得分立企业的股权(以下简称"新股"),如需部分或全部放弃原持有的被分立企业的股权(以下简称"旧股"),"新股"的计税基础应以放弃"旧股"的计税基础确定。如不需放弃"旧股",则其取得"新股"的计税基础可从以下两种方法中选择确定:直接将"新股"的计税基础确定为零;或者以被分立企业分立出去的净资产占被分立企业全部净资产的比例先调减原持有的"旧股"的计税基础,再将调减的计税基础平均分配到"新股"上。……

(3)依照《财政部 税务总局关于继续实施企业改制重组有关土地增值税政策的公告》(财政部 税务总局公告 2023 年第 51 号)第三条规定,具体内容详见第 3.2 节政策依据。

（4）《财政部　税务总局关于继续实施企业、事业单位改制重组有关契税政策的公告》（财政部　税务总局公告 2023 年第 49 号）规定：

> 四、公司分立
>
> 公司依照法律规定、合同约定分立为两个或两个以上与原公司投资主体相同的公司，对分立后公司承受原公司土地、房屋权属，免征契税。

（5）《国家税务总局关于发布〈股权转让所得个人所得税管理办法（试行）〉的公告》（国家税务总局公告 2014 年第 67 号）规定：

> **第十三条**　符合下列条件之一的股权转让收入明显偏低，视为有正当理由：
>
> （一）能出具有效文件，证明被投资企业因国家政策调整，生产经营受到重大影响，导致低价转让股权；
>
> （二）继承或将股权转让给其能提供具有法律效力身份关系证明的配偶、父母、子女、祖父母、外祖父母、孙子女、外孙子女、兄弟姐妹以及对转让人承担直接抚养或者赡养义务的抚养人或者赡养人；
>
> （三）相关法律、政府文件或企业章程规定，并有相关资料充分证明转让价格合理且真实的本企业员工持有的不能对外转让股权的内部转让；
>
> （四）股权转让双方能够提供有效证据证明其合理性的其他合理情形。

（6）依据《国家工商行政管理总局关于做好公司合并分立登记支持企业兼并重组的意见》（工商企字〔2011〕226 号）第二条第（五）项规定，具体内容详见第 4.10 节税务优化的风险提示。

4.11　服务转化：有形动产租赁税负优化方案与稽查风险防控

A 有限责任公司提供塔吊及钩机租赁服务，面临较高的增值税税负。通过配置操作人员，将服务性质从单纯租赁转为建筑服务，税率从 13% 降至

9%,减税效果明显。优化时需详尽合同细节,明确服务内容与人员支付形式,谨防税率误用风险,确保业务合规,实现税务优化。请看下面的案例。

业务背景及痛点分析

1. 实务案例

A 有限责任公司属于一般纳税人企业,于 20×4 年向 B 建筑工程有限责任公司提供两台塔吊及钩机(挖掘机)设备的租赁服务,签订了 1 年的租赁合同,于 20×4 年 6 月 1 日,再把机械送至约定的地点,且经操作后确认可以正常使用,开始收取租金,合同拟约定租赁总价款 12 万元(不含税)。

因建筑项目完工时间较紧张,B 有限责任公司招聘两名临时工人操作塔吊及钩机(挖掘机)设备进行工程作业,按照市场价支付劳务费合计 10 万元(不含税)。

面对这样的业务结构背景,A 有限责任公司财务经理如何筹划并签订合同可以降低增值税税负?

2. 痛点分析

A 有限责任公司,因近几年刚成立,设备均不在营改增之前购置,不符合享受简易计税条件,同时由于成本涉及的进项发票缺口较大,面对销项 13% 高税率的压力,导致企业增值税整体税负较高。面对紧绷的资金链,居高不下的税负,如何合理进行纳税筹划,降低增值税税负成为财务经理最迫切的需求。

优化思路与解析

充分利用不同场景下提供租赁服务的性质不同,结合增值税政策规定下的税目及税率差异,合理规划通过配置操作人员降低税率,使得提供有形动产出租服务的企业选择最优的业务模式,达到节约纳税成本的目的。

优化思路如图 4-16 所示。

1. 出租塔吊及钩机(挖掘机)设备不配置操作人员

A 有限责任公司(一般纳税人)提供两台塔吊及钩机(挖掘机)设备的租赁服务,一般纳税人按照 13% 征收增值税(不属于营改增前取得的设备)。计算如下:

$$应交增值税 = 12 \times 13\% = 1.56(万元)$$

2. 出租塔吊及钩机(挖掘机)设备同时配置操作人员

A 有限责任公司从 C 公司接受两名劳务派遣人员从事塔吊操作工作,

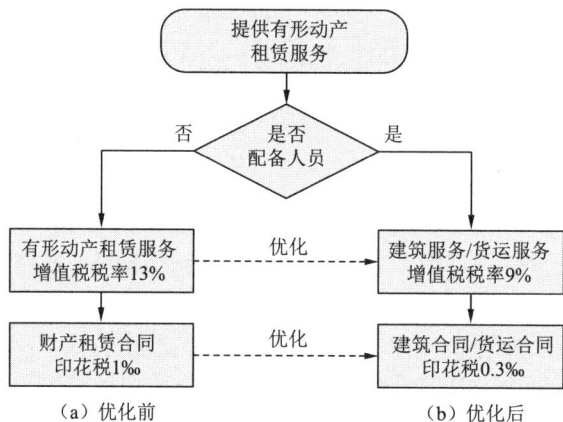

图 4-16　优化前与优化后税务处理流程示意图

按照市场价一年支付工资及社保等合计 10 万元(不含税)并取得增值税专票。

A 有限责任公司为 B 有限责任公司提供建筑服务,包括提供两台塔吊及钩机(挖掘机)设备的租赁服务同时配置两名操作人员,在不改变两项业务的前提下,提供出租塔吊及挖掘机租金为 12 万元,销项税 1.56 万元(有形动产租赁服务税率为 13% ,12×13% = 1.56);提供人员税前工资为 10 万元,销项税 0.6 万元(人力资源服务税率为 6% ,10×6% = 0.6),合计(含税)收取 24.16 万元(12+1.56+10+0.6)。计算如下:

$$应交增值税 = 24.16 \div (1+9\%) \times 9\% - 10 \times 6\% \approx 1.39(万元)$$

由此可见,有形动产租赁业务根据出租标的物是否配置操作人员,导致提供服务形式存在差异。可以分为两类:第一类是出租方只提供有形动产租赁标的物,不配置操作人员,承租方自行配置人员,这种服务形式为单纯的经营租赁(又称为光租业务或干租业务);第二类是出租有形动产的同时配置操作人员,这种服务形式根据租赁设备应用不同又分为建筑服务或运输服务(又称为湿租或程租等)。

综上所述,在不配备操作人员时一般纳税人增值税税率为 13% ,配备操作人员筹划后税率降低为 9% 的税率;若合同内仅涉及设备租赁,按租赁时间计算收入,则筹划前按照租赁合同 1‰计算印花税,筹划后,若合同约定按照完成的工作量计算收入,则应按照建筑服务 0.3‰计算印花税,税率明显降低,且劳务派遣合同不属于印花税范围。经过对企业提供有形动产出租业务两种业务模式下进行税费比较,在人员支出可转嫁到租赁企业且成本可控的情况下选择配备操作人员属于较优的业务模式,可以达到节约纳税成本的目的。

税务优化的风险提示

针对上述业务,提示风险如下:

1. 建筑服务适用税率错误被税务稽查

深圳市税务局于 2023 年 8 月对深圳某建筑工程有限责任公司发出行政处罚决定书。

违法事实如下:

该公司为他人开具增值税专用发票,按照"建筑服务"9% 税率申报缴纳增值税,货物或应税劳务、服务名称主要为:＊经营租赁＊机械租赁费＊挖掘机、＊经营租赁＊机械租赁费、＊经营租赁＊机械租赁费＊水泥搅拌桩机、＊经营租赁＊机械租赁费＊压路机、＊经营租赁＊机械租赁费＊推土机等工程机械租赁发票,经查询实际业务应是"租赁服务",存在增值税专用发票税目使用错误,造成少缴增值税 3 607 911.28 元、城市维护建设税252 553.79 元、教育费附加 108 237.34 元、地方教育附加 72 158.22 元。

检查证据如下:

(1)该单位缴纳社保费信息资料,员工名单及对方单位某建筑服务有限责任公司该项目人员签到表等信息,证实该单位提供挖掘机等设备时没有给对方单位提供操作人员;

(2)该单位及相关人员银行账户资金交易资料,证实该单位上述发票涉及的款项实际资金收付与表述不符;

(3)该单位的领用发票记录、开具及取得发票信息资料,证实该单位已开具上述发票;

(4)该单位的增值税纳税申报表、企业所得税纳税申报表等纳税申报资料,证实该单位的纳税申报情况。

处罚依据如下:

根据《中华人民共和国税收征收管理法》规定:

> **第六十四条**　……纳税人不进行纳税申报,不缴或者少缴应纳税款的,由税务机关追缴其不缴或者少缴的税款、滞纳金,并处不缴或者少缴的税款百分之五十以上五倍以下的罚款。

2. 变换服务形式与性质需提前筹划

对于变换服务形式,改变服务性质应事前做好筹划,从交易双方确定合作意向及签署合同开始就要将提供有形动产租赁服务是否配置操作人员,以及操作人员工作支付形式等详细清楚地进行约定,确保业务真实。

政策依据

(1)《财政部　国家税务总局关于全面推开营业税改征增值税试点的通知》(财税〔2016〕36号)附件1《营业税改征增值税试点实施办法》规定:

> **第十五条　增值税税率:……**
> (二)提供交通运输、邮政、基础电信、建筑、不动产租赁服务,销售不动产,转让土地使用权,税率为11%。
> (三)提供有形动产租赁服务,税率为17%。……

(2)《财政部　税务总局关于调整增值税税率的通知》(财税〔2018〕32号)规定:

> 一、纳税人发生增值税应税销售行为或者进口货物,原适用17%和11%税率的,税率分别调整为16%、10%。

(3)《关于深化增值税改革有关政策的公告》(财政部　税务总局　海关总署公告2019年第39号)规定:

> 一、增值税一般纳税人(以下称纳税人)发生增值税应税销售行为或者进口货物,原适用16%税率的,税率调整为13%;原适用10%税率的,税率调整为9%。

(4)《财政部　国家税务总局关于明确金融　房地产开发　教育辅助服务等增值税政策的通知》(财税〔2016〕140号)规定:

> 十六、纳税人将建筑施工设备出租给他人使用并配备操作人员的,按照"建筑服务"缴纳增值税。

(5)依据《中华人民共和国税收征收管理法》第六十四条规定,具体内容详见第4.11节税务优化的风险提示。

第 5 章

"选"之道应用案例

以下案例是"选"之道在企业税务优化中的实战应用,以供参考与借鉴。

5.1 鉴选经营:农产品市场配套项目税务优化与风险防控

某公司建设气调库服务水果批发市场,面临较高的房产税与增值税。为解决此问题,应通过与地方政府沟通,认定为农产品市场设施,免房产税与城镇土地使用税;将业务转型为仓储服务,增值税率降至6%。需注意:确保房屋土地性质合法认定;不同的服务类型对应的合同有明确的区分,规避税务争议,实现税负降低。请看下面的案例。

业务背景及痛点分析

1. 实务案例

该公司财务负责人向我们咨询:"我公司应A市的招商邀请,在A市新建的水果批发集散中心旁边修建了服务于水果商的气调库,作为水果批发市场的配套设施。我公司为该项目专门设立了全资子公司,因为规模较大,子公司在成立之初就登记为一般纳税人。该气调库是2023年投资建设的,即将竣工投产,房屋原值预计3 000万元,土地成本1 000万元。气调库投入营运后,预计将有一个月至三年的长期租赁,也有按日计算短期租赁,预计年收费大约 800 万元至 1 000 万元(不含税)。请问,如何设计业务模式,可以合规优化税负?"

2. 痛点分析

如果该子公司业务模式为气调库租赁的话,则构成不动产租赁业务。按照《财政部 国家税务总局关于全面推开营业税改征增值税试点的通知》(财税〔2016〕36 号)附件 1《营业税改征增值税试点实施办法》规定,不动产租赁服务的增值税税率为 9%。同时,房屋出租服务还面临着房产税和印花税的问题。房屋出租应按照"从租计征"的方式计算房产税,税率 12%。

优化思路与解析

针对上述业务,该问题的优化思路如下:

(1)与 A 市的招商部门和市场监管部门做好沟通协调,将修建的市场配套设施气调库认定为:"农产品批发市场、农贸市场专门用于经营农产品的房产、土地",以便让企业可以合法享受暂免征收房产税和城镇土地使用税的优惠政策。

(2)将气调库的出租服务经营模式,修改为"仓储服务",确保增值税可以按照"仓储服务"计征增值税。

经上述两步后,假设收入 1 000 万元的税负变化,见表 5-1。

表 5-1 优化前与优化后税务处理比较表

经营形式	收入额（万元）	增值税		房产税		城镇土地使用税	
		税率	税额（万元）	税率	税额（万元）	税率	税额（万元）
出租服务	1 000	9%	90	12%	暂不征收		暂不征收
仓储服务		6%	60	1.2%	暂不征收		暂不征收
变化		3%	30				

税务优化思路如图 5-1 所示。

税务优化的风险提示

针对上述业务,提示风险如下:

(1)气调库的房屋与土地性质,应由当地政府或授权部门出具书面意见,避免后期与税务部门在税金上产生争议,影响房产税、城镇土地使用税暂不征收优惠政策的享受。

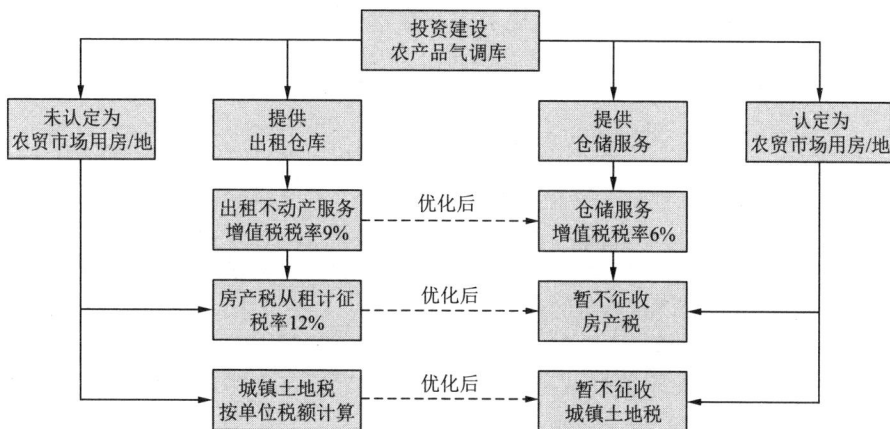

图 5-1　优化前与优化后税务处理流程示意图

（2）房产税、城镇土地使用税暂不征收优惠政策范围外的，应按规定申报缴纳房产税和城镇土地使用税。

（3）仓储服务合同及仓储服务本身的形式，要与不动产租赁服务有明显区别，避免产生税金争议。

政策依据

（1）《财政部　国家税务总局关于全面推开营业税改征增值税试点的通知》（财税〔2016〕36 号）附件 1《营业税改征增值税试点实施办法》附《销售服务、无形资产、不动产注释》规定：

> 一、销售服务……
> （六）现代服务。……
> 4. 物流辅助服务。……
> （6）仓储服务，是指利用仓库、货场或者其他场所代客贮放、保管货物的业务活动。……
> 5. 租赁服务。
> 租赁服务，包括融资租赁服务和经营租赁服务。……
> （2）经营租赁服务，是指在约定时间内将有形动产或者不动产转让他人使用且租赁物所有权不变更的业务活动。……
> 按照标的物的不同，经营租赁服务可分为有形动产经营租赁服务和不动产经营租赁服务。……

(2)《财政部　国家税务总局关于全面推开营业税改征增值税试点的通知》(财税〔2016〕36号)附件1《营业税改征增值税试点实施办法》规定：

> **第十五条**　增值税税率：
>
> (一)纳税人发生应税行为,除本条第(二)项、第(三)项、第(四)项规定外,税率为6%。
>
> (二)提供交通运输、邮政、基础电信、建筑、不动产租赁服务,销售不动产,转让土地使用权,税率为11%。……

(3)《关于深化增值税改革有关政策的公告》(财政部　税务总局　海关总署公告2019年第39号)规定：

> 一、增值税一般纳税人(以下称纳税人)发生增值税应税销售行为或者进口货物,原适用16%税率的,税率调整为13%;原适用10%税率的,税率调整为9%。

(4)《财政部　税务总局关于继续实施农产品批发市场和农贸市场房产税、城镇土地使用税优惠政策的公告》(财政部　税务总局公告2023年第50号)规定：

> 一、对农产品批发市场、农贸市场(包括自有和承租,下同)专门用于经营农产品的房产、土地,暂免征收房产税和城镇土地使用税。对同时经营其他产品的农产品批发市场和农贸市场使用的房产、土地,按其他产品与农产品交易场地面积的比例确定征免房产税和城镇土地使用税。……
>
> 五、本公告执行至2027年12月31日。

(5)利用该项投资属于农产品批发市场、农贸市场的配套设施,想办法认定为农产品批发市场、农贸市场的房屋与土地。房屋、土地性质的认定,通常是由当地政府有关部门负责,作为招商引资的企业,应跟招商部门多做沟通,请招商部门牵头找有权认定的部门做好确认,为下一步享受税收优惠政策奠定基础。

(6)将直接的不动产出租服务转化为仓储服务,增值税的税率直接由9%降至6%,在相同的收入下税负直接降低。

5.2 精策严选:建筑企业异地施工的增值税策略与风险防控

　　建筑公司异地施工,面临复杂税制与高税负。设立子公司、分公司或项目部,因地制宜优化税负。子公司满足地方税收留存,分公司享进项整合,项目部利于内部统抵。通过政策的灵活运用,积极与税务机关沟通,争取优惠,平衡成本与合规,实现经济效益与风险管理并重。此外,跨区经营,需深研地方政策和法规,规避风险,优化税务结构。请看下面的案例。

业务背景及痛点分析

1. 实务案例

　　2023 年,一家资质完备的一般纳税人建筑公司,与一家实力雄厚的房地产开发企业正式签署了一份建筑安装总承包协议,合同明确规定了整个工程项目的价值为 1 亿元,涵盖了从设计规划到施工安装的全方位服务。鉴于该项目的施工地点位于公司注册地之外的异地,这无疑增加了税务管理的复杂度。异地施工往往涉及跨区域的税收政策差异、增值税预缴、企业所得税预缴,以及附加税费缴纳等诸多因素,使得企业在追求项目高效推进的同时,不得不慎重考虑如何在合法合规的前提下,最大限度地优化税负结构,以实现经济效益的最大化。

2. 痛点分析

　　对于这家建筑公司来说,面临的痛点主要包括税负成本的控制和优化,特别是在承接外地工程项目的情况下,需要考虑外地工程项目所涉及的税收政策和规定是否与本地有所不同,以及可能存在的跨地区税务风险和成本增加问题。如何合理利用税收优惠政策和减免措施来降低税负,以及如何防范潜在的税务风险,确保在合法合规的前提下最大限度地降低税负成本。

优化思路与解析

　　一般情况下,施工总承包方的机构所在地与项目所在地不在同一个地区,总承包方需要综合评估项目所在地的税收环境和自身情况选择是否将税收留在当地。根据目前的税收政策,总承包方可采用在项目所在地设立子公司、分公司、项目部的模式。

1. 设立子公司

　　总承包方在项目所在地注册成立子公司并进行税务登记,按照规定在当地开具发票,全额纳税申报。总承包方在项目当地成立子公司从事建筑服务,可以满足当地政府要求全部税收留在当地的要求。

2. 设立分公司

总承包商通过在项目现场组建分公司,尽管分公司作为非企业法人实体,责任承担上依附于母公司,但它仍需要进行税务登记,可以进行发票开具。依据《国家税务总局关于进一步明确营改增有关征管问题的公告》(国家税务总局公告 2017 年第 11 号)规定,分公司有权根据母公司的内部授权,直接与项目发包方完成财务结算并开具相应发票。

分公司有两种增值税缴纳方式可选:①分公司独立进行增值税申报与缴纳,此种情形下,总分公司之间的进项税额无法实现内部间的统一抵扣;②采取增值税汇总申报的方式,这要求向税务机构申请汇总纳税政策。一旦实施汇总纳税,分公司与总公司及其余分公司的进项税就可以充分整合,实现最大化抵扣。

3. 成立项目部

总承包方成立项目部是采用最多的形式,但项目部是内部机构,未办理税务登记,不属于纳税人,其流转税及企业所得税均应在当地总机构所在地缴纳,项目所在地只能留取预缴的增值税(一般纳税人总包减分包后按 2%)和预缴企业所得税(实际经营收入的 0.2%)。成立项目部可以达到公司所有项目之间的进项税统抵,降低总承包的税款占用损失,但无法实现全口径税收达到项目所在地的要求,可能将导致无法承接项目。

根据《财政部 国家税务总局关于全面推开营业税改征增值税试点的通知》(财税〔2016〕36 号)附件 2《营业税改征增值税试点有关事项的规定》规定:

> 一、营改增试点期间……
>
> (七)建筑服务……
>
> 2. 一般纳税人为甲供工程提供的建筑服务,可以选择适用简易计税方法计税。……

甲供工程采用简易计税满足了总承包方增值税全额留在当地,但项目公司采用简易计税方法,其取得增值税专用发票则不能抵扣。

综上所述,总承包方在进行税务规划时,应综合考虑项目特点、地方税收政策、企业自身运营管理能力及长远发展战略,通过与当地税务机关的有效沟通,合理选择组织形式,积极争取税收优惠政策,以实现税负最小化和合规经营,促进企业可持续发展。

优化思路如图5-2所示。

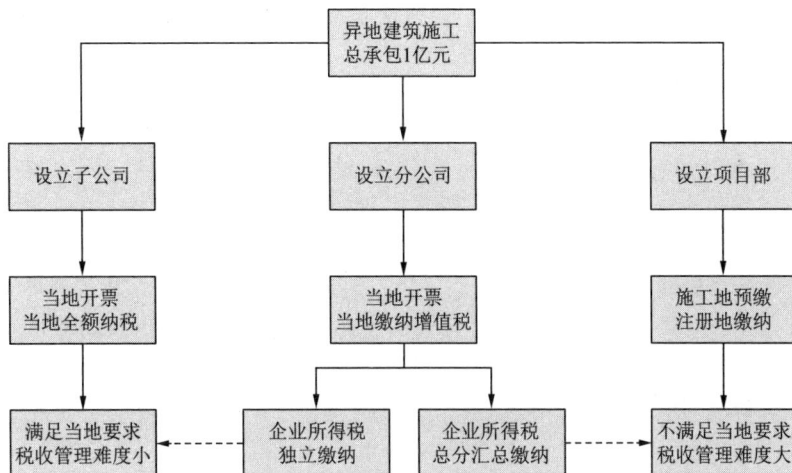

图 5-2　各方案税务处理示意图

税务优化的风险提示

针对上述业务,提示风险如下:

(1)在选择项目公司的注册地时,全面分析该地区的税收环境至关重要,这包括评估该地区税源是否充裕,执法尺度是否从严等。尽管税收环境不是决定注册地的唯一标准,但它对企业的税收负担和潜在的税务风险具有不可忽视的影响。若有选择余地,倾向选择税收体系完善、营商环境开明的地区,以此来最大限度地减少税收风险和成本。建筑业企业应未雨绸缪,测算设立子公司、分支机构或专项项目部门的税收成本,并依据各方案的利弊,与政府部门沟通协商,力图采用最有利的税务方案。

(2)《财政部　国家税务总局　住房和城乡建设部关于进一步做好建筑行业营改增试点工作的意见》(税总发〔2017〕99 号)规定:

> 二、规范市场行为,强化合规意识……
>
> (七)大力营造有序竞争的市场环境。坚决打破区域市场准入壁垒,任何地区和单位不得违法限制或排斥本地区以外的建筑企业参加工程项目投标,严禁强制或变相要求外地建筑企业在本地设立分公司或子公司,为建筑企业营造更加开放、公平的市场环境。

政策依据

(1)《财政部　税务总局关于建筑服务等营改增试点政策的通知》(财税〔2017〕58号)规定：

> 三、纳税人提供建筑服务取得预收款，应在收到预收款时，以取得的预收款扣除支付的分包款后的余额，按照本条第三款规定的预征率预缴增值税。
>
> 按照现行规定应在建筑服务发生地预缴增值税的项目，纳税人收到预收款时在建筑服务发生地预缴增值税。按照现行规定无需在建筑服务发生地预缴增值税的项目，纳税人收到预收款时在机构所在地预缴增值税。
>
> 适用一般计税方法计税的项目预征率为2%，适用简易计税方法计税的项目预征率为3%。

(2)《国家税务总局关于发布〈纳税人跨县(市、区)提供建筑服务增值税征收管理暂行办法〉的公告》(国家税务总局公告2016年第17号)规定：

> **第四条**　纳税人跨县(市、区)提供建筑服务，按照以下规定预缴税款：
>
> (一)一般纳税人跨县(市、区)提供建筑服务，适用一般计税方法计税的，以取得的全部价款和价外费用扣除支付的分包款后的余额，按照2%的预征率计算应预缴税款。
>
> (二)一般纳税人跨县(市、区)提供建筑服务，选择适用简易计税方法计税的，以取得的全部价款和价外费用扣除支付的分包款后的余额，按照3%的征收率计算应预缴税款。……

(3)《国家税务总局关于进一步明确营改增有关征管问题的公告》(国家税务总局公告2017年第11号)规定：

> 二、建筑企业与发包方签订建筑合同后，以内部授权或者三方协议等方式，授权集团内其他纳税人(以下称"第三方")为发包方提供建筑服务，并由第三方直接与发包方结算工程款的，由第三方缴纳增值税并向发包方开具增值税发票，与发包方签订建筑合同的建筑企业不缴纳增值税。发包方可凭实际提供建筑服务的纳税人开具的增值税专用发票抵扣进项税额。

> 三、纳税人在同一地级行政区范围内跨县(市、区)提供建筑服务,不适用《纳税人跨县(市、区)提供建筑服务增值税征收管理暂行办法》(国家税务总局公告 2016 年第 17 号印发)。

(4)《国家税务总局关于跨地区经营建筑企业所得税征收管理问题的通知》(国税函〔2010〕156 号)规定:

> 三、建筑企业总机构直接管理的跨地区设立的项目部,应按项目实际经营收入的 0.2% 按月或按季由总机构向项目所在地预分企业所得税,并由项目部向所在地主管税务机关预缴。

(5)依据《财政部　国家税务总局关于全面推开营业税改征增值税试点的通知》(财税〔2016〕36 号)附件 2《营业税改征增值税试点有关事项的规定》第一条第(七)项规定,具体内容详见第 5.2 节优化思路与解析。

(6)依据《财政部　国家税务总局　住房和城乡建设部关于进一步做好建筑行业营改增试点工作的意见》(税总发〔2017〕99 号)第二条第(七)项规定,具体内容详见第 5.2 节税务优化的风险提示。

5.3　优选收购:房地产项目中的土地获取与税负优化策略

春风公司面临土地资源稀缺与高额税负的难题。现转向二级市场,通过股权收购百花公司,间接控制地块,避免多重税负。利用被并购公司去推进房地产开发,从而保留土地成本抵扣的权益,优化增值税负担。需注意确保交易合规,降低土地增值税。此外,关注百花公司房地产开发需具备合法资质,保障项目合法性。请看下面的案例。

业务背景及痛点分析

1. 实务案例

鉴于当前一级土地市场因资源稀缺而导致通过招标、拍卖、挂牌(招拍挂)方式获取土地的成本急剧上升且竞争加剧,众多企业转而寻求二级市场中的土地买卖途径以减少高昂成本。百花公司现持有某地块,吸引了计划借此地块开发房地产项目的春风公司。为了顺利取得该地块使用权并着眼于未来房产销售,春风公司积极探索通过何种收购策略能在确保项目经济可行性的基础上,最大限度减少税务负担。

2. 痛点分析

由于当前土地资源的高度稀缺,一级市场获取土地日益艰难,而通过二级市场直接购地,则需承担增值税、土地增值税、契税等多项税负。

优化思路与解析

核心解决方案在于采取股权收购模式,而非直接购置土地资产。具体而言,春风公司拟通过收购百花公司的全部股权,间接控制目标地块,运用资产权属未变更原则,有效减少了直接土地使用权转让引发的增值税、土地增值税、契税等税负问题。这一操作不仅简化了交易流程,还大幅度降低了税务成本。

春风公司拟实施的全资股权并购方案,保持百花公司作为运营主体的连续性,土地权属未发生变更,仍归于百花公司名下,而春风公司则通过这一控股架构,以百花公司为平台推动地块开发。如此一来,依据《国家税务总局关于发布〈房地产开发企业销售自行开发的房地产项目增值税征收管理暂行办法〉的公告》(国家税务总局公告 2016 年第 18 号)规定,百花公司得以保留土地成本抵扣的合法权益,后续销售房产时,凭借取得省级以上(含省级)财政部门监(印)制的财政票据,作为允许扣除的土地价款,抵减增值税销售额,降低增值税税负。

税务优化思路如图 5-3 所示。

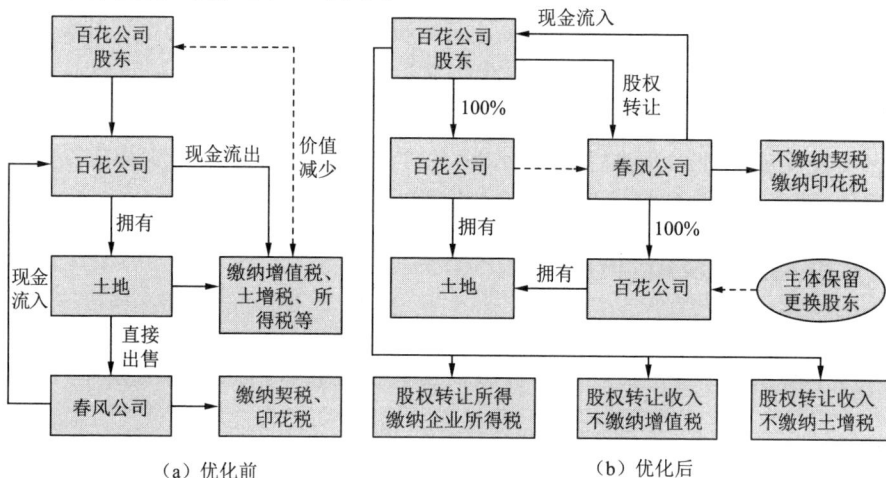

（a）优化前 （b）优化后

图 5-3 优化前与优化后税务处理流程示意图

税务优化的风险提示

针对上述业务,提示风险如下:

(1)股权收购作为一种优化策略,规避直接土地使用权转让的高额税负,利用股权变动而非资产转让的特性,享受不同的税收政策。但此策略的有效性还取决于当地的税收环境和税务机关的执法水平。虽然股权收购避免了土地使用权转让的直接税收,但如果操作不当,容易引发税务机关对交易实质的质疑,特别是如果交易被认定为了避税,必将面临严厉税务调整和处罚。《国家税务总局关于以转让股权名义转让房地产行为征收土地增值税问题的批复》(国税函〔2000〕687 号)、《国家税务总局关于土地增值税相关政策问题的批复》(国税函〔2009〕387 号)、《国家税务总局关于天津泰达恒生转让土地使用权土地增值税征缴问题的批复》(国税函〔2011〕415 号)显示,对于以股权转让名义实质转让不动产的需征收土地增值税。

(2)百花公司进行房地产开发活动是需要取得相应资质的。根据《房地产开发企业资质管理规定》规定:

> **第三条** 房地产开发企业应当按照本规定申请核定企业资质等级。
>
> 未取得房地产开发资质等级证书(以下简称资质证书)的企业,不得从事房地产开发经营业务。

政策依据

(1)《国家税务总局关于发布〈房地产开发企业销售自行开发的房地产项目增值税征收管理暂行办法〉的公告》(国家税务总局公告 2016 年第 18 号)规定:

> **第五条** 当期允许扣除的土地价款按照以下公式计算:
>
> 当期允许扣除的土地价款=(当期销售房地产项目建筑面积÷房地产项目可供销售建筑面积)×支付的土地价款
>
> 当期销售房地产项目建筑面积,是指当期进行纳税申报的增值税销售额对应的建筑面积。
>
> 房地产项目可供销售建筑面积,是指房地产项目可以出售的总建筑面积,不包括销售房地产项目时未单独作价结算的配套公共设施的建筑面积。
>
> 支付的土地价款,是指向政府、土地管理部门或受政府委托收取土地价款的单位直接支付的土地价款。

(2)《国家税务总局关于以转让股权名义转让房地产行为征收土地增值税问题的批复》(国税函〔2000〕687号)规定:

> 广西壮族自治区地方税务局:
>
> 你局《关于以转让股权名义转让房地产行为征收土地增值税问题的请示》(桂地税报〔2000〕32号)收悉。鉴于深圳市能源集团有限公司和深圳能源投资股份有限公司一次性共同转让深圳能源(钦州)实业有限公司100%的股权,且这些以股权形式表现的资产主要是土地使用权、地上建筑物及附着物,经研究,对此应按土地增值税的规定征税。

(3)《国家税务总局关于土地增值税相关政策问题的批复》(国税函〔2009〕387号)规定:

> 广西壮族自治区地方税务局:
>
> 你局《关于土地增值税相关政策问题的请示》(桂地税报〔2009〕13号)收悉。
>
> 鉴于广西玉柴营销有限公司在2007年10月30日将房地产作价入股后,于2007年12月6日、18日办理了房地产过户手续,同月25日即将股权进行了转让,且股权转让金额等同于房地产的评估值。
>
> 因此,我局认为这一行为实质上是房地产交易行为,应按规定征收土地增值税。

(4)《国家税务总局关于天津泰达恒生转让土地使用权土地增值税征缴问题的批复》(国税函〔2011〕415号)规定:

> 天津市地方税务局:
>
> 你局《关于天津泰达恒生转让土地使用权土地增值税征缴问题的请示》(津地税办〔2011〕6号)收悉。
>
> 经研究,同意你局关于"北京国泰恒生投资有限公司利用股权转让方式让渡土地使用权,实质是房地产交易行为"的认定,应依照《土地增值税暂行条例》的规定,征收土地增值税。

(5)依据《房地产开发企业资质管理规定》第三条规定,具体内容详见第5.3节税务优化的风险提示。

5.4　资本甄选：公司转增资本税务规划与股东效益最大化

春风公司转增资本,股东需精算税务成本。盈余公积与未分配利润转增资本,享居民企业间股息红利免税,增加股东投资成本的计税基础,为未来可能的股权转让提供税务筹划空间。需注意法定公积金留存与现金流管理,平衡短期需求与长期稳健,确保增资合规,财务健康。请看下面的案例。

业务背景及痛点分析

1. 实务案例

2020 年春风公司正式成立,初始股权架构由两位法人股东——A 公司与 B 公司组成,分别持有 40% 与 60% 的股权比例。随着公司稳步发展,于 2021 年度,春风公司引入战略合作伙伴——C 公司。增资扩股之后的股权结构变更为:A 公司持股比例调整至 30%,B 公司保持控股地位,持股比例为 50%,新进的 C 公司则获得了 20% 的股份。

2023 年,春风公司的财务状况呈现出稳健增长的态势,所有者权益结构为:实收资本 500 万元,资本公积因增资扩股产生的资本溢价 600 万元,法定盈余公积为 200 万元,未分配利润累计至 700 万元。面对持续扩张的需求,春风公司计划将注册资本由 500 万元增加至 1 000 万元,并完成实际缴纳。鉴于公司现有的资本公积、法定盈余公积及未分配利润均具备转增资本的潜力,从公司与股东的角度出发,如何合理利用这些内部资金进行增资,以实现税务成本的最优化配置。

2. 痛点分析

在规划转增资本事宜时,需细致考量其伴随的潜在税务风险,全面、准确地评估税收影响。公司需要在专业税务人员的协助下,综合考虑不同转增资本途径的税务效率和税务成本,以及潜在的合规风险,制定出既能满足股东需求,又能实现公司税务成本优化的增资策略。

优化思路与解析

针对上述业务,该问题的优化思路如下:

1. 资本公积(资本溢价部分)转增资本

计划将 500 万元的资本溢价转入实收资本。此操作作为公司内部资本

结构的调整,依据《国家税务总局关于贯彻落实企业所得税法若干税收问题的通知》(国税函〔2010〕79 号)规定:

> 四、关于股息、红利等权益性投资收益收入确认问题
> ....
> 被投资企业将股权(票)溢价所形成的资本公积转为股本的,不作为投资方企业的股息、红利收入,投资方企业也不得增加该项长期投资的计税基础。

不视同向投资者分配利润,故春风公司无须承担相关税费。同时,投资者 A、B、C 三公司也无须就此次转增行为缴纳任何税款,其初始投资的计税基础亦不受影响。

2. 以盈余公积和未分配利润转增资本

盈余公积及未分配利润转增资本,建议利用 75 万元盈余公积与 425 万元未分配利润共计 500 万元转增资本。对于 A、B、C 三家公司,这部分转增可视作股息、红利性质的收益。鉴于这三家公司均为符合免税条件的居民企业,根据企业所得税税法及实施条例规定,居民企业之间接收的股息、红利收入可免征企业所得税。股权的计税基础方面参照股票股利的税务处理原则,按每股 1 元新增资本增加相应股权的计税基础,三家公司长期股权投资的计税基础分别增加 150 万元(500×30%)、250 万元(500×50%)、100 万元(500×20%)。未来若出售或处置春风公司股份,三家公司可因增加的计税基础而分别多抵减企业所得税 37.5 万元(150×25%)、62.5 万元(250×25%)、25 万元(100×25%)。此外,根据《中华人民共和国印花税法》附"印花税税目税率表",针对实收资本及资本公积的增加,需按总额的万分之二点五征收印花税。因此,新增的 500 万元实收资本,春风公司将产生 0.125 万元(500×0.025%)即 1 250 元的印花税支出。

综上所述,采用资本公积转增资本最大化地避免了现时税务的影响,保持了资本运作的简洁性;而盈余公积及未分配利润转增虽涉及一定的税务处理,基于居民企业间股息红利的免税政策,A、B、C 三家公司当前可免于缴纳企业所得税,且未来在股权转让时能享受更多的税前抵扣,增强了税务规划的灵活性。值得注意的是,虽然此途径导致了公司层面的小额的印花税支出(1 250 元),但相对于通过增加计税基础在未来可能节省股东 A、B、C 三家公司的所得税(总计 125 万元),此成本相对有限,整体上仍属

税优之选。

税务优化思路如图 5-4 所示。

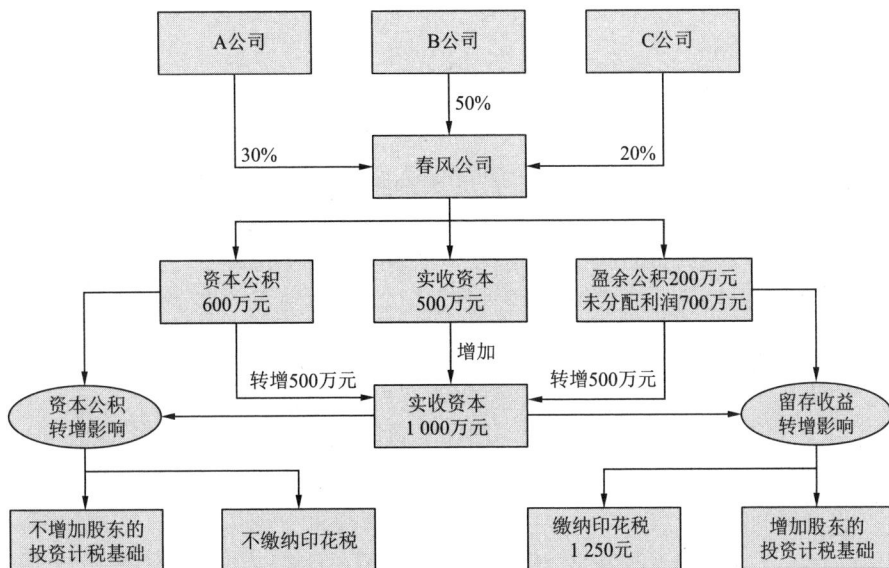

图 5-4 各方案税务处理示意图

税务优化的风险提示

针对上述业务,提示风险如下:

(1)根据公司法规定,法定公积金转为增加注册资本时,所留存的该项公积金不得少于转增前公司注册资本的百分之二十五。

(2)将注册资本增至 1 000 万元并完成实际注资,预示着短期内公司必须预备充沛的现金流以应对。因此,春风公司需周密规划,确保现金流管理既能满足需求,又不影响长期资金运作的稳健性,实现短期与长期财务状况的均衡协调。

政策依据

(1)《中华人民共和国企业所得税法》规定:

第二十六条 企业的下列收入为免税收入:……(二)符合条件的居民企业之间的股息、红利等权益性投资收益;……

（2）《中华人民共和国企业所得税法实施条例》规定：

第七十条 企业所得税法第十三条第（四）项所称其他应当作为长期待摊费用的支出，自支出发生月份的次月起，分期摊销，摊销年限不得低于 3 年。

第八十三条 企业所得税法第二十六条第（二）项所称符合条件的居民企业之间的股息、红利等权益性投资收益，是指居民企业直接投资于其他居民企业取得的投资收益。企业所得税法第二十六条第（二）项和第（三）项所称股息、红利等权益性投资收益，不包括连续持有居民企业公开发行并上市流通的股票不足 12 个月取得的投资收益。

（3）《中华人民共和国印花税法》附"印花税税目税率表"规定见表5-2：

表 5-2　印花税税目税率表

税　　目		税　　率	备　　注
合同 （指书面合同）	借款合同	借款金额的万分之零点五	指银行业金融机构、经国务院银行业监督管理机构批准设立的其他金融机构与借款人（不包括同业拆借）的借款合同
	融资租赁合同	租金的万分之零点五	
	买卖合同	价款的万分之三	指动产买卖合同（不包括个人书立的动产买卖合同）
	承揽合同	报酬的万分之三	
	建设工程合同	价款的万分之三	
	运输合同	运输费用的万分之三	指货运合同和多式联运合同（不包括管道运输合同）
	技术合同	价款、报酬或者使用费的万分之三	不包括专利权、专有技术使用权转让书据
	租赁合同	租金的千分之一	
	保管合同	保管费的千分之一	
	仓储合同	仓储费的千分之一	
	财产保险合同	保险费的千分之一	不包括再保险合同

续上表

税 目		税 率	备 注
产权转移书据	土地使用权出让书据	价款的万分之五	转让包括买卖(出售)、继承、赠与、互换、分割
	土地使用权、房屋等建筑物和构筑物所有权转让书据(不包括土地承包经营权和土地经营权转移)	价款的万分之五	
	股权转让书据(不包括应缴纳证券交易印花税的)	价款的万分之五	
	商标专用权、著作权、专利权、专有技术使用权转让书据	价款的万分之三	
营业账簿		实收资本(股本)、资本公积合计金额的万分之二点五	
证券交易		成交金额的千分之一	

(4)依据《国家税务总局关于贯彻落实企业所得税法若干税收问题的通知》(国税函〔2010〕79 号)第四条规定,具体内容详见第 5.4 节优化思路与解析。

5.5 税益拣选:厂房扩建中租赁翻新与自建购地的房产税比较策略

百花公司扩建厂房计划面临房产税考量,现有的两个方案各有税务负担。自建厂房,存在长期房产税负担;租赁翻新,房产税的处理可能有所变化,但需明确税务责任,由于地区政策差异大,需与税务机关沟通,确保合规。租赁翻新减轻了房产税,但依赖长期关系稳定,需平衡税负与业务稳定性,确保企业可持续发展。请看下面的案例。

业务背景及痛点分析

1. 实务案例

百花公司为加速其业务扩张并提升生产能力,正积极筹备扩建厂房,目前面临两种不同的策略选择以推进厂房建设。首项方案涉及与当地村委会达成土地租赁合作:双方将签订为期二十年的协议,百花公司需一次性支付二十年期的土地使用费 1 000 万元,并在此基础上自行承担厂房建造的所有成本。相比之下,第二个选项则是与春风公司订立长达十年的厂房租赁合约,期间无须支付租金,百花公司则需负责对现有厂房进行必要的翻新与装修工作,租赁期满后,改造升级的厂房将无偿归还给春风公司。

从房产税优化的视角出发,考量两个方案对税务负担的影响。

2. 痛点分析

(1)方案一:自建厂房完成后,百花公司作为房产的所有者(或使用者),将承担房产税。房产税通常按房产原值扣除一定比例后的余值征收,这将构成百花公司长期的税务负担。同时,一次性支付二十年土地使用费 1 000 万元,加上自建厂房的全部成本,这对百花公司现金流可能构成压力,尤其是在业务扩张初期,可能影响其他业务的资金需求。

(2)方案二:百花公司免费使用春风公司的厂房,可能被认定无租使用,依照《财政部 国家税务总局关于房产税城镇土地使用税有关问题的通知》(财税〔2009〕128 号)规定,被要求按房产余值代缴纳房产税。

优化思路与解析

1. 方案一解析

针对支付土地租金是否影响房产税原值的判定,国家层面虽未明确指示,但可参考《财政部 国家税务总局关于安置残疾人就业单位城镇土地使用税等政策的通知》(财税〔2010〕121 号)规定:

> 三、关于将地价计入房产原值征收房产税问题
>
> 对按照房产原值计税的房产,无论会计上如何核算,房产原值均应包含地价,包括为取得土地使用权支付的价款、开发土地发生的成本费用等。宗地容积率低于 0.5 的,按房产建筑面积的 2 倍计算土地面积并据此确定计入房产原值的地价。

该通知将购地成本纳入房产税计税基础,部分意见倾向于将租金支出比照此规定处理。但该事项处理存在地区性差异,例如《常州地方税务局关于执行财税〔2010〕121 号文件第三条政策相关口径的通知》(常地税一便函〔2011〕10 号)规定:

> 一、执行"将地价计入房产原值征收房产税"的相关口径……
> （九）……对租入、借入他人土地建房,且不作土地使用权核算的,不需要将地价计入房产原值征收房产税。……

而《厦门市地方税务局关于明确将地价并入房产原值征收房产税有关问题的通知》(厦地税函〔2011〕8 号)规定:

> 二、纳税人自建的房产所占用的土地是以租入方式取得国有土地使用权的,其支付的租金应并入房产原值;如果以租入方式取得的是集体土地使用权的,其支付的租金可暂不并入房产原值。上述租金以合同约定的总金额为准。

然而《厦门市地方税务局关于明确将地价并入房产原值征收房产税有关问题的公告》(厦门市地方税务局公告 2016 年第 5 号)规定:

> 本公告自 2016 年 6 月 1 日起施行。《厦门市地方税务局关于明确将地价并入房产原值征收房产税有关问题的通知》(厦地税函〔2011〕8 号)同时失效。

明确废止了上述规定内容,但并未有新的政策予以明确。鉴于各地政策之间的差异性,企业宜主动与税务机关沟通,争取租金不被计入房产税原值的处理方式。

2. 方案二解析

该种交易行为不是无租使用或无偿出租,本质上属于以装修款抵减租金,因此对于承租人百花公司来说不缴纳房产税,应由厂房产权所有人春风公司缴纳房产税。《海南省地方税务局关于对房产税若干政策问题相关文件部分条款进行修改的通知》(琼地税发〔2009〕108 号)规定:

> 一、对第十二条修改为"企业将承租的房产进行加层、扩建或拆除重建,双方协议对加层、扩建、重建新增加的房屋面积,在若干年内,由承租企业使用不交房租,期满后承租企业无偿将房产归原房主所有,协议租赁期间,由原房屋产权所有人按房产出租方式缴纳房产税。计

> 税依据以加层、扩建、重建新增加的房屋面积的建造合同金额为准，按协议租赁年限平均计算年应纳房产税税额。承租人将租用的房产进行维修、改造，若干年内以支付修理费抵交房产租金，应由产权所有人缴纳房产税。如原有租约的，按租约租金收入计税，如无租约的，按支付的修理费用为租金计税"。

仅就房产税考量而言，第二方案更为有利，因其避免了将租金成本纳入房产税原值的潜在税务负担，同时明确了房产税的缴纳责任在于产权所有人春风公司，为承租方百花公司减轻了税务压力。

税务优化的风险提示

针对上述业务，提示风险如下：

(1)虽然方案二在房产税方面看似更有利，但需确保装修改造抵减租金的业务处理符合地方税务局的具体规定，如海南省地方税务局的规定指出，此类情形下房产税由原房屋产权所有人缴纳，百花公司需确保与春风公司的协议明确这一点，避免未来因税务责任不清导致的纠纷。

(2)从春风公司作为出租方的角度考虑，长期的无偿租赁的情况可能会引起税务机关的关注，检查是否暗含未申报的租金收益或其他形式的补偿。税务机关可能会要求依据市场价格进行评估，并据此确定应缴纳的税款。

(3)选择第二方案时，百花公司需依赖长期租赁关系来维持其生产经营，若未来租赁关系不稳定，可能会导致业务无法开展，尤其是在租赁期满后需无偿归还厂房的情况下，公司可能面临重新选址和重建的成本及风险。

(4)不同地区的税务规定存在较大差异，建议百花公司、春风公司与当地主管税务机关沟通确认，以避免未来因政策解读差异带来的税务风险。

政策依据

(1)《中华人民共和国房产税暂行条例》规定：

> **第二条** 房产税由产权所有人缴纳。产权属于全民所有的，由经营管理的单位缴纳。产权出典的，由承典人缴纳。产权所有人、承典人不在房产所在地的，或者产权未确定及租典纠纷未解决的，由房产代管人或者使用人缴纳。

前款列举的产权所有人、经营管理单位、承典人、房产代管人或者使用人,统称为纳税义务人(以下简称纳税人)。

第三条 房产税依照房产原值一次减除 10% 至 30% 后的余值计算缴纳。具体减除幅度,由省、自治区、直辖市人民政府规定。

没有房产原值作为依据的,由房产所在地税务机关参考同类房产核定。

房产出租的,以房产租金收入为房产税的计税依据。

(2)《财政部 国家税务总局关于营改增后契税 房产税 土地增值税 个人所得税计税依据问题的通知》(财税〔2016〕43 号)规定:

二、房产出租的,计征房产税的租金收入不含增值税。

(3)《财政部 国家税务总局关于房产税城镇土地使用税有关问题的通知》(财税〔2009〕128 号)规定:

一、关于无租使用其他单位房产的房产税问题

无租使用其他单位房产的应税单位和个人,依照房产余值代缴纳房产税。

(4)《国家税务总局关于进一步明确房屋附属设备和配套设施计征房产税有关问题的通知》(国税发〔2005〕173 号)规定:

一、为了维持和增加房屋的使用功能或使房屋满足设计要求,凡以房屋为载体,不可随意移动的附属设备和配套设施,如给排水、采暖、消防、中央空调、电气及智能化楼宇设备等,无论在会计核算中是否单独记账与核算,都应计入房产原值,计征房产税。

二、对于更换房屋附属设备和配套设施的,在将其价值计入房产原值时,可扣减原来相应设备和设施的价值;对附属设备和配套设施中易损坏、需要经常更换的零配件,更新后不再计入房产原值。

(5)依据《财政部 国家税务总局关于安置残疾人就业单位城镇土地使用税等政策的通知》(财税〔2010〕121 号)第三条规定,具体内容详见第 5.5

节优化思路与解析。

(6)依据《常州地方税务局关于执行财税〔2010〕121 号文件第三条政策相关口径的通知》(常地税一便函〔2011〕10 号)第一条第(九)项规定,具体内容详见第 5.5 节优化思路与解析。

(7)依据《厦门市地方税务局关于明确将地价并入房产原值征收房产税有关问题的通知》(厦地税函〔2011〕8 号)第二条规定,具体内容详见第 5.5 节优化思路与解析。

(8)依据《厦门市地方税务局关于明确将地价并入房产原值征收房产税有关问题的公告》(厦门市地方税务局公告 2016 年第 5 号)相关规定,具体内容详见第 5.5 节优化思路与解析。

(9)依据《海南省地方税务局关于对房产税若干政策问题相关文件部分条款进行修改的通知》(琼地税发〔2009〕108 号)第一条规定,具体内容详见第 5.5 节优化思路与解析。

5.6 融资挑选:环保科技企业外部融资策略的税务成本透析和权衡

春风公司融资决策有两个方案:银行贷款与融资租赁。贷款利息非增值税抵扣项,融资租赁租金可享进项税抵扣。企业所得税上,两者通过折旧抵税相近,但融资租赁租金总额偏高,长期财务成本需评估。权衡增值税优势与租金成本,综合考量现金流、资产灵活性与税务优化,作出明智决策。请看下面的案例。

业务背景及痛点分析

1. 实务案例

春风公司(一般纳税人)是一家执行小企业会计准则专注于环保技术研发的中小企业。为了加速技术创新与产能升级,公司计划引进一套先进的环保生产设备,价款 1 130 万元,其中金额 1 000 万元,税额 130 万元。然而,面对这笔大额投资支出,春风公司的资金链显得有些捉襟见肘,急需寻求合适的融资途径来推动这一项目的实施。目前,公司面前有两个融资方案。

(1)方案一,向银行贷款:春风公司考虑向合作银行申请 1 130 万元的专

项贷款,用以全额支付设备款项。银行提供了较为稳定的利率,年息约为
5%,贷款期限为 5 年,约定每年付息,一次性还本。

(2)方案二,采用融资租赁模式:春风公司选择通过融资租赁公司获取
这套设备,实质上是"以租代购"。融资租赁公司先购买设备,再租赁给春风
公司使用,约定租赁期为 5 年,租赁期满后春风公司无偿取得该设备,实现所
有权转移。此方案初期无须大量资金流出,但租金总额 1 450 万元略高于直
接购买总成本。

2. 痛点分析

春风公司在决定融资方案时,需综合考虑不同方案对增值税处理、企业
所得税负担,以及发票管理等方面的影响。

(1)方案一在利息抵税上有优势,但初期资金需大额资金往来。

(2)方案二通过租金抵扣、抵税减轻税负,但需关注租金总额较高及融
资租赁发票的合规获取。最终决策应基于对资金流、税务优化及长期财务
效益的综合评估。

优化思路与解析

1. 方案一:银行贷款

增值税影响:春风公司五年应支付的利息支出为 282.5 万元(1 130×5%×5)。
由于银行利息支出属于贷款服务,因此即使取得增值税专票也不得抵扣进
项税。购买设备取得增值税专票,可以享受进项税抵扣权益 130 万元。

企业所得税考量:银行贷款的利息支出及设备购入成本(通过折旧形
式)均可依法在企业所得税前扣除。假定该设备折旧年限为 5 年,无净残
值,五年折旧完毕,折旧累计抵税为 150 万元(1 000×15%),利息支出抵税约
为 42.4 万元(282.5×15%)。合计抵税收益为 192.4 万元(150+42.4)。

印花税细节:银行借款按"借款合同"载明的借款金额的万分之零点五
计算为 565 元。设备购买按"买卖合同"载明的价款的万分之三计算为
3 000 元。

银行贷款方案如图 5-5 所示。

图 5-5 贷款方案流程示意图

2. 方案二:融资租赁

增值税影响:五年租金 1 450 万元,由于租金符合进项税抵扣规定,取得增值税专用发票,春风公司可以享受进项抵扣权益。可以抵扣进项税约为:166.81 万元[1 450÷(1+13%)×13%]。

企业所得税考虑:通过融资租赁获得的设备,同样允许按固定资产折旧进行企业所得税前扣除。假设签订租赁合同过程未发生相关费用,设备折旧年限 5 年,无净残值,五年累计折旧约为 1 283.19 万元[1 450÷(1+13%)]。折旧抵税约为 192.48 万元[1 283.19×15%]。

印花税安排:融资租赁按"融资租赁合同"租金的万分之零点五计算为 725 元。

融资租赁方案如图 5-6 所示。

图 5-6 融资租赁方案流程示意图

综上所述,方案二在增值税抵扣上有明显优势,企业所得税上通过折旧抵税的总额也较高,五年累计折旧抵税 192.48 万元,与方案一接近,但考虑租金总额 1 450 万元高于设备购买成本和利息支出总额 1 412.5 万元(1 130+282.5),实际的税务节约效果需结合其他因素综合评估。印花税节省 2 840 元,考虑金额较小可以忽略不计。

税务优化的风险提示

针对上述业务,提示风险如下:

(1)尽管方案二在增值税抵扣方面显示出一定的税务优势,但需注意其五年租金总额高于贷款直接购买成本,会导致财务成本的增加。此外定期偿还的固定租金可能对春风公司的现金流造成持续压力,特别是在业务收入不稳定或增长未达预期的情况下,需谨慎评估后续偿债能力。

(2)融资租赁虽然初期资金占用少,但需注意租赁期内设备的所有权并不属于春风公司,这可能影响公司未来的融资能力(如以设备作为抵押物进行再融资)及资产灵活性。此外,租赁合同可能包含的提前终止费用、维护费用等潜在成本,也应在决策时充分考虑。

政策依据

(1)《关于深化增值税改革有关政策的公告》(财政部 税务总局 海关总署公告 2019 年第 39 号)规定:

> 六、纳税人购进国内旅客运输服务,其进项税额允许从销项税额中抵扣。……
> (二)《营业税改征增值税试点实施办法》(财税〔2016〕36 号印发)第二十七条第(六)项和《营业税改征增值税试点有关事项的规定》(财税〔2016〕36 号印发)第二条第(一)项第 5 点中"购进的旅客运输服务、贷款服务、餐饮服务、居民日常服务和娱乐服务"修改为"购进的贷款服务、餐饮服务、居民日常服务和娱乐服务"。

(2)《财政部 国家税务总局关于全面推开营业税改征增值税试点的通知》(财税〔2016〕36 号)附件 1《营业税改征增值税试点实施办法》附《销售服务、无形资产、不动产注释》规定:

> 一、销售服务……
> (六)现代服务。……
> 5. 租赁服务。
> 租赁服务,包括融资租赁服务和经营租赁服务。
> (1)融资租赁服务,是指具有融资性质和所有权转移特点的租赁活动。即出租人根据承租人所要求的规格、型号、性能等条件购入有形动产或者不动产租赁给承租人,合同期内租赁物所有权属于出租人,承租人只拥有使用权,合同期满付清租金后,承租人有权按照残值购入租赁物,以拥有其所有权。不论出租人是否将租赁物销售给承租人,均属于融资租赁。
> 按照标的物的不同,融资租赁服务可分为有形动产融资租赁服务和不动产融资租赁服务。……

(3)《中华人民共和国企业所得税法实施条例》规定:

> **第五十八条** 固定资产按照以下方法确定计税基础:
> (一)外购的固定资产,以购买价款和支付的相关税费以及直接归属于使该资产达到预定用途发生的其他支出为计税基础;

（二）自行建造的固定资产，以竣工结算前发生的支出为计税基础；

（三）融资租入的固定资产，以租赁合同约定的付款总额和承租人在签订租赁合同过程中发生的相关费用为计税基础，租赁合同未约定付款总额的，以该资产的公允价值和承租人在签订租赁合同过程中发生的相关费用为计税基础；

（四）盘盈的固定资产，以同类固定资产的重置完全价值为计税基础；

（五）通过捐赠、投资、非货币性资产交换、债务重组等方式取得的固定资产，以该资产的公允价值和支付的相关税费为计税基础；……

5.7　退场精选：公司股权退出策略的税务优化与效益平衡法

春风公司股东 A 退出，面临税务与投资回报考量。有四种方案：①股权转让直接进行，但税负重。②增资后转让，利用资本结构调整降税明显。③分红后转让，享免税政策，税负适中。④撤资策略，虽税负低，但减资额打折影响投资回报。综合考量，增资后转让可有效地平衡税负与投资回报。注意操作需合规，做好风险防范，确保股东利益与公司稳定。请看下面的案例。

业务背景及痛点分析

1. 实务案例

春风公司作为一家中小企业，自成立以来便由 A 公司与 B 公司两位法人股东共同持股运营，股权结构明确为 A 公司占比 40%，B 公司占比 60%。双方初始投资额分别为 400 万元与 600 万元，共同完成了公司 1 000 万元的注册资本，并已全部实缴，为春风公司的起步与发展奠定了坚实的财务基础。

随着市场环境的变化与企业自身的成长，春风公司的净资产账面价值增至 2 000 万元，经第三方评估机构评估，净资产评估价同样为 2 000 万元，其中，法定盈余公积 500 万元，未分配利润达到了 500 万元。鉴于 A 公司经营战略调整，A 公司决定退出春风公司。A 公司正慎重考虑两种退出途

径:一是通过股权转让,按照当前的净资产评估价值进行交易;二是采取撤
资方式,与其他股东协商后,商议以净资产评估值的 90% 作为撤资补偿
标准。

面对这一决策节点,如何科学规划退出路径,不仅需确保整个过程的税
务效率,减少不必要的税费支出,同时还要最大化 A 公司的投资回报。

2. 痛点分析

结合 A 公司的整体税务规划,灵活选择退出方式,可能还需考虑与 B 公
司的协商结果,以及对春风公司未来发展的综合影响。在追求税务效率的
同时,确保所有操作均符合税法规定,防止未来可能的税务检查风险。

优化思路与解析

A 公司所持春风公司的股权性质为非上市公司的权益,因此股权转让不
属于金融商品转让范畴,无须缴纳增值税。鉴于印花税对整体影响有限,故
不予考虑。至于企业所得税的优化策略,可通过股权转让和撤资两种途径,
特别是股权转让可探索通过预先的增资或分红等财务结构调整,合理减轻
股权转让环节的企业所得税负担。

1. 股权转让

(1)按持股比例的评估净资产直接进行股权转让。

根据《国家税务总局关于贯彻落实企业所得税法若干税收问题的通知》
(国税函〔2010〕79 号)规定,转让股权收入扣除为取得该股权所发生的成本
后,为股权转让所得。相关计算如下:

股权转让应纳税所得额 = 2 000×40% - 400 = 400(万元)
应缴纳企业所得税 = 400×25% = 100(万元)
A 公司股权转让税后净收入 = 2 000×40% - 100 = 700(万元)

(2)先转增资本后股权转让。

公司所有权益结构中,未有资本公积-资本溢价,故将盈余公积和未分
配利润拟以转增资本,考虑转增后法定盈余公积不低于转增前实收资本的
25% 的限制。故未分配利润 500 万元全部转增,法定盈余公积 250 万元转
增,转增后注册资本增加至 1 750 万元。考虑我国的股票股利一般以面值而
非市价发行,比照股票股利所得税处理,A 公司和 B 公司按每股 1 元增加股
权投资的计税基础。因此,A 公司转增后投资成本的计税基础增加至 700 万

元(1 750×40%)。相关计算如下:

股权转让应纳所得额=2 000×40%-700=100(万元)
应缴纳企业所得税=100×25%=25(万元)
A公司股权转让税后净收入=2 000×40%-25=775(万元)

(3)先未分配利润分红后股权转让。

未分配利润分红,可以适用"居民企业之间的股息、红利等权益性投资收益"免税政策,同时降低公司的净资产价值。故未分配利润全部分红后,公司净资产降至1 500万元(2 000-500)。相关计算如下:

股权转让应纳税所得额=1 500×40%-400=200(万元)
应缴纳企业所得税=200×25%=50(万元)
A公司股权转让税后净收入=500×40%+1 500×40%-50=750(万元)

2. 撤资退出

根据《国家税务总局关于企业所得税若干问题的公告》(国家税务总局公告2011年第34号)规定,投资企业从被投资企业撤回或减少投资,其取得的资产中,相当于初始出资的部分,应确认为投资收回;相当于被投资企业累计未分配利润和累计盈余公积按减少实收资本比例计算的部分,应确认为股息所得;其余部分确认为投资资产转让所得。按股东商议的评估净资产90%作为撤资对价,即A公司撤资取得对价为720万元(2 000×90%×40%),按持股比例享有的"累计未分配利润和累计盈余公积"免税金额为400万元(1 000×40%),初始投资成本400万元,故A公司撤资无转让所得,不缴纳企业所得税。A公司撤资的税后净收入720万元(2 000×90%×40%)。

综上所述,在企业所得税优化的视角下,A公司撤离春风公司的策略分析显示,"先增资后转让"的方法在税务负担方面达到最优,确保税后收益最大。而"先未分配利润分红再行股权转让"及"按评估净值90%退出的撤资策略",虽各具特色,前者凭借分红的免税优势,将所得税费用压缩至50万元,净资产虽减,税负减轻效果显著;后者则通过撤资操作虽可使企业所得税税负降低,但基于90%的资产估值,实际税后回报相对有限。相比之下,直接执行股权转让的操作,程序直接,但需承担最多高达100万元的企业所得税,税负最为沉重。

税务优化思路如图5-7所示。

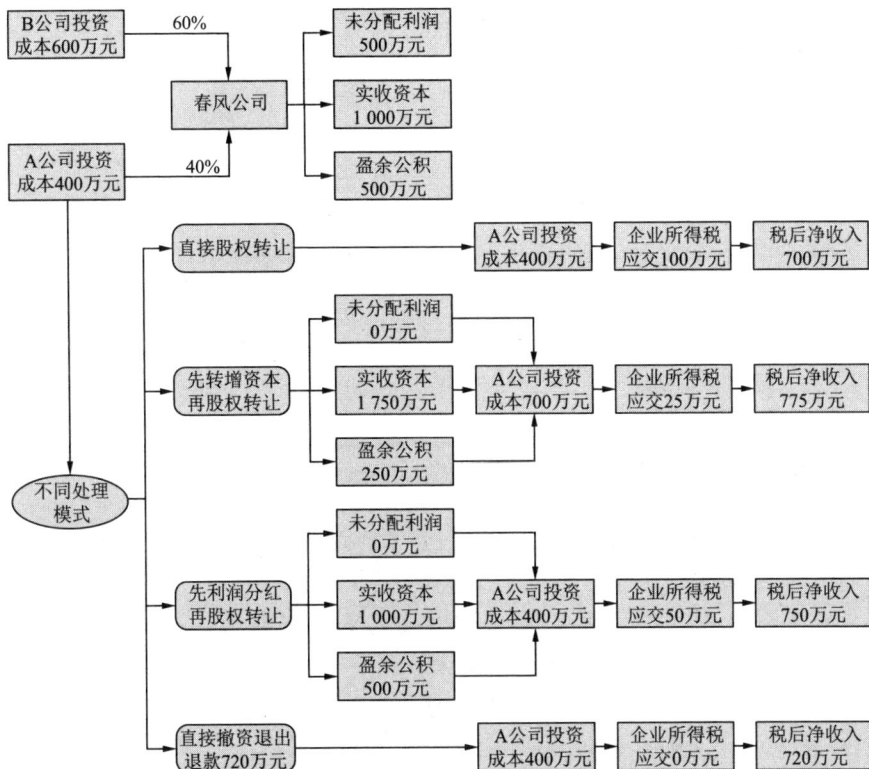

图 5-7　各方案税务处理示意图

税务优化的风险提示

针对上述业务,提示风险如下:

(1)转增资本涉及向市场监督管理部门申请变更登记、股东会决议等法定程序,过程烦琐且需确保符合公司法及相关法规要求,确保转增操作不违反公司法关于法定盈余公积的最低限额规定。

(2)虽然分红可享受税收优惠,但大量分红会降低公司净资产,须评估对公司信誉、债权人关系及后续融资能力的潜在影响。另外,提议按净资产评估值的 90% 作为撤资补偿,需确保该提议有合理的商业理由并获得税务机关的认可,避免被税务机关视为定价不合理而调整。

(3)无论是股权转让还是撤资,均须得到其他股东的同意和支持,妥善处理好股东之间的关系,确保决策过程的公平与公正,避免内部矛盾影响公司运营或造成不必要的法律纠纷。

政策依据

(1)《中华人民共和国企业所得税法》规定：

> **第二十六条** 企业的下列收入为免税收入：
> (一)国债利息收入；
> (二)符合条件的居民企业之间的股息、红利等权益性投资收益；
> (三)在中国境内设立机构、场所的非居民企业从居民企业取得与该机构、场所有实际联系的股息、红利等权益性投资收益；
> (四)符合条件的非营利组织的收入。

(2)《中华人民共和国公司法》规定：

> **第二百一十四条** 公司的公积金用于弥补公司的亏损、扩大公司生产经营或者转为增加公司注册资本。
> 公积金弥补公司亏损,应当先使用任意公积金和法定公积金；仍不能弥补的,可以按照规定使用资本公积金。
> 法定公积金转为增加注册资本时,所留存的该项公积金不得少于转增前公司注册资本的百分之二十五。

(3)依照《国家税务总局关于企业所得税若干问题的公告》(国家税务总局公告 2011 年第 34 号)规定,具体内容详见第 4.9 节政策依据。

(4)《国家税务总局关于贯彻落实企业所得税法若干税收问题的通知》(国税函〔2010〕79 号)规定：

> 三、关于股权转让所得确认和计算问题
> 企业转让股权收入,应于转让协议生效、且完成股权变更手续时,确认收入的实现。转让股权收入扣除为取得该股权所发生的成本后,为股权转让所得。企业在计算股权转让所得时,不得扣除被投资企业未分配利润等股东留存收益中按该项股权所可能分配的金额。
> 四、关于股息、红利等权益性投资收益收入确认问题
> 企业权益性投资取得股息、红利等收入,应以被投资企业股东会或股东大会作出利润分配或转股决定的日期,确定收入的实现。

被投资企业将股权(票)溢价所形成的资本公积转为股本的,不作为投资方企业的股息、红利收入,投资方企业也不得增加该项长期投资的计税基础。

5.8 零售汇选:购物中心合作模式的税务策略与风险管理

购物中心与供应商合作模式多样,税务处理方式复杂。例如,租赁模式,购物中心收租,按不动产租赁缴税;自营模式,购物中心购销商品,正常购销税务处理;代销模式,购物中心收手续费,按服务缴税,供应商自负盈亏;联营模式,共享利润,购物中心按销售额分成。每种模式需细致地进行税务规划,防范风险,确保合规。请看下面的案例。

业务背景及痛点分析

1. 实务案例

随着大型购物中心的迅速扩张,众多品牌商家,特别是服装及各类消费品供应商,日益寻求入驻流行购物中心或大型商超以拓宽销售渠道。面对这一趋势,购物中心与供应商之间的合作模式呈现出多样化特点,主要概括为四类:①租赁模式,供应商支付固定的场地租金,以此换取经营场所的使用权;②自营模式,购物中心直接经营店铺并承担所有运营成本;③代销模式,由购物中心代理销售供应商产品,并根据销售额抽取佣金;④联营模式,双方按约定比例共享利润,同时可以共同参与商品管理与营销活动。针对这四种合作模式,深入地进行税务分析显得尤为重要。

2. 痛点分析

各种模式包含复杂的税务处理流程,尤其是代销和联营模式,在实际操作中的处理尤为混乱,通过细致地税务规划与比较分析,购物中心管理层能够更加明智地评估各模式下的税负水平及潜在风险,从而在确保合规的前提下,优化税务成本,提升商业竞争力,制定出符合长远发展战略的税务决策方案。

优化思路与解析

针对上述业务,该问题的优化思路如下:

1. 租赁模式

购物中心与供应商建立租赁合作,提供经营所需要的场地,供应商自行运营、管理库存、收银及装修。在此模式下,购物中心扮演物业管理的角色,专注于服务而非商品销售。购物中心的收益主要源自多元化的费用,包括但不限于入场费、广告推广费、管理费等。购物中心提供场地用于供应商的销售,其取得的场地租赁收入,按"不动产经营租赁"适用9%税率缴纳增值税。取得管理费等收入按"企业管理服务"适用6%税率缴纳增值税。

2. 自营模式

自营主要有两种模式:①自产自销,通常涉及自有品牌管理,从生产到销售全程自主控制;②购物中心直接向供应商采购商品,在购物中心内部进行售卖,并全面负责商品的仓储、物流、市场推广等活动。在这类模式下,商品的进货、销售及库存管理均整合入购物中心的财务核算,购物中心享有商品所有权及定价权限,相应的财税处理同正常的购销业务。

3. 代销模式

委托代销分两类模式:①手续费代销,受托方根据委托方的定价进行销售,赚取的手续费按6%税率缴纳增值税,供应商将销售货物收入计入所得税应税收入,购物中心则将手续费列为所得税应税收入。②视同买断代销,购物中心享有定价自由,按约定价格与供应商结算,通常情况下不再额外收取代销服务费。购物中心按销售商品适用税率缴增值税,并依据销售收入确认所得税应税收入。

购物中心在委托代销中产生的附加费用,诸如运费、保管费、营销开支等,应依据合同条款明确责任归属:购物中心承担部分作为销售费用处理;若约定由供应商承担,则通过账务扣减或挂账处理。税务处理上,依据《国家税务总局关于商业企业向货物供应方收取的部分费用征收流转税问题的通知》(国税发〔2004〕136号)规定,购物中心收取的与销量无关的服务费,如进场、广告等费用,视为独立服务收入,须按服务税率征收增值税。而涉及非自身服务且替供应商垫付的支出,根据《中华人民共和国增值税暂行条例实施细则》(中华人民共和国财政部 国家税务总局令第50号)第十二条规定,应归类为价外费用,一并纳入增值税计税范围。

4. 联营模式

联营模式运作中,供应商全权管理商品的进货、销售及库存,并承担相应费用,而购物中心则负责提供销售场地、仓储条件及统一收银服务,通过开具发票完成货款结算。购物中心盈利主要源自销售额分成,即依据联营合同中约定的比例,从总销售额中抽取分成作为自身的收入来源。

联营中的租赁安排:购物中心不参与商品的管理和销售过程,只根据供应商的销售额按比例收取费用,以此作为提供场地租赁服务的报酬。或者购物中心采取"保底租金+销售额提成",购物中心首先收取固定的租金,期末则依据供应商的实际销售额,额外收取一定比例的租金。

供应商使用购物中心名义运营,购物中心承担法律责任,故作为增值税的纳税主体,通过统一收款、开具发票计算并缴纳增值税。在与供应商结算时,购物中心将从应付给供应商的款项中扣除场地租赁费、综合管理服务费、手续费等费用,并就这些费用开具发票,余款随后支付给供应商。

税务优化思路如图 5-8 所示。

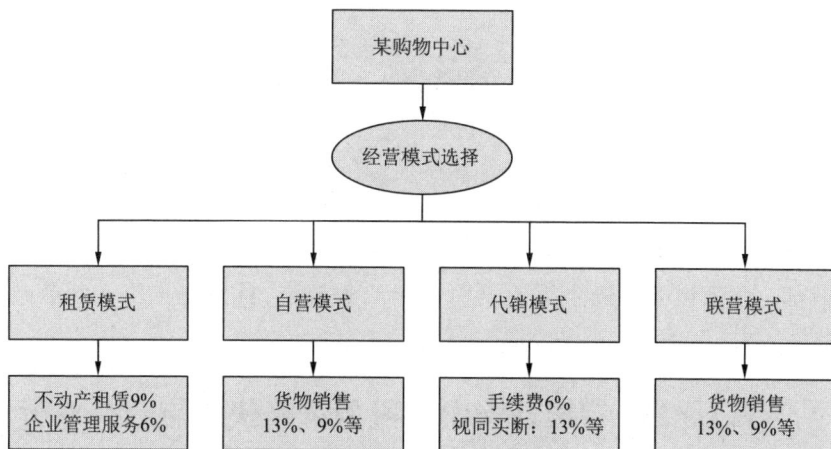

图 5-8 各模式税务处理示意图

税务优化的风险提示

针对上述业务,提示风险如下:

(1)代销与联营模式因涉及复杂的利益分配与税务处理,易产生合规盲区。例如,未恰当区分增值税应税行为与非应税服务、混淆应税项目的税目等,可能导致税率适用错误或漏税风险。

(2)合同中需明确定义费用分摊、发票开具、税负承担等条款,模糊不清的条款可能会导致后期争议,增加法律风险及税务检查风险。

(3)在多种合作模式并存的情况下,合理规划收费结构至关重要。如保底租金与销售额提成机制需合理设计,既要激励供应商提高销售业绩,又要确保购物中心自身利润空间不受侵蚀,从而维持长期稳定的合作关系。

政策依据

(1)《国家税务总局关于商业企业向货物供应方收取的部分费用征收流转税问题的通知》(国税发〔2004〕136号)规定:

> 一、商业企业向供货方收取的部分收入,按照以下原则征收增值税或营业税:
>
> (一)对商业企业向供货方收取的与商品销售量、销售额无必然联系,且商业企业向供货方提供一定劳务的收入,例如进场费、广告促销费、上架费、展示费、管理费等,不属于平销返利,不冲减当期增值税进项税金,应按营业税的适用税目税率征收营业税。
>
> (二)对商业企业向供货方收取的与商品销售量、销售额挂钩(如以一定比例、金额、数量计算)的各种返还收入,均应按照平销返利行为的有关规定冲减当期增值税进项税金,不征收营业税。

(2)依照《中华人民共和国增值税暂行条例实施细则》(中华人民共和国财政部 国家税务总局令第50号)第十二条规定,具体详见第3.6节政策依据。

5.9 益己之选:亏损并购中的税务策略抉择与效益平衡

百花公司整合芳草公司时,面临税务抉择。一般性税务处理,无法利用亏损弥补优惠,期初清算成本高,长期税负减少;特殊性处理,简化流程,亏损可承继,但总体节税有限。长远看,一般性税务处理的税务效益更大。决策前需精细计算,确保现金流充足,并与各方充分沟通,实现税务优化与业务顺畅。请看下面的案例。

业务背景及痛点分析

1. 实务案例

百花公司为芳草公司的全资子公司,因经营不善,面临大额亏损,资不抵债。春风公司,出于业务扩展的战略考量,计划通过并购的方式整合百花公司,充分利用其业务资源与市场位置。春风公司与芳草公司协商,拟以打算采用吸收合并的形式重组。目前百花公司合并基准日的财务情况如下:

净资产账面价值-100 万元,其中资产账面价值 800 万元、公允价值 1 300 万元,资产账面价值与公允价值的差异为固定资产的增值,负债账面价值、公允价值 900 万元,净利润亏损 300 万元,实收资本 200 万元。在深入探讨合并细节时,春风公司的财务团队面临一个核心的税务决策点:是否运用特殊性税务处理来消化百花公司的累计亏损,以期达到减轻税负的目的。而实践中,考虑一般性税务安排和特殊性税务安排在税收负担上未必是绝对的优劣安排,如果采用特殊性税务处理,春风公司打算采用股权支付作为合并对价,如果采用一般性税务处理,春风公司打算通过银行存款支付合并对价。请比较评价两种方案的税收成本。百花公司合并基准日的财务情况见表 5-3。

表 5-3 合并基准日的财务情况

单位:万元

项　　目	账面价值	公允价值
净资产	-100	—
资产	800	1 300
负债	900	900
净利润	300	—
实收资本	200	—

假定百花公司账面亏损为税法认可的可弥补亏损 300 万元,资产和负债账面价值均等于计税基础,亏损剩余结转年限为 5 年,资产折旧年限剩余寿命为 8 年。截至合并业务发生当年年末国家发行的最长期限的国债利率 4%。春风公司企业所得税税率 25%。不考虑其他税费和货币时间价值的影响。

2. 痛点分析

在吸收合并的一般性税务处理下,春风公司无法享受百花公司的亏损税收抵减优惠,而百花公司税务上要求做清算处理,同时芳草公司面临确认股权转让所得缴纳企业所得税。特殊性税务处理下,春风公司有机会继承百花公司的累计亏损,用于抵减未来应税所得。尽管特殊性税务处理在这种情况下可以避免现时的资产转让税负,但一般性税务安排按资产的公允价值做计税基础,改变原有的计税基础会对未来的折旧、摊销等税务处理产生影响,从而间接影响税负。

优化思路与解析

针对上述业务,该问题的优化思路如下:

1. 一般性税务处理方案

在此方案下,百花公司需进行企业所得税清算。根据《财政部 国家税务总局关于企业清算业务企业所得税处理若干问题的通知》(财税〔2009〕60号)规定,依法清算所得缴纳相应税款。同时,母公司芳草公司收到剩余分配股东财产,按股权转让所得亦需计算并缴纳企业所得税。春风公司以银行存款(非股权形式)支付的对价无须缴纳企业所得税。春风公司接收的百花公司资产将以1 300万元的公允价值作为新的计税基础。基于固定资产公允价值与账面价值之差,即500万元(1 300-800),按8年平均摊销,预计每年可增加折旧费用62.5万元(500÷8)。由此,每年可额外抵减企业所得税约为15.63万元(62.5×25%)。

2. 特殊性税务处理方案

三方协商一致同意采用特殊性税务处理时,吸收合并下的百花公司不需要做企业所得税清算处理,春风公司按百花公司原有的计税基础作为新入账资产的计税基础。根据《财政部 国家税务总局关于企业重组业务企业所得税处理若干问题的通知》(财税〔2009〕59号)规定,企业合并适用特殊性税务处理情况下,被合并企业未超过法定弥补期限的亏损由合并企业在剩余弥补期限承继弥补。因此,春风公司利润总额包括从被合并企业转入可弥补的亏损额。可由合并企业弥补的被合并企业亏损的限额=被合并企业净资产公允价值×截至合并业务发生当年年末国家发行的最长期限的国债利率。基于亏损剩余结转年限为5年,百花公司净资产公允价值400万元(1 300-900),每年春风公司可弥补的亏损上限为16万元(400×4%),对应年税收抵减4万元(16×25%),五年总计可抵减企业所得税20万元。

综上所述,一般性税务处理在长期内提供更大的税收抵减总额(125.04万元),但初始阶段涉及的所得税清算及芳草公司的所得税负担较高。特殊性税务处理虽然总体抵税额度较低(20万元),却能够保留被合并企业的亏损弥补权利,简化税务处理流程,且直接避免了清算环节的税务成本。从春风公司的长远发展和税务成本优化的角度综合评判,选择一般性税务处理更加倾向于最大化长期税务效益。

税务优化的风险提示

针对上述业务,提示风险如下:

(1)特殊性税务处理虽然简化了税务处理流程,但其总体抵税额度较低,且受到亏损弥补限额的限制。在采纳一般性税务处理方案过程中,一般性税务处理虽然在长期内提供更大的税收抵减总额,但涉及交易对象较高的现时税负和复杂的税务清算过程。春风公司应关注百花公司清算环节的所得税义务和母公司芳草公司的税务负担。因此,三家公司的沟通与协调至关重要,确保达成共识。

(2)春风公司选择以银行存款进行并购,必须预先规划充足的现金流,以防止资金流动性不足,从而保障企业日常运营不受干扰,顺利推动并购方案的实施。

政策依据

(1)依照《财政部 国家税务总局关于企业重组业务企业所得税处理若干问题的通知》(财税〔2009〕59号)第六条相关规定,具体内容详见第2.4节政策依据。

(2)《国家税务总局关于发布〈企业重组业务企业所得税管理办法〉的公告》(国家税务总局公告2010年第4号)规定:

> **第二十六条** 《通知》第六条第(四)项所规定的可由合并企业弥补的被合并企业亏损的限额,是指按《税法》规定的剩余结转年限内,每年可由合并企业弥补的被合并企业亏损的限额。

(3)《财政部 国家税务总局关于企业清算业务企业所得税处理若干问题的通知》(财税〔2009〕60号)规定:

> 四、企业的全部资产可变现价值或交易价格,减除资产的计税基础、清算费用、相关税费,加上债务清偿损益等后的余额,为清算所得。

企业应将整个清算期作为一个独立的纳税年度计算清算所得。

五、企业全部资产的可变现价值或交易价格减除清算费用,职工的工资、社会保险费用和法定补偿金,结清清算所得税、以前年度欠税款等税款,清偿企业债务,按规定计算可以向所有者分配的剩余资产。

被清算企业的股东分得的剩余资产的金额,其中相当于被清算企业累计未分配利润和累计盈余公积中按该股东所占股份比例计算的部分,应确认为股息所得;剩余资产减除股息所得后的余额,超过或低于股东投资成本的部分,应确认为股东的投资转让所得或损失。

被清算企业的股东从被清算企业分得的资产应按可变现价值或实际交易价格确定计税基础。

5.10 优中选优:软企税务优化升级,深挖即征即退与所得税节税潜力

春风软件公司精算税务,探索深层优化。即征即退政策下,进项税抵扣与否不影响增值税负,但选择不抵扣,计入成本,可减轻企业所得税税负。需注意警惕账面利润下降与税务合规风险,确保商业理由充分,事前防控,合规优化。请看下面的案例。

业务背景及痛点分析

1. 实务案例

春风软件公司作为一家获得认证的高新技术企业,在 2024 年第二季度取得了良好的经营业绩,利润总额达到 500 万元。企业充分享受高新技术企业的税收优惠政策,即 15% 的优惠税率和 100% 比例的研发支出的加计扣除。为进一步减轻税务负担,公司财务部积极探索新的税务规划路径,通过更为精细化的策略优化税务成本。该公司属于销售自行开发生产软件产品的增值税一般纳税人,符合《财政部 国家税务总局关于软件产品增值税政策的通知》(财税〔2011〕100 号)规定条件,已申请享受增值税即征即退政策。本季度,公司总销售额达 2 000 万元(不含税),全部为硬件与软件集成产品的销售,具体如下:硬件产品销售额为 200 万元(不含税),软件部分销售额则为 1 800 万元(不含税)。在税务管理方面,公司针对该产品采取了分

别核算,硬件与软件部分取得了 30 万元和 130 万元的进项税额,见表 5-4。

表 5-4 软件和硬件产品进项税与销售额

单位:万元

项　　目	进项税	销售额(不含税)
软件产品	130	1 800
硬件产品	30	200

该企业取得的即征即退收入,专项用于软件产品研发和扩大再生产并单独进行核算,作为不征税收入处理。

2. 痛点分析

尽管企业已享受 15% 的优惠企业所得税率、研发支出全额加计扣除和增值税即征即退政策,公司仍寻求更深层次的税务优化以进一步减轻税负。这也说明在现有优惠政策下,企业对于税务优化有着更高的期望和需求,特别是探索未充分利用的税收优惠领域或提高现有政策的执行效率。

优化思路与解析

假如 A 公司 2023 年 7 月取得进项税 30 万元,其中即征即退项目(软件部分)对应进项税 27 万元,一般项目(硬件部分)对应进项税 3 万元。其中软件部分销售额 500 万元,销项税 65 万元,硬件部分销售额 50 万元,销项税 6.5 万元,见表 5-5。

表 5-5 软件和硬件产品销项税与进项税

单位:万元

项　　目	进项税	销项税
软件产品	27	65
硬件产品	3	6.5

该企业取得的即征即退收入,专项用于软件产品研发和扩大再生产并单独进行核算,作为不征税收入核算。

根据《财政部　国家税务总局关于软件产品增值税政策的通知》(财税〔2011〕100 号)规定,运用增值税即征即退的政策如下:

(1) 一般项目应纳税额的计算

当期硬件增值税应纳税额=销项税-进项税=6.5-3=3.5(万元)

（2）即征即退项目退税额计算

当期软件产品增值税应纳税额＝当期软件产品销项税额－当期软件产品可抵扣进项税额＝65－27＝38（万元）

即征即退税额＝当期软件产品增值税应纳税额－当期软件产品销售额×3%＝38－500×3%＝23（万元）

即征即退实际缴纳的税额＝申报预交的增值税－即征即退税额＝38－23＝15（万元）

假如当期软件产品可抵扣的进项税等于零。则相关计算如下：

当期软件产品增值税应纳税额＝65－0＝65（万元）

即征即退税额＝65－500×3%＝50（万元）

即征即退实际缴纳的税额＝65－50＝15（万元）

由此可得，即征即退项目是否存在进项税抵扣，对增值税实际税负并无影响。因此，企业可以通过对即征即退项目涉及的进项税选择不抵扣或通过取得增值税普通发票的形式，将其涉及的进项税额计入成本费用，从而抵减企业所得税应纳税所得额。进项税抵扣对税负的影响见表5-6。

表5-6 进项税是否抵扣对税负的影响

项 目	增值税即征即退	
	选择抵扣进项税	选择不抵扣进项税
增值税税负（%）	不变	
企业所得税税负（%）	上升	下降

因此，本案例根据《财政部 国家税务总局关于软件产品增值税政策的通知》（财税〔2011〕100号）规定，相关计算如下：

当期嵌入式软件产品销售额＝当期嵌入式软件产品与计算机硬件、机器设备销售额合计－当期计算机硬件、机器设备销售额＝1 800（万元）

当期嵌入式软件产品销项税额＝当期嵌入式软件产品销售额×13%＝1 800×13%＝234（万元）

当期嵌入式软件产品增值税应纳税额＝当期嵌入式软件产品销项税额－当期嵌入式软件产品可抵扣进项税额＝234－130＝104（万元）

即征即退税额＝当期嵌入式软件产品增值税应纳税额－当期嵌入式软件产品销售额×3%＝104－1 800×3%＝50（万元）

即征即退项目实际缴纳的增值税＝104－50＝54（万元）

假如该公司选择即征即退项目(软件部分)取得进项税 130 万元不抵扣,经过上述测算可知,即征即退项目实际缴纳的增值税依然是 54 万元,增值税税负不变。130 万元不抵扣进项税计入成本后,抵减企业所得税应纳税所得额。

130 万元选择抵扣,则本期应交企业所得税为 75 万元(500×15%);130 万元选择不抵扣,则本期应交企业所得税为 55.5 万元[(500-130)×15%],从而节省企业所得税为 19.5 万元(75-55.5)。

税务优化的风险提示

针对上述业务,提示风险如下:

(1)尽管当前优化方案有效减轻了企业所得税的负担,但公司账面反映的最终净利润出现了下降的趋势。这也说明税务优化的直接经济效益并非孤立存在,而是与企业整体的财务状况紧密相关,需综合考量。需要特别注意的是,对于那些适用于即征即退政策项目的进项税额,如果选择不予抵扣,可能会引起税务稽查上的风险。作为一般纳税人,企业需提供充分的商业理由来阐明软件产品未进行进项税抵扣的合理性。或者可以采取预防措施,比如在交易初期就主动向上游供应商要求提供增值税普通发票,以此作为事前防控措施,有效规避潜在的税务风险。

(2)自从国家废止了软件企业认证及产品登记制度后,纳税义务人仅需凭借"计算机软件著作权登记证书",并依据该证书上标注的软件开发完成日期起,就有资格向所属税务机关申请办理软件商品增值税即时征收即时退还的优惠政策。

(3)纳税人适用增值税即征即退政策的,应当在首次申请增值税退税时,按规定向主管税务机关提供退税申请材料和相关政策规定的证明材料。纳税人后续申请增值税退税时,相关证明材料未发生变化的,无须重复提供,仅需提供退税申请材料并在退税申请中说明有关情况。纳税人享受增值税即征即退条件发生变化的,应当在发生变化后首次纳税申报时向主管税务机关书面报告。

政策依据

《财政部 国家税务总局关于软件产品增值税政策的通知》(财税〔2011〕100 号)规定:

一、软件产品增值税政策

(一)增值税一般纳税人销售其自行开发生产的软件产品,按17%税率征收增值税后,对其增值税实际税负超过3%的部分实行即征即退政策。……

四、软件产品增值税即征即退税额的计算

(一)软件产品增值税即征即退税额的计算方法:

即征即退税额=当期软件产品增值税应纳税额－当期软件产品销售额×3%

当期软件产品增值税应纳税额=当期软件产品销项税额－当期软件产品可抵扣进项税额

当期软件产品销项税额=当期软件产品销售额×17%

(二)嵌入式软件产品增值税即征即退税额的计算:

1. 嵌入式软件产品增值税即征即退税额的计算方法

即征即退税额=当期嵌入式软件产品增值税应纳税额－当期嵌入式软件产品销售额×3%

当期嵌入式软件产品增值税应纳税额=当期嵌入式软件产品销项税额－当期嵌入式软件产品可抵扣进项税额

当期嵌入式软件产品销项税额=当期嵌入式软件产品销售额×17%

…………

5.11　税务智选:地产公司自持项目抵债操作中的税务优化与风险提示

春风房地产开发有限公司与百花建筑工程有限公司交易,涉税复杂。保留房产"大证",可以享土地成本抵扣,优化增值税。通过签订三方协议,直接连接春风公司与张某,简化流程,降低税负。需注意防"三流"不一风险,明确差额处理,合规操作。请看下面的案例。

业务背景及痛点分析

1. 实务案例

春风房地产开发有限公司(一般纳税人),在应对宏观政策调整及市场环境变化的背景下,计划采取策略处置其部分已完工但销售缓慢的高端公寓。具体措施涉及将这些公寓过户为公司自持房产,通过出租来获取稳定的租金收益。与此同时,春风房地产公司与百花建筑公司协商达成一项债务解决方案,协议规定,自协议生效起一年期限之后,春风房地产公司将以一套市场价格为 400 万元的公寓,直接抵减百花建筑公司的未结清工程款项。

百花建筑公司的股权结构中,张某作为控股股东,持有 60% 的股份。鉴于公司近期面临短期资金流动性不足的问题,张某个人决定向百花建筑公司提供 300 万元的借款,以此缓解公司资金紧张的压力,确保公司日常运营不受影响。在此背景下,张某个人对春风房地产公司拟用于抵债该套 400 万元的公寓住宅表现出了浓厚兴趣,并表达了期望在一年后能够合法合规地获得该套房产的意愿。

面对这一复杂的交易行为,如何设计一个既能满足张某合法合规取得公寓,又能最大化减轻春风房地产公司、百花建筑公司税务负担的税务优化方案,成为当前需解决的问题。

2. 痛点分析

春风房地产公司选择将未售公寓过户为自持项目出租,在后续的资产处置环节,面临增值税土地价款扣除不能扣除的问题。同时,春风房地产公司拟通过公寓抵消对百花建筑公司的债务,并进一步由百花建筑公司将该公寓产权转移至股东张某名下时,这一系列不动产转让操作面临多重税务负担,包括但不限于增值税、土地增值税、契税、印花税等。

优化思路与解析

针对上述业务,该问题的优化思路如下:

1. 充分利用税收政策

关于房地产领域的房屋产权证,通俗的说法分为"大证"和"小证"。"大证"表示开发商对开发物业的所有权,是后续为购房者办理分户产权(小证)的前提条件。"小证"则是指每个购房者在购买了房屋后,个人持有的不动产权证书,证明购房者对该特定房屋拥有所有权。

该批公寓过户由"大证"(初始登记)转为"小证"(转移登记),过户到春风房地产公司名义下后进行出租,后续处置该批公寓时,将面临增值税销售额土地价款扣除的问题。根据税务总局的政策指导文件,明确指出"自行开发"的界定标准适用于初次进入市场流通的"一手房"情形。相反,一旦房产进入二次流通成为"二手房",则不被视为自行开发的产物。具体到本例,若春风房地产公司将公寓产权先登记于自身名下,之后再行出售,则该公寓将被归类为"二手房",其转让行为需依据《国家税务总局关于发布〈纳税人转让不动产增值税征收管理暂行办法〉的公告》(国家税务总局公告 2016 年第 14 号)规定,按转让不动产进行税务处理。

反之,若房地产公司不办理"小证",仍保持"大证"状态,直接出租,后续进行处置时,则该公寓保持"一手房"属性。相关的增值税处理应依据《国家税务总局关于发布〈房地产开发企业销售自行开发的房地产项目增值税征收管理暂行办法〉的公告》(国家税务总局公告 2016 年第 18 号)的规定,按销售自行开发的房地产项目处理,允许扣除土地价款。

鉴于房产"大证"和"小证"会导致不同的税务处理,特别是保留"大证"状态能够让该房产在销售时视为"新房",从而享有土地成本抵扣增值税销项税额的优惠,建议春风房地产公司无须将该公寓过户至本公司名下,以便充分利用此税收政策。

2. 三方抵债协议安排

为了减少不动产交易环节,节省百花建筑公司的增值税、契税和土地增值税及相关各方的印花税。因此,建议春风房地产公司、百花建筑公司与张某之间签订三方债务清偿协议,以此清晰界定春风房地产公司与张某间的债权债务关系,实现百花建筑公司在该事务中的完全脱责。继而,直接推进春风房地产公司与张某订立房产买卖合同,无须中间环节,确保房产顺畅转移至张某名下。此方案不仅简化了交易链条,还提高了税务效率,优化了税务成本。

税务优化的风险提示

针对上述业务,提示风险如下:

(1)尽管三方抵账协议、委托收款与付款协议满足经济法及民法典的相关要求,但在税法范畴内,其是否完全符合"三流一致"原则(即合同流、资金流、发票流一致)仍存争议。这可能导致税务机关因资金流向与发票开具情况不符,拒绝企业的进项税抵扣和所得税税前扣除,从而引致税务合规风险。为规避此类风险,建议提前与税务部门沟通协商。

(2)鉴于张某对百花建筑公司提供了 300 万元贷款,并期待获得价值 400 万元的公寓,其间 100 万元的差额需在正式的三方协议中明确解决方案。为防止该公寓转移到个人名下被税务机关视为隐性的股息或红利分配,引发张某的个人所得税纳税义务。

政策依据

(1)《国家税务总局关于发布〈纳税人转让不动产增值税征收管理暂行办法〉的公告》(国家税务总局公告 2016 年第 14 号)规定：

> **第三条** 一般纳税人转让其取得的不动产,按照以下规定缴纳增值税:……
>
> (六)一般纳税人转让其 2016 年 5 月 1 日后自建的不动产,适用一般计税方法,以取得的全部价款和价外费用为销售额计算应纳税额。纳税人应以取得的全部价款和价外费用,按照 5% 的预征率向不动产所在地主管税务机关预缴税款,向机构所在地主管税务机关申报纳税。

(2)《国家税务总局关于发布〈房地产开发企业销售自行开发的房地产项目增值税征收管理暂行办法〉的公告》(国家税务总局公告 2016 年第 18 号)规定：

> **第四条** 房地产开发企业中的一般纳税人(以下简称一般纳税人)销售自行开发的房地产项目,适用一般计税方法计税,按照取得的全部价款和价外费用,扣除当期销售房地产项目对应的土地价款后的余额计算销售额。销售额的计算公式如下：
>
> 销售额 =(全部价款和价外费用 − 当期允许扣除的土地价款)÷(1+11%)
>
> 第五条 当期允许扣除的土地价款按照以下公式计算：
>
> 当期允许扣除的土地价款 =(当期销售房地产项目建筑面积÷房地产项目可供销售建筑面积)×支付的土地价款
>
> 当期销售房地产项目建筑面积,是指当期进行纳税申报的增值税销售额对应的建筑面积。
>
> 房地产项目可供销售建筑面积,是指房地产项目可以出售的总建筑面积,不包括销售房地产项目时未单独作价结算的配套公共设施的建筑面积。
>
> 支付的土地价款,是指向政府、土地管理部门或受政府委托收取土地价款的单位直接支付的土地价款。

第6章

"调"之道应用案例

以下案例是"调"之道在企业税务优化中的实战应用,以供参考与借鉴。

6.1　利润调拨:集团内亏损弥补的税务优化与风险防控

A 公司与 B 公司,盈亏互补,集团内部交易调盈亏,实现税务优化效果。需注意按独立交易原则,防范特别纳税调整风险,合规操作,优化税务,共促集团效益。请看下面的案例。

业务背景及痛点分析

1. 实务案例

A 公司和 B 公司均为甲企业集团公司的全资子公司,A 公司经营效益好,常年处于盈利状态,而 B 公司由于行业因素连续多年亏损。B 公司账面上有可税前弥补亏损额 200 万元,已经连续 4 年没有得到税前弥补,按照税法规定还有最后一年可以税前扣除,否则将损失这项税务资产。

甲企业集团公司就该企业面临的问题进行了咨询。

2. 痛点分析

现场调研后发现,A 公司和 B 公司经营范围的行业属性相近,购销的货物有相同之处。B 公司虽然未来前景看好,但是短期内实现扭亏为盈比较难,如果不事先做好税收规划,200 万元的税前可弥补亏损额将在当年失效。

优化思路与解析

针对上述业务,经调研后,该问题的应急方案如下:

除加强 B 公司的内部管理增强盈利能力外,A 公司和 B 公司通过相互购进与销售,A 公司在遵守税法的前提下,通过合理的内部交易安排,将自身的盈利部分转移到 B 公司,以此方式对 B 公司的财务状况进行优化调整,帮助其改善经营状态,从而实现在企业集团层面少缴税。

税务优化思路如图 6-1 所示。

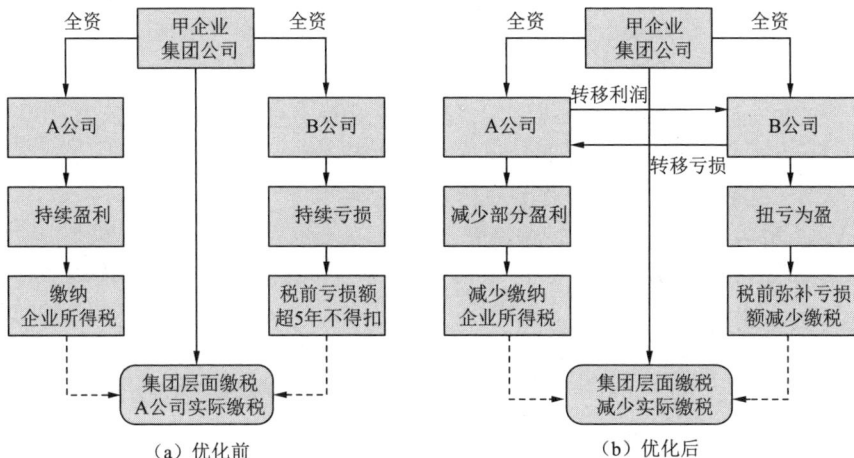

图 6-1 优化前与优化后税务处理流程示意图

税务优化的风险提醒

注意关联交易的特别纳税调整风险,确保虽然是关联交易,但是必须符合独立交易原则。参考《中华人民共和国企业所得税法》第四十一条及《中华人民共和国企业所得税法实施条例》第一百零九条、第一百一十条规定。

政策依据

(1)《中华人民共和国企业所得税法》规定:

> **第十八条** 企业纳税年度发生的亏损,准予向以后年度结转,用以后年度的所得弥补,但结转年限最长不得超过五年。
> **第四十一条** 企业与其关联方之间的业务往来,不符合独立交易原则而减少企业或者其关联方应纳税收入或者所得额的,税务机关有权按照合理方法调整。……

(2)《中华人民共和国企业所得税法实施条例》规定:

> **第十条** 企业所得税法第五条所称亏损,是指企业依照企业所得税法和本条例的规定将每一纳税年度的收入总额减除不征税收入、免税收入和各项扣除后小于零的数额。
> **第一百零九条** 企业所得税法第四十一条所称关联方,是指与企业有下列关联关系之一的企业、其他组织或者个人:
> (一)在资金、经营、购销等方面存在直接或者间接的控制关系;
> (二)直接或者间接地同为第三者控制;
> (三)在利益上具有相关联的其他关系。
> **第一百一十条** 企业所得税法第四十一条所称独立交易原则,是指没有关联关系的交易各方,按照公平成交价格和营业常规进行业务往来遵循的原则。

(3)《国家税务总局关于企业所得税若干问题的公告》(国家税务总局公告2011年第34号)规定:

> 五、投资企业撤回或减少投资的税务处理
> ……被投资企业发生的经营亏损,由被投资企业按规定结转弥补;投资企业不得调整减低其投资成本,也不得将其确认为投资损失。

6.2 临界微调:小型微利企业临界点的工资薪金优化策略

企业逼近小型微利门槛,税负悬殊,巧用工资预提,合规下调应纳税所得额,降税负至5%。需注意预提工资在汇算清缴前兑现,严防超标风险,精准税会调整,合法优化。请看下面的案例。

业务背景及痛点分析

1. 实务案例

某公司财务负责人向我们咨询:"我公司 2023 年的经营成果已经核算出来,利润总额经过纳税调整后,最终的应纳税所得额为 305 万元。除了应纳税所得额超过 300 万元以外,我公司在其他各方面都符合小型微利企业的条件。我们在纳税调整时已经考虑了固定资产一次性税前扣除等能够增加扣除的优惠政策。请问,现在还有什么方法可以让公司合法地满足小型微利企业的标准呢? 否则,我公司的企业所得税税率将会是 25%。"

2. 痛点分析

按照《财政部 税务总局关于进一步支持小微企业和个体工商户发展有关税费政策的公告》(财政部 税务总局公告 2023 年第 12 号)第三条规定,即满足小型微利企业条件的,按 20% 的税率缴纳企业所得税,实际税负相当于应纳税所得额的 5%。因此,如果我们能够优化手段,合法地将应纳税所得额降低到 300 万元以下,税负就可以从 25% 降为 5%,比如应纳税所得额降为 295 万元,与原应纳税所得额 305 万元对比见表 6-1。

表 6-1 优化前后税负对比表

序 号	项 目	优化前	优化后
1	应纳税所得额	305 万元	295 万元
2	小型微利企业	不满足	满足
3	税率(实际税负)	25%	5%
4	应纳税额	76.25 万元	14.75 万元

通过表 6-1 可以看出,只要合法地将应纳税所得额降低 10 万元,就可以少缴企业所得税 61.5 万元。

小型微利企业享受优惠政策的条件,参考《财政部 税务总局关于进一步支持小微企业和个体工商户发展有关税费政策的公告》(财政部 税务总局公告 2023 年第 12 号)的规定。

优化思路与解析

由于该公司的应纳税所得额超过小型微利企业的最高限制额,要想享受小型微利企业所得税优惠政策,就必须在合法的范围内降低应纳税所得额。

针对上述业务,税务优化思路如图 6-2 所示。

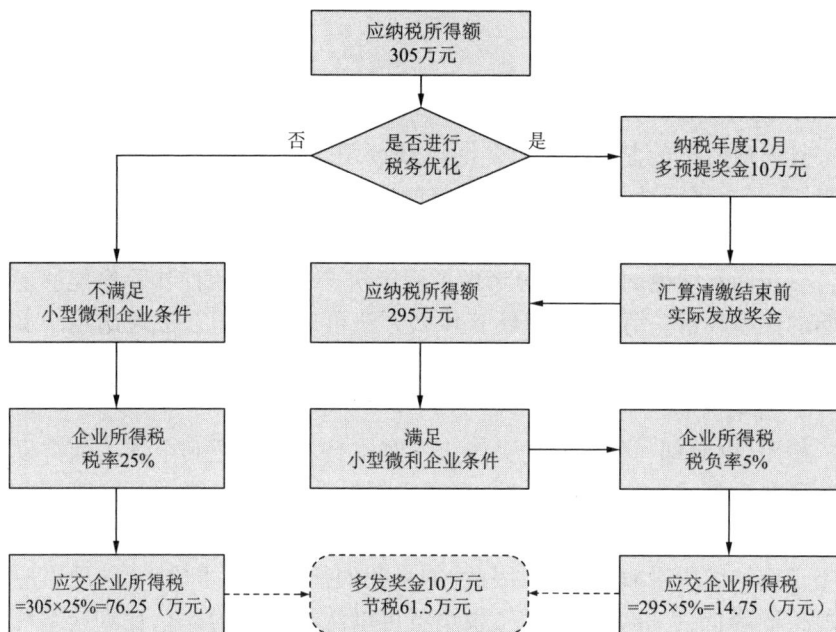

图 6-2　是否选择税务优化对比示意图

要想降低公司的应纳税所得额,在应税收入已经确定的情况下,只有通过增加税前扣除额才能实现。而咨询者在 2024 年 1 月才来咨询,公司 2023 年度生产经营情况已经基本定型,不能再通过新购置固定资产享受一次性税前扣除政策等来调整应纳税所得额。

依照《国家税务总局关于企业工资薪金和职工福利费等支出税前扣除问题的公告》(国家税务总局公告 2015 年第 34 号)规定,当企业应纳税所得额超过小型微利企业不太多的时候,就可以在原有基础上多预提一点工资(年终奖),然后只要次年的汇算清缴结束前实际发放,就可以税前扣除,从而让公司的应纳税所得额低于 300 万元。

税务优化的风险提醒

针对上述业务,提示风险如下:

(1)纳税年度预提的工资(年终奖),必须在汇算清缴前实际发放,否则不得税前扣除,同样会造成公司不满足小型微利企业的标准。

(2)公司在年终关账前,一定要做好各项税会差异分析与纳税调整,依法准确地计算出应纳税所得额,否则被税务稽查调增而超过标准的,一切努力都会变成徒劳。

政策依据

(1)《财政部　税务总局关于进一步支持小微企业和个体工商户发展有关税费政策的公告》(财政部　税务总局公告 2023 年第 12 号)规定：

> 三、对小型微利企业减按 25% 计算应纳税所得额,按 20% 的税率缴纳企业所得税政策,延续执行至 2027 年 12 月 31 日。……
>
> 五、本公告所称小型微利企业,是指从事国家非限制和禁止行业,且同时符合年度应纳税所得额不超过 300 万元、从业人数不超过 300 人、资产总额不超过 5 000 万元等三个条件的企业。
>
> 从业人数,包括与企业建立劳动关系的职工人数和企业接受的劳务派遣用工人数。所称从业人数和资产总额指标,应按企业全年的季度平均值确定。具体计算公式如下：
>
> 季度平均值=(季初值+季末值)÷2
>
> 全年季度平均值=全年各季度平均值之和÷4
>
> 年度中间开业或者终止经营活动的,以其实际经营期作为一个纳税年度确定上述相关指标。
>
> 小型微利企业的判定以企业所得税年度汇算清缴结果为准。登记为增值税一般纳税人的新设立的企业,从事国家非限制和禁止行业,且同时符合申报期上月末从业人数不超过 300 人、资产总额不超过 5 000 万元等两个条件的,可在首次办理汇算清缴前按照小型微利企业申报享受第二条规定的优惠政策。

(2)《国家税务总局关于企业工资薪金和职工福利费等支出税前扣除问题的公告》(国家税务总局公告 2015 年第 34 号)规定：

> 二、企业年度汇算清缴结束前支付汇缴年度工资薪金税前扣除问题
>
> 企业在年度汇算清缴结束前向员工实际支付的已预提汇缴年度工资薪金,准予在汇缴年度按规定扣除。

6.3　结构调优：半导体"两免三减半"时效错配与财政补贴的税务优化策略

半导体材料企业因会计与税务处理差异,提前进入获利年度,错失税收

优惠。通过将政府补贴视为不征税收入,企业可延迟"两免三减半"政策的启动至真正盈利,避免税务损失。但需注意与税务机关沟通,确保支出合理性,处理好增值税以及可能的财务报表追溯调整,以规避风险并合法合规地优化税务。请看下面的案例。

业务背景及痛点分析

1. 实务案例

某半导体基材生产企业,主要从事半导体级多晶硅的研发和生产,投资规模逾 5 亿元。根据国家政策,该企业属于国家鼓励的产业,可以适用"两免三减半"税收优惠政策。为扶持企业发展,当地政府承诺为企业提供 5 000 万元的财政补贴。2020 年企业投产当年收到补贴 2 500 万元,2021 年又收到补贴 2 500 万元,企业用于购置生产用仪器、设备和装置。在会计处理上,作为收到与资产相关的财政补贴,企业按资产剩余使用寿命确认递延年限,分期计入当期及以后年度损益。企业投产前几年,由于质量不稳定,产能不能有效释放,一直亏损,并且之后几年预期也难以实现盈利。在税务处理上,企业在收到补贴时计入当年收入总额。2020 年当年实现应纳税所得额 50 万元,并计算缴纳了企业所得税。2021—2023 年应纳税所得额分别为−1 500 万元、−3 000 万元、−3 000 万元。由于 2020 年税收上实现了获利,根据政策减免起始期将从 2020 年开始计算,但因为未来几年企业仍会亏损,无法真正从"两免三减半"政策中受益。

2. 痛点分析

集成电路是信息技术产业的核心和基础,国家也针对性地出台了财税扶持政策。根据规定,集成电路材料企业"自获利年度起,第一年至第二年免征企业所得税,第三年至第五年按照 25% 的法定税率减半征收企业所得税"。从财务上企业并未实现真正盈利,但由于财政补贴会计处理和税收处理的差异,导致企业在税收上提前实现了"获利","两免三减半"政策开始实施时企业却没有实现盈利,等真正盈利时优惠政策期限已过期,无法真正享受优惠政策的好处,从而造成税收上的损失。

优化思路与解析

企业取得财政补贴的税务处理方式有两种:①作为征税收入计入当年收入总额;②符合相应条件的,可以作为不征税收入,不计入当期应纳税所得额,但其支出所形成的费用和形成资产的折旧摊销也不能扣除。如果符合不征税收入的条件,可以分析其业务实质,利用收入和资产折旧确认时间上的差异进行规划。

由于该企业政府补贴资金的支出主要为机器设备购置及厂房建设支出,可以利用补贴收入和费用、资产折旧摊销在税务确认时间上的差异,形成企业 2020 年税务应纳税所得额为"亏损"状态,其享受"两免三减半"的时间可以递延到以后真实获利的年度。

符合不征税收入的,需要具备《财政部 国家税务总局关于专项用途财政性资金企业所得税处理问题的通知》(财税〔2011〕70 号)第一条明确规定的条件。

由于当地政府已经出具了针对该企业扶持资金的专门拨付文件,文件亦载明该款项系对补贴建设期及经营期发生的成本和费用。当地财政局也有对外公开的财政专项用途资金管理办法。企业只需要完善该专项资金的会计核算资料,即可符合财政补贴不征税收入的条件。企业需要准确核算不征税收入对应支出所发生的费用资产折旧等,并根据调整后的会计核算数据,重新生成所得税汇算申报表向主管税务机关申请更正申报,并在之后的折旧年度每年进行相应纳税调减。

如果将该补贴收入作为不征税收入处理,该企业 2020 年、2021 年应纳税收入相应调减 2 500 万元。同时未来每年相关折旧费用相应调减。经调整后的 2020—2023 年应纳税所得额分别为 −2 200 万元、−3 472 万元、−2 472 万元、−2 472 万元。各年度应纳税所得额均体现为负数,企业"两免三减半"政策不符合实施的条件要求,开始时间可以顺延到企业税收上真正开始"盈利"的年度。企业补贴作为不征税收入的所得税处理,见表 6-2。

表 6-2　企业补贴作为不征税收入的所得税处理

单位:万元

年度	应纳税所得额	调减收入	调减费用及折旧	调整后应纳税所得额
2020 年	50	2 500	250	−2 200
2021 年	−1 500	2 500	528	−3 472
2022 年	−3 000		528	−2 472
2023 年	−3 000		528	−2 472
2024 年			528	
2025 年			…	

税务优化的风险提醒

针对上述业务,提示风险如下:

(1)需要向主管税务机关专门汇报,向其解释财政补贴税务处理方法调整的依据。如果主管税务机关不认可税务处理方法的追溯调整,不同意企业更正所得税申报,该方案将无法实施。

(2)财政补贴收入所对应的资产购置、费用等支出的范围要合理。因为企业是补充以前年度的会计核算,需要考虑好如何确定支出的范围,如果方法不合理很难得到税务机关的认可。在确定好范围后,当年及其后年度对应的折旧费用的确定同样重要,企业需要依据折旧摊销计算表中所确定资产的范围合理确定折旧费用的金额。

(3)相关文件中没有对财政补贴资金购置资产所涉及的增值税进项税支出是否可以抵扣做出明确规定,如果企业对这部分进项进行了抵扣,将面临被税务部门调整的风险。在实际操作中,可以考虑以下方案:在以财政补贴资金购置资产或支付费用时,仅支付对应不含税的金额,相关增值税进项税金额由其他资金支付。当然,这些细节问题也需要和主管税务机关沟通请示,予以明确。

(4)税务核算方法的改变会影响企业财务数据,企业有必要对受影响的会计年度报表进行追溯调整。这些调整涉及第三方审计的,需要原审计机构追加审计程序,计算和调整因税务核算方法变更引起的财务数据变化,并根据新的审计结果重新出具审计报告,正确反映企业财务状况、经营成果和现金流量。

政策依据

(1)《国务院关于印发新时期促进集成电路产业和软件产业高质量发展若干政策的通知》(国发〔2020〕8号)规定:

> 一、财税政策
> ……
> (二)国家鼓励的集成电路设计、装备、材料、封装、测试企业和软件企业,自获利年度起,第一年至第二年免征企业所得税,第三年至第五年按照25%的法定税率减半征收企业所得税。国家鼓励的集成电路设计、装备、材料、封装、测试企业条件由工业和信息化部会同相关部门制定。……

(2)依照《财政部　国家税务总局关于进一步鼓励软件产业和集成电路产业发展企业所得税政策的通知》(财税〔2012〕27 号)第十四条规定,具体内容详见第 2.8 节政策依据。

(3)《财政部　国家税务总局关于财政性资金　行政事业性收费　政府性基金有关企业所得税政策问题的通知》(财税〔2008〕151 号)规定:

> 一、财政性资金
> (一)企业取得的各类财政性资金,除属于国家投资和资金使用后要求归还本金的以外,均应计入企业当年收入总额。
> (二)对企业取得的由国务院财政、税务主管部门规定专项用途并经国务院批准的财政性资金,准予作为不征税收入,在计算应纳税所得额时从收入总额中减除。

(4)《国家税务总局关于企业所得税若干政策征管口径问题的公告》(国家税务总局公告 2021 年第 17 号)规定:

> 六、关于企业取得政府财政资金的收入时间确认问题
> ……企业取得的各种政府财政支付,如财政补贴、补助、补偿、退税等,应当按照实际取得收入的时间确认收入。

(5)《财政部　国家税务总局关于专项用途财政性资金企业所得税处理问题的通知》(财税〔2011〕70 号)规定:

> 一、企业从县级以上各级人民政府财政部门及其他部门取得的应计入收入总额的财政性资金,凡同时符合以下条件的,可以作为不征税收入,在计算应纳税所得额时从收入总额中减除:
> (一)企业能够提供规定资金专项用途的资金拨付文件;
> (二)财政部门或其他拨付资金的政府部门对该资金有专门的资金管理办法或具体管理要求;
> (三)企业对该资金以及以该资金发生的支出单独进行核算。
> 二、根据实施条例第二十八条的规定,上述不征税收入用于支出所形成的费用,不得在计算应纳税所得额时扣除;用于支出所形成的资产,其计算的折旧、摊销不得在计算应纳税所得额时扣除。

6.4 福利调控:员工旅游支出的税务优化与合规策略

企业组织员工旅游,原以福利费处理,遭税局纠正,需补税及滞纳金,员工个税也需补扣。优化后,视旅游费为工资薪金支出,既合规税前扣除,也按工资薪金扣个税,不增加员工税负,却能减少企业所得税。需注意制度化奖励机制,满足合理工资薪金条件,保存证明材料,确保税务合规。请看下面的案例。

业务背景及痛点分析

1. 实务案例

甲公司(民营企业)在 2024 年 3 月被税务局稽查,经过稽查人员检查企业账簿、纳税申报报表等,发现甲公司的企业文化特别注重宣扬家庭文化,从 2017 年至 2023 年以来都会组织优秀员工与家人一起外出免费旅游,旅游费支出在会计核算时计入"福利费",并以"职工福利费"进行税前扣除。在税务稽查后,稽查局出具的行政处罚决定书认定:

①免费旅游支出属于"与企业收入无关的支出",不得税前扣除,需要纳税调增补缴企业所得税,并从滞纳之日起按照每日万分之五计算滞纳金,直至实际补缴之日。

②参与免费旅游的员工个人、投资人及其家属,需要扣缴个人所得税,因甲公司应扣未扣个人所得税,依照《中华人民共和国税收征收管理法》第六十九条规定,按照未扣税款金额罚款 0.5 倍。

该公司财务总监向我们咨询:"该如何进行税务优化?从整体上减轻税负。"

2. 痛点分析

依照《中华人民共和国企业所得税法》规定:

> **第八条** 企业实际发生的与取得收入有关的、合理的支出,包括成本、费用、税金、损失和其他支出,准予在计算应纳税所得额时扣除。

因此,员工及其家属的旅游支出,严格意义上讲,属于员工的个人消费,与企业取得收入无关,不得税前扣除。

同时,在企业所得税的实务解读方面,2012 年 9 月 24 日,国家税务总局纳税服务司针对旅游费的问题进行答疑,总局纳税服务司明确表示,公司发生的旅游费支出,不能作为职工福利费列支。各地税务局执行口径,也基本上是遵照这个总局答疑口径。

根据《财政部 国家税务总局关于企业以免费旅游方式提供对营销人员个人奖励有关个人所得税政策的通知》(财税〔2004〕11 号)规定:

> 按照我国现行个人所得税法律法规有关规定,对商品营销活动中,企业和单位对营销业绩突出人员以培训班、研讨会、工作考察等名义组织旅游活动,通过免收差旅费、旅游费对个人实行的营销业绩奖励(包括实物、有价证券等),应根据所发生费用全额计入营销人员应税所得,依法征收个人所得税,并由提供上述费用的企业和单位代扣代缴。其中,对企业雇员享受的此类奖励,应与当期的工资薪金合并,按照"工资、薪金所得"项目征收个人所得税;对其他人员享受的此类奖励,应作为当期的劳务收入,按照"劳务报酬所得"项目征收个人所得税。

单位为本单位职工承担或支付了旅游费,应并入当月工资、薪金计征个人所得税。

如果参与免费旅游的公司的个人股东及其家属等,根据《财政部 国家税务总局关于规范个人投资者个人所得税征收管理的通知》(财税〔2003〕158 号)规定:

> 一、关于个人投资者以企业(包括个人独资企业、合伙企业和其他企业)资金为本人、家庭成员及其相关人员支付消费性支出及购买家庭财产的处理问题……
>
> 除个人独资企业、合伙企业以外的其他企业的个人投资者,以企业资金为本人、家庭成员及其相关人员支付与企业生产经营无关的消费性支出及购买汽车、住房等财产性支出,视为企业对个人投资者的红利分配,依照"利息、股息、红利所得"项目计征个人所得税。
>
> 企业的上述支出不允许在所得税前扣除。

优化思路与解析

针对上述业务,该问题的税务优化思路如下:

优化前,如图 6-3 所示。

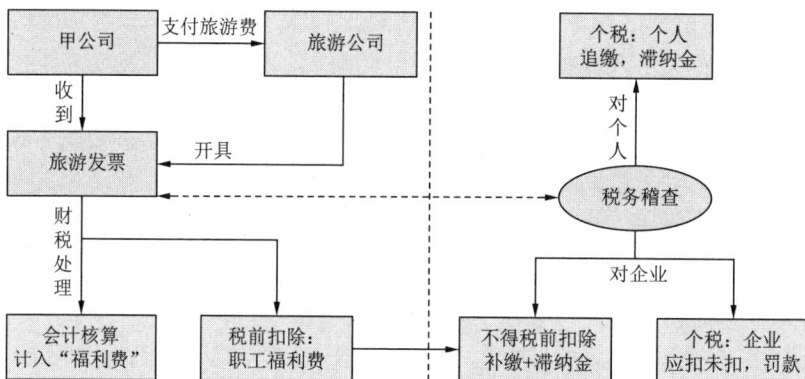

图 6-3 优化前税务处理流程示意图

优化后,如图 6-4 所示。

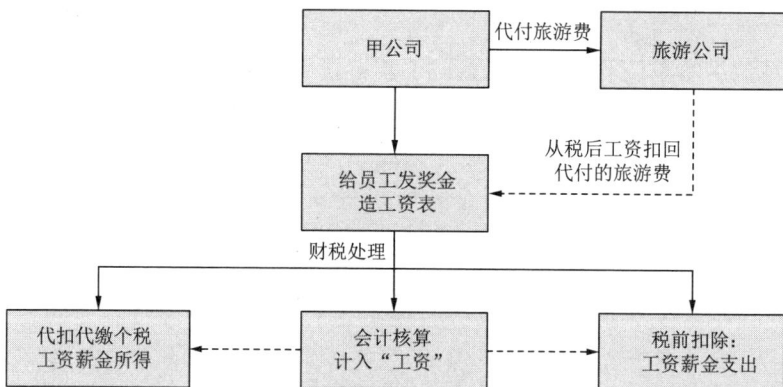

图 6-4 优化后税务处理流程示意图

既然企业为本单位职工承担或支付的旅游费,不得以"职工福利费"进行税前扣除,而且还要按照"工资薪金所得"扣缴个人所得税,那么为何不直接作为"工资薪金支出"来处理?作为"工资薪金支出"处理,既可以按规定在企业所得税税前扣除,同样也按照"工资薪金所得"扣缴个人所得税,在个人所得税不增加的情况下,至少增加企业所得税的税前扣除,可以减少企业所得税的支出。

税务优化的风险提醒

针对上述业务,提示风险如下:

(1)注意满足"合理工资薪金"的条件,企业内部应对优秀员工奖励制度化,满足《国家税务总局关于企业工资薪金及职工福利费扣除问题的通知》(国税函〔2009〕3 号)的相关规定:

> 一、关于合理工资薪金问题
>
> 《实施条例》第三十四条所称的"合理工资薪金",是指企业按照股东大会、董事会、薪酬委员会或相关管理机构制订的工资薪金制度规定实际发放给员工的工资薪金。税务机关在对工资薪金进行合理性确认时,可按以下原则掌握:
>
> (一)企业制订了较为规范的员工工资薪金制度;
>
> (二)企业所制订的工资薪金制度符合行业及地区水平;
>
> (三)企业在一定时期所发放的工资薪金是相对固定的,工资薪金的调整是有序进行的;
>
> (四)企业对实际发放的工资薪金,已依法履行了代扣代缴个人所得税义务;
>
> (五)有关工资薪金的安排,不以减少或逃避税款为目的。

(2)保留好相关证明材料,以便证明业务的真实性。

政策依据

(1)《中华人民共和国个人所得税法实施条例》规定:

> **第六条** 个人所得税法规定的各项个人所得的范围:
>
> (一)工资、薪金所得,是指个人因任职或者受雇取得的工资、薪金、奖金、年终加薪、劳动分红、津贴、补贴以及与任职或者受雇有关的其他所得。……

(2)《中华人民共和国企业所得税法实施条例》规定:

> **第三十四条** 企业发生的合理的工资薪金支出,准予扣除。

> 前款所称工资薪金,是指企业每一纳税年度支付给在本企业任职或者受雇的员工的所有现金形式或者非现金形式的劳动报酬,包括基本工资、奖金、津贴、补贴、年终加薪、加班工资,以及与员工任职或者受雇有关的其他支出。

(3)《中华人民共和国税收征收管理法》规定:

> 第六十九条 扣缴义务人应扣未扣、应收而不收税款的,由税务机关向纳税人追缴税款,对扣缴义务人处应扣未扣、应收未收税款百分之五十以上三倍以下的罚款。

(4)依照《中华人民共和国企业所得税法》第八条规定,具体内容详见第6.4节业务背景及痛点分析。

(5)依照《财政部 国家税务总局关于企业以免费旅游方式提供对营销人员个人奖励有关个人所得税政策的通知》(财税〔2004〕11号)相关规定,具体内容详见第6.4节业务背景及痛点分析。

(6)依照《财政部 国家税务总局关于规范个人投资者个人所得税征收管理的通知》(财税〔2003〕158号)第一条规定,具体内容详见第6.4节业务背景及痛点分析。

(7)依照《国家税务总局关于企业工资薪金及职工福利费扣除问题的通知》(国税函〔2009〕3号)第一条规定,具体内容详见第6.4节税务优化的风险提醒。

6.5 困境调解:注销企业退货的发票处理与合规路径

春风公司遇到的税务困境在于原交易方百花公司被母公司芳草集团有限公司(以下简称芳草集团)吸收合并后注销,导致无法取得红字发票进行税务处理。为解决此问题,春风公司与芳草集团通过设计一个闭环购销流程,即原退货商品以原价重新销售给芳草集团,以此绕过红字发票开具的限制,同时保持税务合规。请看下面的案例。

业务背景及痛点分析

1. 实务案例

春风公司与百花公司,长期以来维持着稳定且持久的业务合作关系。

近期,百花公司因战略调整被母公司芳草集团吸收合并,随之,百花公司依法完成了税务清算和企业注销,其原有的所有债权、债务等权利和责任,一并由新主体——母公司芳草集团承继。

在此背景下,春风公司与原百花公司之间的一批商品交易出现了需要退货的情况。而此前百花公司为这批货物开具了增值税专用发票,春风公司已及时进行了勾选认证并做了进项税抵扣。面对这一变动,春风公司主动与芳草集团沟通,请求协助开具对应退货的红字发票。然而,根据芳草集团咨询税务机关得到的反馈,由于百花公司作为独立法人已注销,其原有业务范围内发生的退货要求开具红字发票不能直接由芳草集团代开,这为春风公司带来了税务处理上的难题。

2. 痛点分析

百花公司的注销导致其作为独立法人实体的消失,使得直接由芳草集团代开红字发票变得复杂。由于原开票方已注销,如何在不违反税法的前提下合法开具红字发票,成为春风公司必须恰当处理的合规风险点。同时,春风公司已对原发票进行了勾选认证和税额抵扣,无法直接获得红字发票进行账务冲减,这对其会计合规处理亦是考验。

优化思路与解析

鉴于税务机关目前不支持母公司芳草集团直接替代原百花公司开具红字发票的实际情况,春风公司可探索一种新的解决方案,通过合规的商业操作达到相似的税务处理效果。

具体策略如下:

春风公司可与芳草集团深入协商,提议通过一个新的购销流程来巧妙化解当前困境。双方可签订一份正式的购销合同,明确约定春风公司将原本需退货给百花公司的商品,按照最初的交易价格售回给芳草集团。这样一来,春风公司将以销售方的身份,依法向芳草集团开具相应的增值税专用发票。芳草集团则作为购买方,可以凭此发票进行进项税额的抵扣,实现原本希望通过红字发票达到的税额冲减和账务调整的目的。

此方案的优势在于,它属于正常的商业交易且满足发票管理办法的规定,不仅解决了红字发票开具的难题,还确保了交易流程的合法性。春风公司与芳草集团需确保新签订的购销合同条款尽可能详细,清晰界定商品退货转销售的各项细节,包括但不限于商品明细清单、金额数量、交货方式、付款条件等,以保障双方权益,同时为税务处理提供依据。

此外,为确保该方案的顺利实施,春风公司还需同芳草集团协同一致,共同准备所有必要的交易材料,包括但不限于购销合同、发票、会计凭证、出入库单据、银行转账凭证等,以便在后续的税务检查中能够及时地正确应对,证明此交易的合理性与合法性,从而有效规避潜在的税务风险,实现双方共赢的财税处理目标。

税务优化如图 6-5 所示。

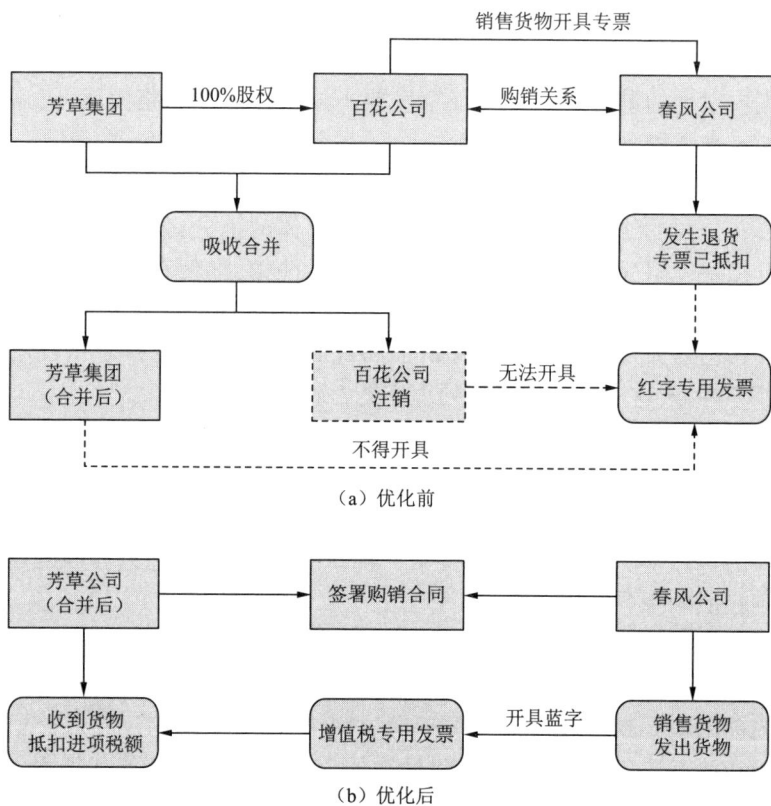

图 6-5　优化前与优化后税务处理流程示意图

税务优化的风险提醒

如果税务机关认为春风公司以原价将商品重新出售给芳草集团的价格明显偏低且没有正当理由,根据税法规定,税务机关有权核定其销售额。在这种情况下,春风公司可能面临按照税务机关核定的更高销售额来计算增值税的风险,进而增加增值税负担。为此,春风公司需要准备好充分的商业理由和证据,证明以成本价(原价)重新出售的合理性,比如市场环境变化、商品周期性和季节性原因,或是双方协议中的特殊条款等,以避免被税务机关视为缺少商业实质。

政策依据

(1)广西税务在 2019 年 10 月 21 日对于 12366 纳税服务平台留言问题的答复:

> 问:"母公司 A 吸收合并子公司 B,子公司 B 所有权利义务由母公司 A 承接,子公司 B 做了税务注销。注销后,原所属子公司 B 业务发生退货,原销售开具的发票有增值税专用发票和普通发票。……增值税专用发票对方已认证,由于我方原开票公司 B 已注销,对方开具红字信息表如何开具,红字信息表中的销方应该填 B 还是 A,我方 A 拿到对方开具的红字信息表后如何开具发票?能否由母公司 A 开具红字发票?……"
>
> 答:"国务院关于修改《中华人民共和国发票管理办法》的决定(中华人民共和国国务院令第 587 号)第十九条 销售商品、提供服务以及从事其他经营活动的单位和个人,对外发生经营业务收取款项,收款方应当向付款方开具发票;特殊情况下,由付款方向收款方开具发票。根据上述文件规定,您母公司不能为注销子公司进行冲红发票以及开具发票。"

(2)《国家税务总局关于红字增值税发票开具有关问题的公告》(国家税务总局公告 2016 年第 47 号)规定:

> 一、增值税一般纳税人开具增值税专用发票(以下简称"专用发票")后,发生销货退回、开票有误、应税服务中止等情形但不符合发票作废条件,或者因销货部分退回及发生销售折让,需要开具红字专用发票的,按以下方法处理:
>
> (一)购买方取得专用发票已用于申报抵扣的,购买方可在增值税发票管理新系统(以下简称"新系统")中填开并上传《开具红字增值税专用发票信息表》(以下简称《信息表》,详见附件),在填开《信息表》时不填写相对应的蓝字专用发票信息,应暂依《信息表》所列增值税税额从当期进项税额中转出,待取得销售方开具的红字专用发票后,与《信息表》一并作为记账凭证。

购买方取得专用发票未用于申报抵扣、但发票联或抵扣联无法退回的,购买方填开《信息表》时应填写相对应的蓝字专用发票信息。

销售方开具专用发票尚未交付购买方,以及购买方未用于申报抵扣并将发票联及抵扣联退回的,销售方可在新系统中填开并上传《信息表》。销售方填开《信息表》时应填写相对应的蓝字专用发票信息。

(二)主管税务机关通过网络接收纳税人上传的《信息表》,系统自动校验通过后,生成带有"红字发票信息表编号"的《信息表》,并将信息同步至纳税人端系统中。

(三)销售方凭税务机关系统校验通过的《信息表》开具红字专用发票,在新系统中以销项负数开具。红字专用发票应与《信息表》一一对应。

(四)纳税人也可凭《信息表》电子信息或纸质资料到税务机关对《信息表》内容进行系统校验。

6.6 展会调策:会展费用的税务优化与风险控制策略

白酒集团在参加各类展会时遇到的主要痛点是业务招待费和部分其他费用的税前扣除受限,以及相关费用的增值税进项税额不可抵扣问题。针对这些痛点,企业通过优化业务模式,将展会相关活动外包给专业会展公司,将业务招待费转化为会议展览服务费,从而提高税前扣除的效率和增值税进项税额的抵扣比例。请看下面的案例。

业务背景及痛点分析

1. 实务案例

某白酒集团(以下简称酒厂)每年都会参加全国各类展会,比如全国春季和秋季糖酒会等。在展会期间,会发生展场场地费、展场布展费用、会议费、住宿费及业务招待费等。该白酒集团的现状是:

(1)每年的业务招待费已经达到当年销售(营业)收入的3%左右,远远超过了《中华人民共和国企业所得税法实施条例》规定的限额扣除标准。

(2)每年的广告费和业务宣传费与当年销售(营业)收入的比例为12%左右。

(3)每年的销售额大约在10亿元。

2. 痛点分析

依照《财政部　国家税务总局关于全面推开营业税改征增值税试点的通知》(财税〔2016〕36 号)附件 1《营业税改征增值税试点实施办法》第二十七条和《中华人民共和国企业所得税法实施条例》第四十三条规定,该酒厂在糖酒会等专业发生的业务招待费取得的餐饮娱乐发票无法抵扣进项税额,税前扣除也因该企业业务招待费常年会超过当年销售(营业)收入的 5‰ 而不得扣除。

优化思路与解析

将企业参加展会的相关业务外包给专业的会展公司,将餐饮服务、娱乐服务等发票变更为"会议展览服务"发票。

解决思路如图 6-6 所示。

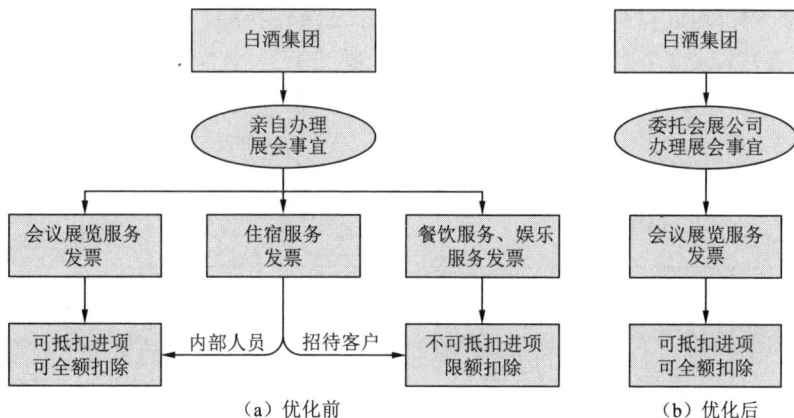

图 6-6　优化前与优化后税务处理流程示意图

酒厂在亲自办理展会事宜时,需要分别与展场、布展服务商、酒店等各环节打交道,然后分别收到会议展览服务、住宿服务、餐饮服务、娱乐服务等发票,其中餐饮服务、娱乐服务及招待客户的住宿服务等都不得抵扣进项税额,而且在企业所得税方面还只能是限额扣除,当企业的"业务招待费"已经超标的情况下甚至是不得扣除。

展会举办地城市,通常有专业的会展承接公司,熟悉展会的一切事宜,并与展会相关的展览馆、酒店、布展服务商等都有密切的合作关系。参展企业委托专业的会展公司办理展会事宜,可在同等预算金额限制的情况下,取得相同或更好的会展效果。

假如酒厂参加春季糖酒会的预算为 300 万元,根据以往年度的历史数据,其中可以抵扣进项税额和全额税前扣除的"会议展览服务"与"住宿服务"等含税金额大约150万元,剩余的150万元为不得抵扣进项税额和限额扣除的"餐饮服务"等。因此,企业直接参与展会可抵扣进项税额约为8.49万元(150×6%÷106%)。对于剩下150万元招待客户发生的"业务招待费",按照《中华人民共和国企业所得税法实施条例》规定,最多为税前扣除发生额的60%,最低则因为超限而无法扣除。

如果委托给专业会展公司,然后全部取得"会议展览服务"专票,则可以抵扣进项税额约为16.98万元(300×6%÷106%)。同时,酒厂参加糖酒会主要是为了市场营销、产品和企业形象的展示与宣传,其支出的费用,应作为"业务宣传费"进行税前扣除。依照《中华人民共和国企业所得税法实施条例》第四十四条的规定,企业发生的符合条件的广告费和业务宣传费支出,除国务院财政、税务主管部门另有规定外,不超过当年销售(营业)收入15%的部分,准予扣除;超过部分,准予在以后纳税年度结转扣除。因此,只要酒厂年度的广告费和业务宣传费没有超过销售收入额的15%,就能全部税前扣除。

采用不同的参加展会的模式,进项税额抵扣与税前扣除金额对比见表6-3。

表6-3 不同模式下进项税额抵扣与税前扣除金额对比

单位:万元

序　号	参会模式	展会支出	进项税额抵扣	税前扣除	
				最　　高	最　　低
1	直接参与	300	8.49	231.51	141.51
2	委托参与	300	16.98	283.02	283.02
对比		0	8.49	51.51	141.51

因此,在采用委托参与的情况下,可以显著增加进项税额抵扣以及税前扣除,对企业更加有利。

如果酒厂在展会举办城市有代理商的,也可利用代理商的资源,由代理商以品牌商(酒厂)的名义去参展,然后酒厂以实物产品给予代理商补贴,也能起到同样的效果。当然,酒厂用实物产品补贴,增值税、消费税和企业所得税需要做视同销售处理。

税务优化的风险提醒

针对上述业务,提示风险如下:

1. 关注"会议展览费"发票的要求

酒厂参加行业内的展会,主要目的是企业产品与企业形象的宣传与展示,与通常的会议有显著区别,取得的发票是"会议展览服务",不能简单地开具为"会议费"。因为通常的一般会议服务,都会附带有餐饮服务等,所以"会议费"是税务局比较关注的一类发票。而且关于会议服务与餐饮服务如何开具发票,目前各地国税机关主要存在两种开票口径,一种是必须分别开具,另一种是可以全部开成会议费。

(1)分别开具:

【湖南国税】酒店企业在提供培训、会议服务的同时提供住宿、餐饮、娱乐、会场出租等多项服务的,应如何缴税? 如何开票?

答:酒店企业在提供培训、会议服务的同时提供住宿、餐饮、娱乐、会场出租等多项服务,属于兼营行为,应当分别核算不同项目的销售额,并按规定开具增值税发票。其中,餐饮、娱乐服务属于不得抵扣项目,不得开具增值税专用发票。

【北京国税】为企业培训提供会议室(不组织培训)、住宿、餐饮等所有服务,按参加培训人员的人头收取每人一定额度的固定费用,是否可以全部开培训费? 应该怎样开具发票? 如果全开培训费,对方取得后,餐饮部分是否可以全部抵扣?

答:不得全开培训费,要分开核算。其中会议费、住宿费可以开专票;餐饮费不得抵扣。

【北京国税】为企业提供培训,被培训单位统一缴纳培训费用(包括培训和住宿),被培训人员单独缴纳餐饮费,但是培训单位是按人头统一收费的,只是被培训单位人为进行划分,可否都开具培训费发票?

答:不得全开培训费,要分开核算。其中会议费、住宿费可以开专票;餐饮费不得抵扣。

【河北国税】关于试点纳税人提供会议服务开具增值税专用发票的问题。

答:试点纳税人提供会议服务,且同时提供住宿、餐饮、娱乐、旅游等服务的,在开具增值税专用发票时不得将上述服务项目统一开具为"会议费",应按照《商品和服务税收分类与编码(试行)》规定的商品和服务编码,在同一张发票上据实分项开具,并在备注栏中注明会议名称和参会人数。

【江西国税】会议的住宿、餐饮如何开发票?

答:纳税人既提供住宿服务又提供餐饮服务,增值税专用发票应区分住宿服务、餐饮服务的销售额分别开具,增值税普通发票可合并开具。

【**福建国税**】试点纳税人提供会议服务如何开具增值税发票？

答：试点纳税人提供会议服务，包括住宿、餐饮、娱乐、旅游等服务的，属于兼营行为，在开具增值税发票时不得将上述服务项目统一开具为"会议费"，应按照《商品和服务税收分类与编码（试行）》规定的商品和服务编码，在同一张发票上据实分项开具，并在备注栏中注明会议名称和参会人数。

【**厦门国税**】纳税人提供会议服务如何开具增值税专用发票？

答：纳税人提供会议服务，且同时提供餐饮、娱乐、旅游等服务的，在开具增值税专用发票时不得将上述服务项目统一开具为"会议费"，应按照《商品和服务税收分类与编码（试行）》规定的商品和服务编码，据实分项开具。

【**厦门国税**】会议打包服务含住宿、餐饮、场租能否统一按提供会议服务开具发票？

答：会议场地出租及会场服务属会议服务项目，可统一按照会议服务开具发票；住宿、餐饮属兼营项目，应分项开具发票；会议打包服务含会议用品采购的，应按货物销售开票、征税。

【**海南国税**】关于酒店业纳税人提供会议服务适用税目的问题。

答：酒店业纳税人提供会议服务不是单独提供场地，还包括整理、打扫、饮水等服务，应按照"会议展览服务"征税。若会议服务中还包含餐饮服务、住宿服务收入，应分别按照会议服务、餐饮服务、住宿服务征税，餐饮服务不得开具增值税专用发票。

【**浙江国税**】我酒店为一般纳税人，和企业签订了会议服务合同，会议服务价格中包含了参会人员的食宿。请问在开具发票时是否可以将食宿费用作为会议服务的价外费用一并开具增值税专用发票？

答：试点纳税人提供会议服务，包括住宿、餐饮、娱乐、旅游等服务，属于兼营行为，在开具增值税发票的时候不得将上述服务项目统一开具为"会议费"，应按照《商品和服务税收分类与编码（试行）》规定的服务编码，在同一张发票上据实分项分别开具。

（2）合在一起开具：

【**湖北国税**】酒店业纳税人提供会议服务，如何核算和开票？

答：酒店业纳税人对提供会议服务中包含的餐饮服务、住宿服务收入，可一并按会议服务核算计税，开具增值税发票。

【**安徽国税**】某单位在酒店召开会议，酒店提供的服务内容包括住宿、餐饮、会务服务等，酒店是否需要对取得收入进行区分，按不同项目开具增值税发票？

答:《财政部 国家税务总局关于明确金融 房地产开发 教育辅助服务等增值税政策的通知》(财税〔2016〕140 号)规定:

> 十、宾馆、旅馆、旅社、度假村和其他经营性住宿场所提供会议场地及配套服务的活动,按照"会议展览服务"缴纳增值税。

因此,该酒店承接会议,提供上述服务不需要对取得的收入按不同项目进行拆分。

(3)进项税额抵扣:

《财政部 国家税务总局关于全面推开营业税改征增值税试点的通知》(财税〔2016〕36 号)附件1《营业税改征增值税试点实施办法》第二十七条第(六)项规定:"购进的旅客运输服务、贷款服务、餐饮服务、居民日常服务和娱乐服务。"

不论是分开开具发票,还是可以合并开票,根据上述文件规定,餐饮服务的进项税额不得抵扣。有人问用于招待的会议服务、餐饮服务等是否可以抵扣,根据二十七条规定,交际应酬消费属于个人消费进项税额不得抵扣。

综上所述,通过对各省市营改增会议费发票开具的执行口径统计发现,绝大部分税务机关要求餐饮服务要单独开具发票(单独开具即可以在一张发票上逐条开具也可以分两张发票开具),目前公开资料显示只有湖北、安徽二省的国税局允许全部开成会议费,不用分开开具发票。但不意味着不需分开开具发票便可以全额抵扣进项税额,就不用作进项税额转出了,购买方纳税人要关注增值税抵扣风险。

因此,在与专业会展公司签署(或约定)服务内容时,重点应突出展览、展示与宣传等,规避餐饮服务等交际薪酬内容,将酒厂的交际薪酬支出转变为会展公司的业务成本。

2. 酒厂参加展会的支出企业所得税该如何扣除

酒厂参加糖酒会等专业展会,取得"会议展览服务"发票,该以"会议费"扣除,还是该以"业务宣传费"扣除,不同的税务局在实务中理解和执行口径是存在差异的,企业应提前跟主管税务局做好沟通,避免产生税企争议甚至税务风险。

(1)对于会议费的税前扣除根据《中华人民共和国企业所得税法》及其实施条例规定,企业实际发生的生产经营活动有关的合理的会议费支出可以据实扣除;反之与生产经营活动无关或不合理的会议费支出不得扣除。

（2）参照《中央和国家机关会议费管理办法》（财行〔2016〕214号）规定：

> **第十四条** 会议费开支范围包括会议住宿费、伙食费、会议场地租金、交通费、文件印刷费、医药费等。
>
> 前款所称交通费是指用于会议代表接送站，以及会议统一组织的代表考察、调研等发生的交通支出。……

（3）参照《河北省地方税务局关于企业所得税若干业务问题的公告》（河北省地方税务局公告2011年第1号）规定：

> 十四、关于会议费的扣除问题
>
> 对纳税人年度内发生的会议费，同时具备以下条件的，在计征企业所得税时准予扣除。
>
> （一）会议名称、时间、地点、目的及参加会议人员花名册；
>
> （二）会议材料（会议议程、讨论专件、领导讲话）；
>
> （三）会议召开地酒店（饭店、招待处）出具的服务业专用发票。
>
> 企业不能提供上述资料的，其发生的会议费一律不得扣除。

（4）如果主管税务局认为需要以"业务宣传费"进行税前扣除的，企业需要关注广告费和业务宣传费的比例限制，超限的应按规定做好纳税调整。集团性公司面对广告费和业务宣传费超标的，应提前做好规划，应由集团内关联公司均衡支出，减少纳税调增。

政策依据

（1）《财政部　国家税务总局关于全面推开营业税改征增值税试点的通知》（财税〔2016〕36号）附件1《营业税改征增值税试点实施办法》规定：

> **第二十七条** 下列项目的进项税额不得从销项税额中抵扣：
>
> （一）用于简易计税方法计税项目、免征增值税项目、集体福利或者个人消费的购进货物、加工修理修配劳务、服务、无形资产和不动产。其中涉及的固定资产、无形资产、不动产，仅指专用于上述项目的固定资产、无形资产（不包括其他权益性无形资产）、不动产。

> 纳税人的交际应酬消费属于个人消费。......
>
> (六)购进的旅客运输服务、贷款服务、餐饮服务、居民日常服务和娱乐服务。......

(2)《中华人民共和国企业所得税法实施条例》规定:

> **第四十三条** 企业发生的与生产经营活动有关的业务招待费支出,按照发生额的 60% 扣除,但最高不得超过当年销售(营业)收入的 5‰。
>
> **第四十四条** 企业发生的符合条件的广告费和业务宣传费支出,除国务院财政、税务主管部门另有规定外,不超过当年销售(营业)收入 15% 的部分,准予扣除;超过部分,准予在以后纳税年度结转扣除。

(3)《中华人民共和国企业所得税法》规定:

> **第八条** 企业实际发生的与取得收入有关的、合理的支出,包括成本、费用、税金、损失和其他支出,准予在计算应纳税所得额时扣除。

(4)依据《财政部 国家税务总局关于明确金融 房地产开发 教育辅助服务等增值税政策的通知》(财税〔2016〕140 号)第十条规定,具体内容详见第 6.6 节税务优化的风险提醒。

(5)依据《中央和国家机关会议费管理办法》(财行〔2016〕214 号)第十四条规定,具体内容详见第 6.6 节税务优化的风险提醒。

(6)依据《河北省地方税务局关于企业所得税若干业务问题的公告》(河北省地方税务局公告 2011 年第 1 号)第十四条规定,具体内容详见第 6.6 节税务优化的风险提醒。

6.7 产业调构:酒品结构优化与西部大开发税收优惠对接策略

为了借助西部大开发政策降低税负,四川 B 酒厂需将果酒的销售占比提升至 60% 以上。策略聚焦扩产果酒,调整产品组合,确保符合政策规定。需注意精确计算收入占比,关注政策变动,规避税务风险,实现合法节税。请看下面的案例。

业务背景及痛点分析

1. 实务案例

四川 B 酒厂,厂址位于大巴山区的某县城,利用当地良好的自然环境和自然条件,生产与销售两类主打产品为白酒和果酒,两类产品的销售额占比各占 50%。白酒生产主要以当地山区玉米为原料采用固态发酵法生产;果酒主要是利用当地山区野生、种植的猕猴桃、桑葚等,采用传统发酵法、浸泡法等酿制的猕猴桃酒、桑葚酒等。

该酒厂为了合理降低消费税负担,已经按照行业惯例,专门设立了销售公司。

酒厂规模较大,年销售额 10 亿元左右,整体税负较高。现在该酒厂的财务总监向我们咨询:"如何能合理地降低企业税负?"

2. 痛点分析

酒厂作为一个传统行业,需要缴纳增值税、消费税、企业所得税等,而且很少有税收优惠政策,因此,酒类生产企业在一般情况下税负是远高于其他企业的。

增值税和消费税对于酒厂而言,是法定的,除消费税通过生产和销售分离来适当减少外,几乎就没有其他合理合法方式可以优化了。

在企业所得税方面,虽然有小型微利企业的优惠政策,但是对于年销售额上 10 亿元的酒厂显然是不合适的。

优化思路与解析

B 酒厂虽然没有其他的优惠政策,但是地处四川省,可以向西部大开发企业所得税优惠政策靠拢。

经过查询《西部地区鼓励类产业目录(2020 年本)》(国家发展和改革委员会令 2021 年第 40 号)发现,在"二、西部地区新增鼓励类产业"的四川省部分,有新增"44. 果酒制造,糯红高粱种植"。该鼓励产业目录,自 2021 年3 月 1 日起施行。

B 酒厂正好有"果酒制造",只是果酒的销售收入占总收入的比例是50%,依据《财政部 税务总局 国家发展改革委关于延续西部大开发企业所得税政策的公告》(财政部 税务总局 国家发展改革委公告 2020 年第23 号)第一条规定,不符合西部大开发企业所得税优惠政策的限制性条件。

因此,B 酒厂若想享受西部大开发政策下的企业所得税优惠,就必须提高果酒销售在总收入中的占比,或者降低白酒销售收入的占比。实现这一目标的途径可以包括扩大果酒的生产线或生产规模等,或者减少白酒的生产与销售。然而,对企业而言,主动减少销售收入几乎是不可能的,因此,增加果酒的生产与销售便成了较为理想的策略。优化前与优化后税务处理流程示意图,如图 6-7 所示。

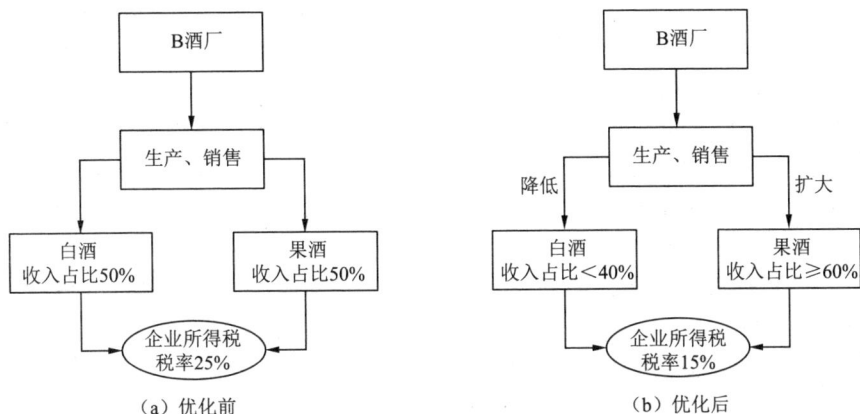

图 6-7 优化前与优化后税务处理流程示意图

西部大开发优惠政策、高新技术企业优惠政策等,都对主营业务收入占比有限制性规定,只有满足规定,整个企业才能享受优惠政策。因此,当企业收入占比不满足税法规定的要求时,就要想办法减少不在优惠范围内的销售收入占比。通过扩大果酒的销售占比达到 60%,满足西部大开发优惠政策的限制性条件,B 酒厂就可以享受企业所得税的优惠政策,即企业所得税的税率就可以由 25% 降为 15%。

税务优化的风险提醒

针对上述业务,提示风险如下:

(1)关注"收入总额"的范围,精确计算销售收入占比。

享受西部大开发所得税优惠的企业需满足当年度主营业务收入占企业收入总额 60% 以上的条件,上述所称"收入总额"应如何理解?因为"收入总额"会直接影响占比的计算结果,会决定企业能否享受优惠政策。

根据《国家税务总局关于深入实施西部大开发战略有关企业所得税问题的公告》(国家税务总局公告 2012 年第 12 号)规定:

> 一、……上述所称收入总额，是指《企业所得税法》第六条规定的收入总额。

按照前述税法规定的"收入总额"，跟企业会计核算的收入是存在差异的。比如，企业对固定资产、无形资产等对外处置销售时，会计核算可能计入"资产处置损益"科目；企业对外投资的股权转让所得以及股息、红利等收益，会计核算计入"投资收益"；对于利息收入，会计核算可能是直接冲减的"财务费用"。因此，在计算或测算企业主营业务收入的占比时，需要注意"收入总额"一定要按照税法口径进行调整，避免因为口径差异导致计算不准确，特别是临界点附近一定要注意其中的税务风险。如果企业有不满足的风险，企业需要提早做好准备，在不能增加鼓励类收入的情况下，就减少非鼓励类的收入，确保满足限制性条件。

同时，还要考虑视同销售收入的因素，有视同销售存在的话，会导致应税收入大于会计核算的收入金额。对于税法规定的视同销售范围，在计算销售占比时是将视同销售收入给加上的。

（2）关注《西部地区鼓励类产业目录》等的变化，以及变化后对本企业的纳税影响。同时，需要注意《西部地区鼓励类产业目录》是分省市区划分，不同地区的范围是不一样的，决不能"张冠李戴"，企业在适用前一定要仔细核对本企业主营业务是否在目录内。企业对本企业主营业务是否可以在享受优惠政策范围内有疑问的，可以咨询当地发改委。

政策依据

（1）《财政部　税务总局　国家发展改革委关于延续西部大开发企业所得税政策的公告》（财政部　税务总局　国家发展改革委公告2020年第23号）规定：

> 一、自2021年1月1日至2030年12月31日，对设在西部地区的鼓励类产业企业减按15%的税率征收企业所得税。本条所称鼓励类产业企业是指以《西部地区鼓励类产业目录》中规定的产业项目为主营业务，且其主营业务收入占企业收入总额60%以上的企业。
> 二、《西部地区鼓励类产业目录》由发展改革委牵头制定。该目录在本公告执行期限内修订的，自修订版实施之日起按新版本执行。

（2）《西部地区鼓励类产业目录（2020 年本）》（国家发展和改革委员会令 2021 年第 40 号）规定：

> 二、西部地区新增鼓励类产业
>
> 西部地区新增鼓励类产业按省、自治区、直辖市分列，原则上适用于在相应省、自治区、直辖市生产经营的内资企业，并根据实际情况适时修订；如所列产业被国家相关产业目录明确为限制、淘汰、禁止等类型产业，其鼓励类属性自然免除。……
>
> （二）四川省……
>
> 44. 果酒制造，糯红高粱种植……

（3）《中华人民共和国企业所得税法》规定：

> 第六条 企业以货币形式和非货币形式从各种来源取得的收入，为收入总额。包括：（一）销售货物收入；（二）提供劳务收入；（三）转让财产收入；（四）股息、红利等权益性投资收益；（五）利息收入；（六）租金收入；（七）特许权使用费收入；（八）接受捐赠收入；（九）其他收入。

（4）依据《国家税务总局关于深入实施西部大开发战略有关企业所得税问题的公告》（国家税务总局公告 2012 年第 12 号）第一条规定，具体内容详见第 6.7 节税务优化的风险提醒。

6.8 中介调雇：茶叶收购中消除中间商的税务优化与风险防控策略

雅轩茶业面临中间商阻隔，难以合规开具农产品收购发票。于是，通过将中间商转化为季节工，直接对接茶农，确保发票合法开具，虽增加成本，但保障进项税额抵扣，强化税务合规，规避虚开风险。此外，需关注农产品收购发票开具相关细节。请看下面的案例。

业务背景及痛点分析

1. 实务案例

某雅轩茶业有限公司坐落于四川省的蒙顶山地区。其产品，蒙顶山茶，因其"中国地理标志保护产品"的身份以及"扬子江中水,蒙山顶上茶"等美誉,使得产品销量逐年增加,公司也因为销售额大而变成了增值税一般纳税人。然而,公司自有茶园的产量已无法满足生产需求,因此必须外购新鲜茶叶以满足生产需要。

为此,该公司向其主管税务局申请并成功获得了开具农产品收购发票的资格。然而,在实际操作中,公司发现,由于每年清明节前后是茶厂和茶农最为繁忙的时期,直接上茶厂交售新鲜茶叶的农户数量寥寥无几。相反,更多的是那些收购后再转卖的商贩。根据农产品收购发票的规定,此类发票只针对个人农业生产者(个体工商户除外)自产自销的农产品开具,而严禁对中间商开具,否则就涉嫌虚开发票。虚开发票的后果很严重,既不能抵扣进项税额,也不能作为税前扣除凭证,严重者还可能面临着刑事责任。然而,茶厂要亲自派人到农户茶园去收购也不现实,除生产繁忙人手不足外,茶厂人员也没有商贩的信息和渠道优势,因为商贩通常就是山区村庄的"能人",茶农就是他本村的邻居或亲戚,能够随时掌握茶农采择茶叶的信息,当茶厂采购人员赶到时可能已经被这些商贩收购了,这些商贩可以说是茶厂收购新鲜茶叶的"敌人"。

面对这一棘手问题,该公司的财务负责人向我们咨询:"该通过什么措施来合理开具农产品收购发票?"

2. 痛点分析

由于农产品收购发票经常发生虚开案件,它一直是税务局监管的重点。税务机关会定期对企业开具的农产品收购发票进行专项检查。如果企业在开具和使用农产品收购发票时未能从源头上确保合规操作,那么将给企业带来严重的税务风险隐患。

优化思路与解析

由于"中间商"的存在,茶厂难以直接对茶农开具农产品收购发票,因此,需要采取措施将"中间商"从收购流程中排除,以确保能够合规地向茶农开具发票。

优化前与优化后的对比,以及解决思路如图6-8、图6-9所示。

通过优化前后的示意图对比可以发现,只要把"中间商"变成"茶厂员工",并且直接向新鲜茶叶生产者的茶农收购和支付收购款,茶厂就可以按规定开具发票。

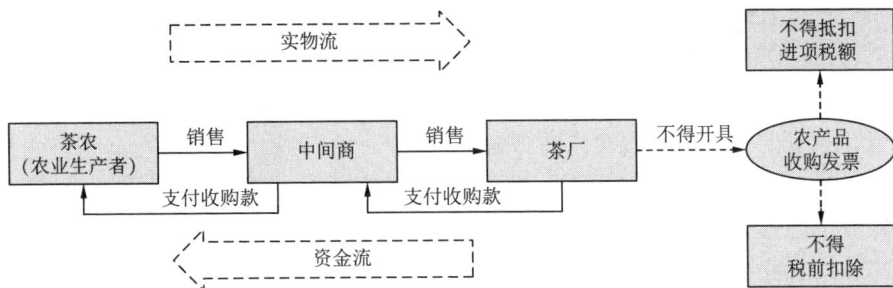

图 6-8 优化前税务处理流程示意图

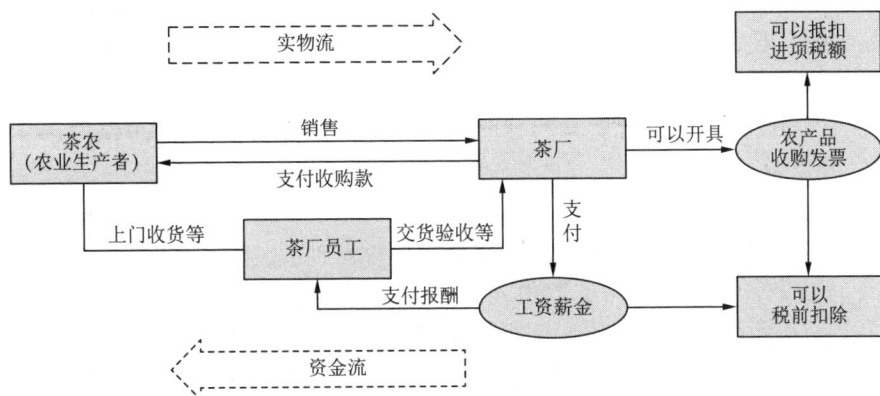

图 6-9 优化后税务处理流程示意图

在茶厂自有人手不足,以及行业的季节性生产特点,可以将"中间商"变成自家的季节工、临时工,然后再以茶厂的身份去直接向茶农收购新鲜茶叶。在这一变更的过程中,涉及茶厂与季节工、临时工的利益分配问题,双方应提前商谈好报酬的计算方式,以及相关细节、茶叶的品控管理、双方责任等,然后签订书面协议。

在收购茶叶时,这些"茶厂员工"在上门收货的同时,将交售新鲜茶叶的相关信息,利用现代即时通信传递回茶厂,包括但不限于茶农姓名、身份证号码、联系电话、地址、数量、单价、金额等。茶厂根据新鲜茶叶的信息,开具农副产品收购发票,利用网银转账等非现金支付手段将收购款直接支付给销售的茶农名下,并确保收款账户与收购发票上开具的姓名一致。

如果使用现金支付的,茶厂应提前印制统一格式的"新鲜茶叶收购凭单",需要填写的信息包括但不限于茶农姓名、身份证号码、联系电话、地址、数量、单价、金额等,在支付茶叶收购款时需要茶农在凭单上签字并按指纹。

茶厂根据收购人员反馈上来的"新鲜茶叶收购凭单"信息开具农产品收购发票,并将凭单作为附件附在后面。

最后,茶厂按照双方的协议约定,给这些季节工、临时工计算并自负"工资",按规定扣缴并申报个人所得税。

通过把"中间商"变为茶厂自己的员工(季节工、临时工),让茶厂直接向农业生产者收购,以满足农产品收购发票的开具规定。然后,再由茶厂直接付款给农业生产者。

茶厂通过把"中间商"变为茶厂自己的员工,虽然会因为需要支付部分"工资"而增加成本,但是满足了农产品收购发票的开具规定,合规开具农产品收购发票后,就可以按规定计算抵扣进项税额和按规定进行税前扣除。

对于季节工、临时工支付的工资,根据《国家税务总局关于企业所得税应纳税所得额若干税务处理问题的公告》(国家税务总局公告 2012 年第 15 号)规定:

> 一、关于季节工、临时工等费用税前扣除问题
>
> 企业因雇用季节工、临时工、实习生、返聘离退休人员以及接受外部劳务派遣用工所实际发生的费用,应区分为工资薪金支出和职工福利费支出,并按《企业所得税法》规定在企业所得税前扣除。……

税务优化的风险提醒

针对上述业务,提示风险如下:

(1)根据《中华人民共和国发票管理办法》规定:

> 第二十一条　开具发票应当按照规定的时限、顺序、栏目,全部联次一次性如实开具,开具纸质发票应当加盖发票专用章。……

因此,茶厂不得开具与实际经营业务不符的发票,不得在开具农产品收购发票时故意虚高新鲜茶叶收购价格,从而造成违规多抵扣进项税额。

确保收购发票金额与支付给农业生产者的款项金额一致,严禁将收购农产品过程中随同买价支付的运输费用、装卸费用、人工费用、组织费用等其他费用,加入收购金额中开票。

(2)严防农产品收购发票的虚开。茶厂的财务人员、开票人员等要通过

抽查茶农联系电话,或者实地抽查茶农的茶园规模等措施,确保不虚开农产品收购发票。

(3)关注企业所在地税务局对于农产品收购发票的具体规定,因为各地对农产品收购发票有一些差异,不能照搬其他地方的规定来执行。同时,企业还应关注农产品开具规定的变化,避免出现开具错误。

(4)企业应按规定妥善保管与收购农产品业务相关的原始凭证以备查验,如收购农产品的过磅单、入库单、运输专用结算单据、收付款凭证等。

政策依据

(1)《财政部 税务总局关于简并增值税税率有关政策的通知》(财税〔2017〕37号)规定:

> 二、纳税人购进农产品,按下列规定抵扣进项税额:
>
> (一)除本条第(二)项规定外,纳税人购进农产品,取得一般纳税人开具的增值税专用发票或海关进口增值税专用缴款书的,以增值税专用发票或海关进口增值税专用缴款书上注明的增值税额为进项税额;……取得(开具)农产品销售发票或收购发票的,以农产品销售发票或收购发票上注明的农产品买价和11%的扣除率计算进项税额。……
>
> (四)纳税人从批发、零售环节购进适用免征增值税政策的蔬菜、部分鲜活肉蛋而取得的普通发票,不得作为计算抵扣进项税额的凭证。……

(2)《关于深化增值税改革有关政策的公告》(财政部 税务总局 海关总署公告2019年第39号)规定:

> 二、纳税人购进农产品,原适用10%扣除率的,扣除率调整为9%。纳税人购进用于生产或者委托加工13%税率货物的农产品,按照10%的扣除率计算进项税额。

(3)依据《国家税务总局关于企业所得税应纳税所得额若干税务处理问题的公告》(国家税务总局公告2012年第15号)第一条规定,具体内容详见第6.8节优化思路与解析。

(4)依据《中华人民共和国发票管理办法》第二十一条规定,具体内容详见第 6.8 节税务优化的风险提醒。

6.9 借贷调理:集团内部资金调配的税务风险防控与优化策略

集团企业资金链紧张,子公司融资助力母公司,却因代收利息面临高额增值税补缴。为解决此问题,应构建三方协议,银行直接贷款给母公司,子公司担保,规避资金占用往来款交税,合法节税。需注意遵从实质重于形式原则,确保交易合规,规避税务风险,留意担保合法程序。请看下面的案例。

业务背景及痛点分析

1. 实务案例

四川某大型集团金融平台企业在 2023 年因业务向全国大力扩张,导致资金链逐渐紧张。为满足经营发展的需求,经过董事会高层的商议和决议,企业急需近 25 亿元人民币的融资。于是,母公司决定向某家银行申请融资。在递交资料后,银行对企业进行了全面的资金风险评估。由于收入记录并不在母公司账上,通过资产负债表和利润表的诊断,发现其不符合融资要求。最后,集团财务总监建议利用子公司的资产实力来满足融资条件,这一提议最终使子公司成功获得了 25 亿元的融资。随后,子公司迅速将这笔资金转移给了母公司,并且母公司将相应的利息转给子公司,后者则向银行支付了利息。最终,银行开具了利息发票给子公司。在这一融资过程中,财务总监的出色表现也得到了公司高层的认可与奖励。

但是,大数据及风控管理局通过风险扫描发现,该子公司"其他应付账款"巨大,于是在 2024 年 3 月通过移交给了税务稽查局,同月,该子公司收到了税务稽查局的通知,通过稽查局实地查验后,告知该子公司和母公司由于银行资金借贷环节账上虽然挂的是往来账款,其他应收账款。但是,实质是该子公司向母公司收取了利息,没有按规定缴纳增值税,合计需要缴纳近3 000 万元的税款。财务总监非常纳闷,为什么往来款需要按金融借贷缴纳增值税呢?

在 2024 年 3 月,税务大数据及风控管理局通过风险扫描发现,该子公司的"其他应付账款"项目异常巨大。基于此发现,该情况被提交给了税务稽查局。同月,该子公司收到了税务稽查局的通知。经过税务稽查局的实地查验后告知,虽然在子公司账面上银行资金借贷环节被记录为往来账款(其他应收账款),但实际上该子公司将资金转给母公司并收取了利息,这就构成了"金融服务＊贷款服务"的收入,却未按规定申报并缴纳增值税。因此,总共需要补缴近 3 000 万元的税款,并且按照规定加征税收滞纳金。财务总监对此结果感到困惑,不理解为何往来款项需要按照金融借贷的规定来缴纳增值税。

2. 痛点分析

按照该企业财务总监的操作,资金流与利息支付如图 6-10 所示。

图 6-10 优化前资金流与利息支出示意图

从该企业的融资结构图中可以看出,这实际上是许多集团企业和中小企业常见的问题。从资金需求的角度分析,企业的做法似乎是合理的,能够灵活调配资源,即母公司虽无法直接获得贷款,但子公司可以;银行的要求虽然严格,但也符合其资金风险控制的原则,是合理的;当母公司面临困难时,子公司确实应当站出来,确保满足母公司的资金需求。从情理上讲,母公司、银行和子公司的行为都是恰当的,无可指责。然而,当这些因素叠加在一起时,却引发了巨大的税务风险!

因为企业间的资金占用行为日益引起税务局的关注。税务稽查局对该企业的处罚是正确的。尽管常言道"肥水不流外人田",在本案例中,子公司向母公司收取了利息,并记录为往来账款。但是,"实质重于形式",因此税务稽查局要求补税是合法的。所以,企业的涉税行为不仅要合情合理,更要合法才行!

优化思路与解析

该案例的 3 000 万元的罚款其实可以事先规划的,可以做到一分钱都不用缴!

针对上述业务,该问题的优化思路如下:

改变借款的主体,避免让子公司单独向银行贷款,而应采取"以退为进"的策略。具体来说,就是母公司、子公司和银行签订三方贷款协议。在协议中明确约定,实际使用资金的一方是母公司,子公司主要作为担保方,这样银行就不再承担资金借贷的风险。然后,银行将25亿元资金直接借给母公司,母公司也直接向银行支付利息,并且银行需要向母公司开具发票。这样,整个交易就简化为母公司与银行之间的直接资金借贷关系,减少了通过子公司进行的不必要环节,从而避免了税务局因往来款问题追查子公司并要求补缴原本不应缴纳的3 000万元利息。

优化后操作方式如图6-11所示。

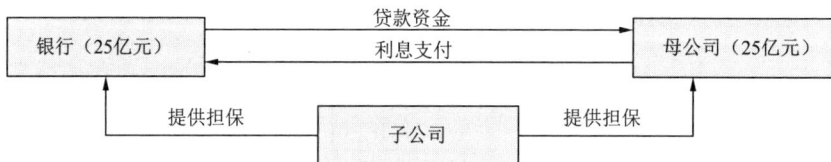

图6-11　优化后资金流与利息支出示意图

优化前:该案例资金通过子公司贷款后,转移给子公司,并且收取了利息,最后,导致补缴税款3 000多万元。

优化后:把资金借贷过程缩短,资金承受主体回归到了实际资金使用方母公司,子公司只是起到担保作用。核心是规避了资金占用涉税问题。省税3 000多万元!

税务优化的风险提醒

针对上述业务,提示风险如下:

(1)很多中小企业在实务中,经常会出现企业负责人用自己的房产作为抵押获取贷款,然后将资金转给企业使用的情况。在这个过程中,企业支付利息给企业负责人,企业负责人再将利息转给银行。这种操作方式与本案中的操作极为相似,都存在着一个共同的问题:银行的资金并未直接提供给实际需求资金的企业。最终,这导致了税局要求补缴个税的风险,因为企业向个人支付了利息;个人向单位收取利息,存在补缴增值税的风险;同时,由于银行开票的主体是个人,企业在支付利息时也面临企业所得税的纳税调增问题。

(2)子公司为母公司在担保环节,也需要注意以下两点:

①注意担保的合法程序。《中华人民共和国公司法》规定:

> **第十五条**　公司向其他企业投资或者为他人提供担保,按照公司章程的规定,由董事会或者股东会决议;公司章程对投资或者担保的总额及单项投资或者担保的数额有限额规定的,不得超过规定的限额。……

②注意子公司的类型,上市公司不允许其子公司为母公司提供担保。《中国证券监督管理委员会关于规范上市公司与关联方资金往来及上市公司对外担保若干问题的通知》(证监会公告〔2017〕16 号)规定:

> 二、严格控制上市公司的对外担保风险
> ……控股股东及其他关联方不得强制上市公司为他人提供担保。……(一)上市公司不得为控股股东及本公司持股百分之五十以下的其他关联方、任何非法人单位或个人提供担保。……

政策依据

(1)《财政部 国家税务总局关于全面推开营业税改征增值税试点的通知》(财税〔2016〕36 号)附件 1《营业税改征增值税试点实施办法》附《销售服务、无形资产、不动产注释》规定:

> 一、销售服务……
> (五)金融服务。
> 金融服务,是指经营金融保险的业务活动。包括贷款服务、直接收费金融服务、保险服务和金融商品转让。
> 1. 贷款服务。
> 贷款,是指将资金贷与他人使用而取得利息收入的业务活动。
> 各种占用、拆借资金取得的收入,包括金融商品持有期间(含到期)利息(保本收益、报酬、资金占用费、补偿金等)收入、信用卡透支利息收入、买入返售金融商品利息收入、融资融券收取的利息收入,以及融资性售后回租、押汇、罚息、票据贴现、转贷等业务取得的利息及利息性质的收入,按照贷款服务缴纳增值税。……

(2)《财政部 税务总局关于延续实施医疗服务免征增值税等政策的公告》(财政部 税务总局公告 2023 年第 68 号)规定:

> 二、对企业集团内单位(含企业集团)之间的资金无偿借贷行为,免征增值税。
> 三、本公告执行至 2027 年 12 月 31 日。

（3）《财政部　国家税务总局关于全面推开营业税改征增值税试点的通知》（财税〔2016〕36 号）附件 1《营业税改征增值税试点实施办法》规定：

> **第十四条**　下列情形视同销售服务、无形资产或者不动产：
>
> （一）单位或者个体工商户向其他单位或者个人无偿提供服务，但用于公益事业或者以社会公众为对象的除外。……

（4）《中华人民共和国个人所得税法》规定：

> **第二条**　下列各项个人所得，应当缴纳个人所得税：……
>
> （六）利息、股息、红利所得；……

（5）《中华人民共和国税收征收管理法》规定：

> **第三十五条**　纳税人有下列情形之一的，税务机关有权核定其应纳税额：……
>
> （六）纳税人申报的计税依据明显偏低，又无正当理由的。……

（6）《中华人民共和国增值税暂行条例》规定：

> **第七条**　纳税人发生应税销售行为的价格明显偏低并无正当理由的，由主管税务机关核定其销售额。

（7）依据《中华人民共和国公司法》第十五条规定，具体内容详见第 6.9 节税务优化的风险提醒。

（8）依据《中国证券监督管理委员会关于规范上市公司与关联方资金往来及上市公司对外担保若干问题的通知》（证监会公告〔2017〕16 号）第二条规定，具体内容详见第 6.9 节税务优化的风险提醒。

6.10　迷局调通：在建工程并购的税务策略突破与合作路径

百花公司出售未完成的生产线给春风公司时，面临高额增值税的难题。为解决此问题，百花公司应先竣工生产线，使其达到运营状态，后资产重组转让，通过该方式享受增值税不征税的优惠政策。春风公司融资助建，其借款抵减收购价。需注意确保持续经营转让原则,详细拟定资金协议,预先与税局沟通,证明其商业实质,合规减税。请看下面的案例。

业务背景及痛点分析

1. 实务案例

百花公司实行多元化经营战略,当前拥有一条正处于建设阶段的生产线,该工程尚未达到竣工状态,近期由于资金流动性紧张和战略方向调整,终止了工程施工,将其与厂房一并纳入待售资产管理。另一方面,春风公司出于业务扩展和产能提升的需求,表达了购买意向,计划收购百花公司的这项未完成建设的生产线和厂房。然而,在这一收购进程中,百花公司面临按照税法规定就转让该在建生产线和厂房需缴纳增值税的义务,考虑到增值税税负较高,对交易成本造成显著影响,百花公司倾向于通过企业重组的方式探索合理的税务优化路径。

基于第三方咨询意见,双方考虑利用现行税收政策资产重组对于实物资产、负债及劳动力整体转移中涉及的不动产转让行为不征收增值税的特定条款,设计了一个整合方案,计划将未完成的生产线和厂房、一部分现有债务以及关联的操作工人作为一揽子交易内容转让给春风公司。但此方案经咨询税务机关却遭到了拒绝,税务机关认为该操作不属于资产重组,有滥用税收优惠政策之嫌,不符合税收政策精神。面对当前的税务优化难题,春风公司与百花公司应如何协同探索,发掘切实可行的策略,以合理控制税收成本,实现并购项目的顺利推进与税负优化?

2. 痛点分析

该项收购资产交易的税务优化的困境直接影响了并购交易的进程,若不能有效解决,可能会拖延项目时间表,增加不确定性,甚至可能导致交易失败。如何在尊重税法精神与规定的前提下,设计交易结构,有效降低增值税负担,确保并购项目的顺利执行与成本优化。解决方案需聚焦于深入解读税收政策(资产重组的界定和内涵),加强与税务机关的沟通,以及收购策略调整,包括但不限于延迟交易、增强交易的商业实质等。

优化思路与解析

税务机关的关注点集中于交易的定性,即该操作是否构成真正的资产重组。我国税法对"资产重组"的界定颇为广泛,依据《财政部 国家税务总局关于企业重组业务企业所得税处理若干问题的通知》(财税〔2009〕59号)

规定,其范畴涵盖了企业法律形态变更、债务重组、股权或资产收购、合并与分立等多种情形。其中,资产收购特指一家企业从另一家企业购得实质性经营性资产的行为。借鉴国际通行的 TO GC(持续经营中的企业转让)原则,重组在特定条件下可免于缴纳增值税,核心要素之一是所转让的业务单元须具备独立运营的能力,确保业务在转让过程中的性质、业务范围及运营模式维持连续性和稳定性,无明显中断。

然而,鉴于百花公司的生产线尚未完工,无法立即投入运营,因此不符合 TO GC 中关于独立运营及持续经营的必备条件。基于此,建议百花公司首先完成生产线建设并使之达到可运行状态,之后再与春风公司进行资产重组,以此利用重组过程中的增值税不征税的政策。

为缓解百花公司当前的资金压力,双方可采取融资合作模式,即春风公司可通过贷款给百花公司,约定合理的利息及还款条款,助力生产线如期完工并投入使用。未来,在最终的资产转让结算时,该笔借款及其利息可予以冲减转让对价,这样既可以保障了项目进展,又优化了资产收购的交易成本。

税务优化思路如图 6-12 所示。

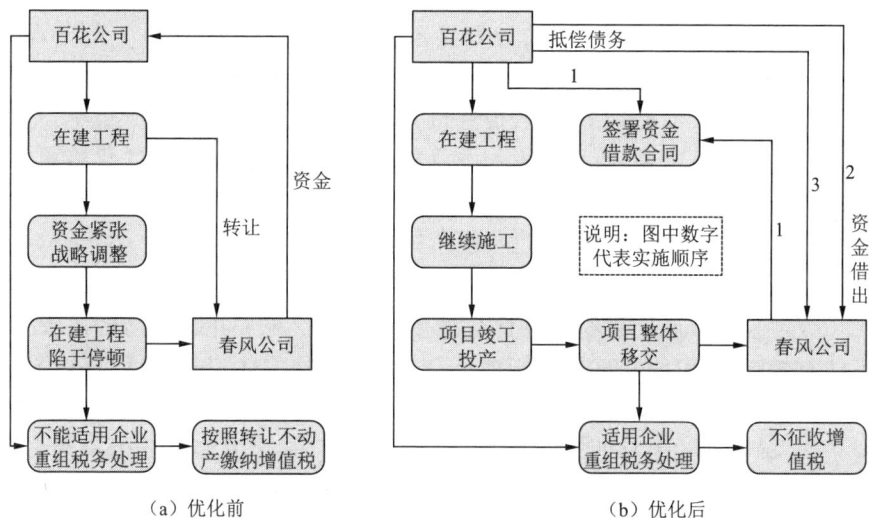

图 6-12 优化前与优化后税务处理流程示意图

税务优化的风险提醒

针对上述业务,提示风险如下:

(1)鉴于当前生产线未完工不符合"持续经营中的企业转让"原则,百花公司应考虑先行完成生产线建设至可投产使用。在此期间,两家公司可以共同制定详细的建设时间表和预算,确保建设工程成本控制和顺利推进。同时,考虑引入第三方评估,确保建设完成后生产线能够独立运营,满足重组免税的条件。

(2)春风公司可以通过预付款、提供贷款等形式,直接参与生产线的建设,这样既能帮助百花公司缓解资金压力,又能保障该项目最终收购达成。双方应签订详细的合作协议,明确资金的使用、利息计算、还款安排及资产转让时的价款抵减结算。

(3)在重组方案设计完善后,双方应主动与税务机关进行沟通,详细说明重组的商业合理性,避免后续不必要的税务检查和风险。

政策依据

(1)《财政部 国家税务总局关于全面推开营业税改征增值税试点的通知》(财税〔2016〕36号)附件1《营业税改征增值税试点实施办法》附《销售服务、无形资产、不动产注释》规定:

> 三、销售不动产
>
> 销售不动产,是指转让不动产所有权的业务活动。不动产,是指不能移动或者移动后会引起性质、形状改变的财产,包括建筑物、构筑物等。
>
> 建筑物,包括住宅、商业营业用房、办公楼等可供居住、工作或者进行其他活动的建造物。
>
> 构筑物,包括道路、桥梁、隧道、水坝等建造物。
>
> 转让建筑物有限产权或者永久使用权的,转让在建的建筑物或者构筑物所有权的,以及在转让建筑物或者构筑物时一并转让其所占土地的使用权的,按照销售不动产缴纳增值税。

(2)依照《财政部 国家税务总局关于全面推开营业税改征增值税试点的通知》(财税〔2016〕36号)附件2《营业税改征增值税试点有关事项的规定》第一条第(二)项相关规定,具体内容详见第2.4节政策依据。

(3)《财政部 国家税务总局关于企业重组业务企业所得税处理若干问题的通知》(财税〔2009〕59号)规定:

> 一、本通知所称企业重组,是指企业在日常经营活动以外发生的法律结构或经济结构重大改变的交易,包括企业法律形式改变、债务重组、

> 股权收购、资产收购、合并、分立等。……(四)资产收购,是指一家企业(以下称为受让企业)购买另一家企业(以下称为转让企业)实质经营性资产的交易。受让企业支付对价的形式包括股权支付、非股权支付或两者的组合。……

(4)《河北省国家税务局关于全面推开营改增有关政策问题的解答(之八)》规定:

> 一、关于纳税人转让在建项目缴纳增值税问题
> 单位和个人转让在建项目时,不论是否办理立项人和土地使用人的更名手续,其实质是发生了转让不动产所有权或土地使用权的行为,对于转让在建项目行为应按以下方法缴纳增值税:
> 1. 转让已完成土地前期开发或正在进行土地前期开发,但尚未进入施工阶段的在建项目,按"转让无形资产"税目中"转让土地使用权"项目缴纳增值税。
> 2. 转让已进入建筑物施工阶段的在建项目,按"销售不动产"税目缴纳增值税。
> 在建项目是指立项建设但尚未完工的房地产项目或其他建设项目。

6.11 积分调制:探索从无偿赠送至折扣优化的积分兑换策略转型

春风公司通过积分运营提升顾客忠诚度,但积分兑换商品可能被视为视同销售,产生额外税负。为解决此问题,应将积分兑换调整为折扣券形式,按折扣后销售额计税,避免无偿赠送视同销售问题。需注意确保发票合规开具以及平衡税务优化与用户体验。请看下面的案例。

业务背景及痛点分析

1. 实务案例

春风公司,作为一家专注于快速消费品市场的企业,为了提升品牌互动与顾客忠诚度,春风公司实施了一项积分运营策略。方案规定,会员积分累积达 1 000 分及以上,即可兑换价值 30 元的精选礼品。该营销方案通过两

个主要途径增加顾客手中的积分积累:①无条件赠予,鼓励消费者通过日常互动获取积分,例如参与线上活动,如扫描店铺二维码签到,或是关注春风公司的官方微信公众号;②有条件赠送,即顾客在购买春风公司的商品时,根据消费金额比例获得相应积分,以此激励复购行为。

然而,客户在积分兑换时,春风公司对兑换商品不做单独开票处理。但实践中,这种兑换行为很有可能被视为应税交易,需要视同销售计算缴纳增值税、企业所得税等。为应对这一问题,春风公司在不违背法律法规的前提下,需重新设计积分兑换方案,积极探索合理的税务优化路径,规避可能存在的税收风险。

2. 痛点分析

春风公司的痛点主要集中在积分兑换机制涉及的视同销售的税务处理上。积分运营方案本意在于提高用户黏性和促进二次消费,但存在的税务征收无疑增加了这项营销方案的成本。顾客使用积分兑换商品可能被税务机关视为商品销售,即顾客使用积分换取了公司提供的商品,这可能导致春风公司需要就兑换的商品部分,视同销售处理,进而产生增值税、企业所得税等税种的纳税义务。春风公司需要仔细权衡积分奖励的边际效益与随之而来的税收成本,寻找最优解决方案。

优化思路与解析

春风公司应优化积分兑换机制设计,比如将积分兑换设定为促销折扣的一部分,而非独立的商品交换,以此契合税法中关于折扣销售的相关规定,可能有助于减轻税负。

在积分被完全用于兑换商品的情况下,企业通过"来店有礼""积分送礼""积分抽奖"等形式向顾客赠送商品时,这些商品需承担增值税义务。在此类情形中,因顾客无须为所获商品支付任何费用,企业的行为被视为无偿赠送,根据《中华人民共和国增值税暂行条例实施细则》(中华人民共和国财政部 国家税务总局令第50号)第四条第(八)项的规定,应视同销售货物来计征增值税。上述这种无偿赠送行为,适用于第一种赠送积分,积分兑换商品的情况。至于因购买商品或接受服务而获得的积分,之后再用以兑换商品的情况,积分的获取与最初的销售或服务行为紧密相关,并且在初始交易阶段,顾客已为积分支付了相应的对价,故而在积分兑换阶段,并不构成无偿赠送,不应视同销售处理。尽管如此,但在实际征管上,仍存在被税局认定视同销售,补缴增值税的风险。企业所得税层面,根据《中华人民共和国企业所得税法实施条例》规定,企业将货物用于市场推广或营销,需要做视同销售处理。个人所得税层面,无偿取得积分兑换商品,根据《财政部 税务总局关于个人取得有关收入适用个人所得税应税所得项目的公告》(财政部 税务总局公告 2019 年第 74 号)规定,企业市场运营推广中向单位以外个人无偿赠送礼品,个人取得的礼品收入按照"偶然所得"项目计算缴纳个人所得税。消费积分兑换商品,根据《财政部 国家税务总局关于企业促销展业赠送礼品有关个人所得税问题的通知》(财税〔2011〕50 号)规定,企业对累积消费达到一定额度的个人按消费积分反馈礼品,不征收个人所得税。

积分差额抵减商品价款的情况下,用积分购物的折扣部分,符合《国家税务总局关于折扣额抵减增值税应税销售额问题的通知》(国税函〔2010〕56 号)的规定,可按折扣后的销售额计算增值税。也就是说,使用积分抵减部分价款购买商品,在发票开具上,符合销售额和折扣额在同一张发票上的"金额"栏分别注明的,可按折扣后的销售额征收增值税。积分差额抵减商品款的情况下,不属于无偿赠送,故不涉及企业所得税视同销售和取得人的个人所得税纳税义务。

因此,建议商家在做礼品兑换时,适当改变促销方案。比如"会员积分满1 000 分以上时,赠送价值 30 元的礼品",调整为"会员积分 1 000 分以上,赠送30 元的折扣券。"与此同时,在奖励的折扣券上注明,客户购物使用折扣券享受优惠,需要开具发票时,发票按商品原价、折扣金额分别注明开具。

税务优化思路如图 6-13 所示。

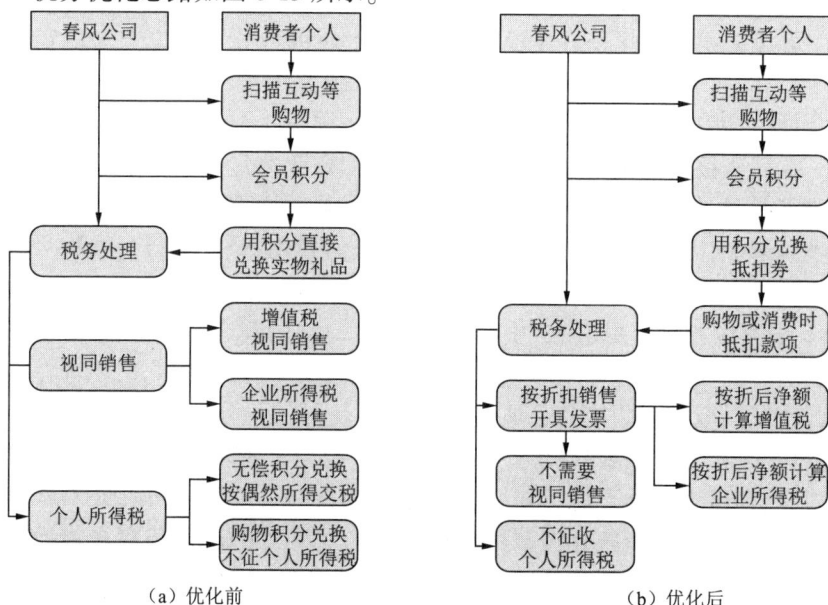

(a)优化前　　　　　　　　　　　　(b)优化后

图 6-13　优化前与优化后税务处理流程示意图

税务优化的风险提醒

针对上述业务,提示风险如下:

(1)积分差额抵减商品价款的模式虽然提供了降低税负的可能,但要求企业在发票开具上严格按照规定,即折扣额与销售额需在同一张发票上分别注明。春风公司需确保发票处理的合规性,否则可能因发票违规而遭受处罚。

(2)为了规避可能存在的税务风险,春风公司需要调整原有的积分兑换机制和促销策略,如将直接赠送礼品改为发放折扣券等形式。这可能会对顾客感知和促销效果产生影响,增加顾客理解成本。

政策依据

(1)《中华人民共和国增值税暂行条例实施细则》(中华人民共和国财政部 国家税务总局令第50号)规定:

> **第四条** 单位或者个体工商户的下列行为,视同销售货物:
> (一)将货物交付其他单位或者个人代销;
> (二)销售代销货物;
> (三)设有两个以上机构并实行统一核算的纳税人,将货物从一个机构移送其他机构用于销售,但相关机构设在同一县(市)的除外;
> (四)将自产或者委托加工的货物用于非增值税应税项目;
> (五)将自产、委托加工的货物用于集体福利或者个人消费;
> (六)将自产、委托加工或者购进的货物作为投资,提供给其他单位或者个体工商户;
> (七)将自产、委托加工或者购进的货物分配给股东或者投资者;
> (八)将自产、委托加工或者购进的货物无偿赠送其他单位或者个人。

(2)《国家税务总局关于折扣额抵减增值税应税销售额问题的通知》(国税函〔2010〕56号)规定:

> ……经研究,现将有关问题进一步明确如下:
> 《国家税务总局关于印发〈增值税若干具体问题的规定〉的通知》(国税发〔1993〕154号)第二条第(二)项规定:"纳税人采取折扣方式销

售货物,如果销售额和折扣额在同一张发票上分别注明的,可按折扣后的销售额征收增值税"。纳税人采取折扣方式销售货物,销售额和折扣额在同一张发票上分别注明是指销售额和折扣额在同一张发票上的"金额"栏分别注明的,可按折扣后的销售额征收增值税。未在同一张发票"金额"栏注明折扣额,而仅在发票的"备注"栏注明折扣额的,折扣额不得从销售额中减除。

(3)依照《中华人民共和国企业所得税法实施条例》第二十五条规定,具体内容详见第4.3节政策依据。

(4)《财政部 税务总局关于个人取得有关收入适用个人所得税应税所得项目的公告》(财政部 税务总局公告2019年第74号)规定:

三、企业在业务宣传、广告等活动中,随机向本单位以外的个人赠送礼品(包括网络红包,下同),以及企业在年会、座谈会、庆典以及其他活动中向本单位以外的个人赠送礼品,个人取得的礼品收入,按照"偶然所得"项目计算缴纳个人所得税,但企业赠送的具有价格折扣或折让性质的消费券、代金券、抵用券、优惠券等礼品除外。

前款所称礼品收入的应纳税所得额按照《财政部 国家税务总局关于企业促销展业赠送礼品有关个人所得税问题的通知》(财税〔2011〕50号)第三条规定计算。

(5)依据《财政部 国家税务总局关于企业促销展业赠送礼品有关个人所得税问题的通知》(财税〔2011〕50号)规定:

一、企业在销售商品(产品)和提供服务过程中向个人赠送礼品,属于下列情形之一的,不征收个人所得税:……

3.企业对累积消费达到一定额度的个人按消费积分反馈礼品。

读者意见反馈表

亲爱的读者：

感谢您对中国铁道出版社有限公司的支持，您的建议是我们不断改进工作的信息来源，您的需求是我们不断开拓创新的基础。为了更好地服务读者，出版更多的精品图书，希望您能在百忙之中抽出时间填写这份意见反馈表发给我们。随书纸制表格请在填好后剪下寄到 北京市西城区右安门西街8号中国铁道出版社有限公司大众出版中心 王宏 收（邮编：100054）。此外，读者也可以直接通过电子邮件把意见反馈给我们，E-mail地址是：17037112@qq.com。我们将选出意见中肯的热心读者，赠送本社的其他图书作为奖励。同时，我们将充分考虑您的意见和建议，并尽可能地给您满意的答复。谢谢！

- -

所购书名：_____

个人资料：

姓名：_____ 性别：_____ 年龄：_____ 文化程度：_____

职业：_____ 电话：_____ E-mail：_____

通信地址：_____ 邮编：_____

- -

您是如何得知本书的：

□书店宣传 □网络宣传 □展会促销 □出版社图书目录 □老师指定 □杂志、报纸等的介绍 □别人推荐
□其他（请指明）_____

您从何处得到本书的：

□书店 □邮购 □商场、超市等卖场 □图书销售的网站 □培训学校 □其他

影响您购买本书的因素（可多选）：

□内容实用 □价格合理 □装帧设计精美 □带多媒体教学光盘 □优惠促销 □书评广告 □出版社知名度
□作者名气 □工作、生活和学习的需要 □其他

您对本书封面设计的满意程度：

□很满意 □比较满意 □一般 □不满意 □改进建议

您对本书的总体满意程度：

从文字的角度 □很满意 □比较满意 □一般 □不满意
从技术的角度 □很满意 □比较满意 □一般 □不满意

您希望书中图的比例是多少：

□少量的图片辅以大量的文字 □图文比例相当 □大量的图片辅以少量的文字

您希望本书的定价是多少：

本书最令您满意的是：

1.
2.

您在使用本书时遇到哪些困难：

1.
2.

您希望本书在哪些方面进行改进：

1.
2.

您需要购买哪些方面的图书？对我社现有图书有什么好的建议？

您更喜欢阅读哪些类型和层次的书籍（可多选）？

□入门类 □精通类 □综合类 □问答类 □图解类 □查询手册类

您在学习的过程中有什么困难？

您的其他要求：